Simultane Optimierung von Produktionsstandorten, Produktionsmengen und Distributionsgebieten

Christian Royer

Simultane Optimierung von Produktionsstandorten, Produktionsmengen und Distributionsgebieten

2., unveränderte Auflage

Herbert Utz Verlag · München

Wirtschafts- und Sozialwissenschaften

Band 26

Zugl.: Diss., 2001

Bibliografische Information der Deutschen Nationalbibliothek:
Die Deutsche Nationalbibliothek verzeichnet diese Publikation in der Deutschen Nationalbibliografie; detaillierte bibliografische Daten sind im Internet über http://dnb.d-nb.de abrufbar.

Titelabbildung: Falco | pixabay.com

frühere Ausgabe: ISBN 978-3-8316-0042-7

ISBN 978-3-8316-8151-8

Printed in EU
Herbert Utz Verlag GmbH, München
www.utzverlag.de

Meinen Eltern

Inhaltsverzeichnis

Abbildungsverzeichnis

Tabellenverzeichnis

Abkürzungsverzeichnis

CFLP	Capacitated-Facility-Location-Problem
GIS	Geographisches Informationssystem
GSTP	Verallgemeinertes semi-infinites Transportproblem
PTP	Produktions-Transportproblem
SPTP	Semi-infinites Produktions-Transportproblem
STP	Semi-infinites Transportproblem
UFLP	Uncapacitated-Facility-Location-Problem
u.d.B.	Unter den Bedingungen

Symbolverzeichnis

B_i	Mindestkapazität der Betriebs- bzw. Produktionsstätte am Standort S_i
$B(L, R)$	Bisektor der Punktmengen L und R
$B(S_i, S_j)$	Bisektor der Punkte S_i und S_j
C_i	Maximalkapazität der Produktions- bzw. Betriebsstätte am Standort S_i
D	Gesamte Nachfragemenge
(D)	Lagrange-Dual
D_j	Nachfragemenge des Kunden K_j
$Dom(S_i, S_j)$	Dominanzregion von S_i über S_j
F_i	Fixkosten der Betriebsstätte am Standort S_i
G	Gebiet
$H(w)$	Optimaler Wert von $USTP(w)$
$(-H)^*(z)$	Konvex konjugierte Funktion der konvexen Funktion $-H(w)$
INV	Zielfunktionswert der aktuell besten vom SPT-Algorithmus ermittelten Lösung
$J_w(x, y)$	$\{i \in \{1, \dots, n\} \mid d_i(x, y) + w_i = \min_{1 \leq j \leq n} d_j(x, y) + w_j\}$
K_j	Kunde

$K(S_i, r)$	Kreis um S_i mit Radius r
$Kegel(S_i, w_i)$	$\{(x, y, z) \in \mathbb{R}^3 \mid z = d_i(x, y) + w_i\}$
L_M	Affine Approximationsfunktion von f
$L_{M,i}$	Affine Approximationsfunktion von f_i
$L(\rho, u, v)$	Lagrange-Funktion des GSTP
$L(u, v)$	Optimaler Wert der Lagrange-Relaxation
$LPTP(M)$	SPTP mit linearen Produktionskostenfunktionen in Abhängigkeit von M
M	Rechteck
M_0	$[B, C]$
M_k	Rechteck, das in der k-ten Iteration des SPT-Algorithmus ausgewählt wird
P	Feste Anzahl der zu errichtenden Betriebsstätten
(P)	Zum SPTP äquivalentes Optimierungsproblem mit endlich vielen Variablen
S_i	Potentieller Standort
S_∞	Fiktiver Punkt
$STP(z)$	Parametrisches semi-infinites Transportproblem
$T(z)$	Optimaler Wert von $STP(z)$, falls $z \in \{z \in \mathbb{R}^n_+ \mid \sum_{i=1}^{n} z_i = D\}$ und ∞ sonst
$T^*(w)$	Konvex konjugierte Funktion der erweiterten konvexen Funktion $T(z)$
$Tr(x, y)$	Transformationsabbildung
$USTP(w)$	Parametrisches GSTP ohne Kapazitätsbeschränkungen
$\mathrm{Vor}(\mathcal{S})$	Voronoi-Diagramm von $\mathcal{S}$

$\mathrm{Vor}(\mathcal{S}, w)$	Additiv gewichtetes Voronoi-Diagramm von $\mathcal{S}$
$\mathrm{Vor}(w)$	Additiv gewichtetes Voronoi-Diagramm der Punkte S_i ($i = 1, \ldots, n$)
$\mathrm{Vor}^G(\mathcal{S}, w)$	Begrenztes additiv gewichtetes Voronoi-Diagramm von $\mathcal{S}$ im Gebiet G
$\mathrm{Vor}^G(w)$	Begrenztes additiv gewichtetes Voronoi-Diagramm der Punkte S_i ($i = 1, \ldots, n$) im Gebiet G
$\mathrm{Vor}_i(\mathcal{S})$	Voronoi-Region von $S_i \in \mathcal{S}$
$\mathrm{Vor}_i(\mathcal{S}, w)$	Additiv gewichtete Voronoi-Region von $S_i \in \mathcal{S}$
$\mathrm{Vor}_i(w)$	Additiv gewichtete Voronoi-Region von S_i
$\mathrm{Vor}_i^G(\mathcal{S}, w)$	Begrenzte additiv gewichtete Voronoi-Region von $S_i \in \mathcal{S}$ im Gebiet G
$\mathrm{Vor}_i^G(w)$	Begrenzte additiv gewichtete Voronoi-Region von S_i im Gebiet G

a	$\frac{1}{2}(w_j - w_i)$
b	$\sqrt{\frac{1}{4}d_i(S_j)^2 - a^2}$
c_{ij}	Transportkosten für eine Mengeneinheit eines gewissen Guts vom Standort S_i zum Kunden K_j
$d(p, q)$	Euklidischer Abstand zwischen p und q
$d_{aw,i}(x, y)$	Additiv gewichtete euklidische Distanz von S_i zu (x, y)
$d_{cw,i}(x, y)$	Zusammengesetzt gewichtete euklidische Distanz von S_i zu (x, y)
$d_{f,i}(x, y)$	Transformierte euklidische Distanz von S_i zu (x, y)
$d_i(x, y)$	(Euklidische) Distanz von S_i zu (x, y)
$d_{L_k}(p, q)$	Minkowski-Abstand zwischen p und q

$d_{man}(p, q)$	Manhattan-Abstand zwischen p und q
$d_{mw,i}(x, y)$	Multiplikativ gewichtete euklidische Distanz von S_i zu (x, y)
$d_{p,i}(x, y)$	Power-Distanz von S_i zu (x, y)
$d_{wman,i}(x, y)$	Additiv gewichtete Manhattan-Distanz von S_i zu (x, y)
$dom(-H)$	$\{w \in \mathbb{R}^n \mid (-H)(w) < \infty\}$
$dom(T)$	$\{z \in \mathbb{R}^n \mid T(z) < \infty\}$
e	$\frac{1}{2}d_i(S_j)$
f	Gesamtproduktionskostenfunktion
f_i	Produktionskostenfunktion der Betriebsstätte am Standort S_i
i_k	Zerlegungsindex in der k-ten Iteration des SPT-Algorithmus
$m_{k,i}$	Steigung von $L_{M_k,i}$
u	Vektor der Lagrange-Multiplikatoren u_i $(i = 1, \ldots, n)$
u^*	Vektor optimaler Lagrange-Multiplikatoren u_i^* $(i = 1, \ldots, n)$
u^k	Vektor der zum Lagrange-Dual von $LPTP(M_k)$ gehörigen Lagrange-Multiplikatoren u_i^k $(i = 1, \ldots, n)$
$\bar{u}^k$	Vektor der zum Lagrange-Dual von $LPTP(M_k)$ gehörigen optimalen Lagrange-Multiplikatoren $\bar{u}_i^k$ $(i = 1, \ldots, n)$
v	Vektor der Lagrange-Multiplikatoren v_i $(i = 1, \ldots, n)$
v^*	Vektor optimaler Lagrange-Multiplikatoren v_i^* $(i = 1, \ldots, n)$
v^k	Vektor der zum Lagrange-Dual von $LPTP(M_k)$ gehörigen Lagrange-Multiplikatoren v_i^k $(i = 1, \ldots, n)$
$\bar{v}^k$	Vektor der zum Lagrange-Dual von $LPTP(M_k)$ gehörigen optimalen Lagrange-Multiplikatoren $\bar{v}_i^k$ $(i = 1, \ldots, n)$
w	Gewichtsvektor $w = (w_1, \ldots, w_n)$

w_i	Gewicht
w_{max}	$\max\{d_i(x,y) - d_j(x,y) \mid (x,y) \in G,\ i,j = 1,\ldots,n\}$
x_{ij}	Menge eines gewissen Guts, das von der Betriebsstätte am Standort S_i zum Kunden K_j transportiert wird
y_i	Binäre Variable die festlegt, ob am Standort S_i eine Betriebsstätte errichtet wird ($y_i = 1$) oder nicht ($y_i = 0$)
z	Vektor der Produktionsmengen z_i ($i = 1,\ldots,n$)
$\bar{z}$	Lösung für (P)
z^*	ϵ-optimale Lösung für (P)
z_i	Produktionsmenge der Produktions- bzw. Betriebsstätte am Standort S_i
$\bar{z}^k$	Optimale Lösung von $LPTP(M_k)$
$\mathcal{C}$	$\{w \in \mathbb{R}^n \mid 0 \leq w_i \leq w_{max},\ i = 1,\ldots,n\}$
$\mathcal{D}$	Datenstruktur
$\mathcal{M}$	Menge von Rechtecken
$\mathcal{M}_k$	Menge der Rechtecke, aus der in der k-ten Iteration des SPT-Algorithmus das Rechteck M_k ausgewählt wird
$\mathcal{P}$	Polygonzug
$\mathcal{S}$	Menge von Punkten
$\mathcal{S}_0$	Menge der Punkte $\{S_{-1}, S_{-2}, S_{-3}\}$
$\mathcal{S}_i$	Menge der Punkte $\{S_{-1}, S_{-2}, S_{-3}, S_1, \ldots, S_i\}$
$\mathcal{S}_{min}$	Menge der Punkte S_i mit den Gewichten $w_i = \min\limits_{1 \leq j \leq n} w_j$
α_i	Parameter der Funktion f_i

β_i	Parameter der Funktion f_i
$\beta(M)$	Schranke des Rechtecks M
ϵ	Nichtnegative Konstante
γ_i	Parameter der Funktion f_i
$\nabla H(w)$	Gradient der Funktion $H(w)$
$\nabla L(u,v)$	Gradient der Funktion $L(u,v)$
Φ	Nachfragedichtefunktion
ρ	Distributionsplan
ρ_i	Dichtefunktion für die Verteilung der Menge des Guts, das von der Betriebsstätte am Standort S_i ausgeliefert wird
Θ	$\{\rho : G \to \mathbb{R}^n_+ \mid \sum_{i=1}^{n} \rho_i(x,y) = \Phi(x,y),\ (x,y) \in G\}$
Ω	$\{z \in \mathbb{R}^n \mid \sum_{i=1}^{n} z_i = D,\ B_i \le z_i \le C_i,\ i = 1,\ldots,n\}$
ξ	Zerlegungspunkt
ξ^k	Zerlegungspunkt in der k-ten Iteration des SPT-Algorithmus
$\square$	Ende des Beweises
$\mid$	Mit der Eigenschaft
$\emptyset$	Leere Menge
∞	Unendlich
$[a,b]$	$\{z \in \mathbb{R}^n \mid a_i \le z_i \le b_i,\ i = 1,\ldots,n\}$
$[a_i,b_i]$	$\{z_i \in \mathbb{R} \mid a_i \le z_i \le b_i\}$
$]a_i,b_i[$	$\{z_i \in \mathbb{R} \mid a_i < z_i < b_i\}$
$[B,C]$	$\{z \in \mathbb{R}^n \mid B_i \le z_i \le C_i,\ i = 1,\ldots,n\}$

$[B_i, C_i]$	$\{z_i \in \mathbb{R} \mid B_i \leq z_i \leq C_i\}$
$\mathbb{R}_+$	Menge der reellen Zahlen, die größer oder gleich null sind

Kapitel 1

Einleitung

1.1 Gegenstand und Motivation

Standortentscheidungen sind aufgrund ihrer langfristigen Wirkung Teil der strategischen Planung eines Unternehmens. Sie lassen sich in der Regel, zumindestens kurz- und mittelfristig, nur schwer revidieren. Der Standort eines Unternehmens bzw. die Standorte seiner Betriebe können jeweils durch eine günstige Beschaffungs- oder Absatzlage oder durch günstige Produktionsbedingungen entscheidend zum Unternehmenserfolg beitragen. Für die Wahl des Standorts spielt deshalb eine Vielzahl von Faktoren eine Rolle (z.B. Verfügbarkeit und Kosten von Arbeitskräften, Verkehrsanbindung, Infrastruktur). Bei allen Standortentscheidungen muss das übergeordnete Ziel eines Unternehmens sein, auf lange Sicht seinen Gewinn zu maximieren.

Zur Entscheidungsvorbereitung und -unterstützung ist es sinnvoll ein geeignetes vereinfachtes abstraktes mathematisches Modell[1] für das jeweilige Entscheidungsproblem zu betrachten, in dem die wichtigsten quantifizierbaren Einflußfaktoren abgebildet sind, um so u.a. Informationen über die Struktur des Problems und über die Abhängigkeiten der Problemgrößen zu gewinnen. Gewöhnlich besteht dieses Modell aus einem mathematischen Optimierungsproblem, in dem eine Zielfunktion (Kostenfunktion) in Abhängigkeit der zu bestimmenden Problemgrößen (z.B. Produktionsmengen) unter Einhaltung bestehender Restriktionen (Kapazitätsbe-

[1] Ein solches Modell wird auch als Operations-Research-Modell bezeichnet.

schränkungen, Versorgung der Nachfrage) zu minimieren ist. Diese Modelle sollten auf der einen Seite möglichst realistisch, auf der anderen Seite aber auch nicht zu komplex und mathematisch lösbar sein. Die Ergebnisse der Modellbetrachtung müssen eventuell an die Realität angepasst werden und können dann in die Standortentscheidung miteinfließen.

Der Gegenstand dieser Arbeit ist eine Variante des Produktions-Transportproblems, die als semi-infinites Produktions-Transportproblem bezeichnet wird und dessen zugrunde liegende Problemstellung wie folgt skizziert werden kann: Ein Unternehmen möchte ein Gut produzieren, mit dem die Nachfrage einer Menge von Kunden befriedigt werden soll. Für die Produktionsstätten (Betriebsstätten) stehen mehrere potentielle Standorte zur Verfügung. Relevante Kosten sind die Transportkosten für die Distribution und die Produktionskosten für die Herstellung des Guts. Bei der Produktion sind Größendegressionseffekte[2] zu beachten (economies of scale), die in den Produktionskosten mitberücksichtigt werden. Einer kostengünstigen Produktion in großen, aber wenigen Betriebsstätten stehen allerdings logistische Nachteile (längere Transportwege zu den Kunden) und folglich höhere Transportkosten entgegen. Dieser Aspekt verleiht dem Problem gerade vor dem Hintergrund der zukünftigen EU-Osterweiterung große Aktualität.

Eine Besonderheit des betrachteten Produktions-Transportproblems ist die im Modell verwendete Nachfrageform. In den meisten mathematischen Modellen zur Standortplanung tritt Nachfrage nur in diskret verteilten Punkten (die Kundenorte) auf. In dem in dieser Arbeit behandelten Modell ist die Nachfrage in Form einer kontinuierlichen Verteilung (z.B. Bevölkerungsverteilung) über einem Gebiet gegeben. Diese Form der Nachfrage ist sinnvoll bei einer großen Anzahl von Kunden, die nicht einzeln unterschieden werden können, oder falls Unsicherheit über den genauen Ort der Nachfrage besteht (vgl. [Ave1998]). Die Entscheidungskomponenten im betrachteten Modell sind

- die Standortwahl der Betriebsstätten,
- die Festlegung der Produktionsmengen in den einzelnen Betriebsstätten und

[2] Mit zunehmender Größe der Betriebsstätte sinken aufgrund von Größenvorteilen (z.B. Vorteile im Einkaufs- und Beschaffungsbereich) die Produktionsstückkosten.

- die Bestimmung der Distributionsgebiete der einzelnen Betriebsstätten.

Bei festgelegten Standorten der Betriebsstätten wird jeder Kunde von der nächstliegenden Betriebsstätte bedient, falls dadurch keine Kapazitätsrestriktionen verletzt werden. Die so resultierende Aufteilung des gesamten Gebiets in Distributionsgebiete der einzelnen Betriebsstätten entspricht einem gewöhnlichen Voronoi-Diagramm, falls die Entfernungen (bzw. die Transportkosten) von den Betriebsstätten zu den Kunden mit der euklidischen Metrik (Luftlinienabstand) gemessen werden (vgl. Kapitel 4). Das Voronoi-Diagramm ist ein Objekt aus der Algorithmischen Geometrie (Computational Geometry). Dieses junge Teilgebiet der Informatik besitzt u.a. die Entwicklung von effizienten Verfahren zur Konstruktion von Voronoi-Diagrammen und ähnlichen geometrischen Objekten zum Inhalt. Wie sich herausstellen wird, stehen verallgemeinerte Voronoi-Diagramme eng in Zusammenhang mit optimalen Gebietsaufteilungen für semi-infinite Produktions-Transportprobleme.

1.2 Zielsetzung

In der Arbeit werden die folgenden Zielsetzungen verfolgt:

- Das vorrangige Ziel dieser Arbeit ist die Entwicklung eines allgemeinen Lösungsverfahrens für das semi-infinite Produktions-Transportproblem.

- Dazu soll dieses Problem in allen Details dargestellt und umfassend analysiert werden.

- Die theoretischen Ergebnisse sollen zum einen Auskunft über die Struktur einer optimalen Lösung, insbesondere über die Struktur einer optimalen Gebietsaufteilung geben und zum anderen beitragen ein Lösungsverfahren zu entwickeln.

- Das entwickelte Verfahren soll für euklidische semi-infinite Produktions-Transportprobleme[3] mit gleichmäßig verteilter Nachfrage getestet werden.

[3] Unter einem euklidischen SPTP wird ein SPTP verstanden, in dem die Entfernungen (Transportkosten) mit der euklidischen Metrik (vgl. Abschnitt 4.1.1.1) gemessen werden.

1.3 Aufbau

Da das semi-infinite Produktions-Transportproblem zu den Standortplanungsproblemen zählt, wird in Kapitel 2 ein Überblick über die Standortplanung, insbesondere über die mathematischen Modelle zur Standortbestimmung aus dem Bereich des Operations Research gegeben und das Produktions-Transportproblem in diesen Zusammenhang eingeordnet.

In Kapitel 3 erfolgt eine ausführliche Modellbeschreibung und intensive Analyse des semi-infiniten Produktions-Transportproblems. Dabei wird für den Spezialfall des Problems mit linearen Produktionskostenfunktionen ein Lösungsansatz aufgezeigt.

Für allgemeine semi-infinite Produktions-Transportprobleme existieren unter gewissen Voraussetzungen an die Distanzfunktionen optimale Gebietsaufteilungen in Form von verallgemeinerten Voronoi-Diagrammen. Diese bilden den Hauptbestandteil des Kapitels 4, das insbesondere für ausgewählte Distanzfunktionen die Strukturen der Voronoi-Diagramme detailliert darstellt und erläutert.

In Kapitel 5 wird ein Branch-and-Bound-Verfahren für das semi-infinite Produktions-Transportproblem entwickelt und dessen Konvergenz bewiesen.

Dieser Algorithmus wird anhand von mehreren euklidischen semi-infiniten Produktions-Transportproblemen mit gleichmäßig verteilter Nachfrage in Kapitel 6 getestet.

Kapitel 2

Standortplanung

2.1 Überblick über die Teilgebiete der Standortplanung

Domschke und Drexl [Dom1996, Kap. 1] unterteilen das Gebiet der Standortplanung in die drei Teilbereiche: Volkswirtschaftliche Standorttheorien, betriebliche Standortplanung und innerbetriebliche Standortplanung.

2.1.1 Volkswirtschaftliche Standorttheorien

Die volkswirtschaftlichen Standorttheorien, auch Raumwirtschaftstheorien genannt, haben zum Ziel, die Ansiedlung der Unternehmen und Betriebe von Wirtschaftssektoren im Raum (innerhalb eines Wirtschaftsgebietes) zu erklären oder zu optimieren (vgl. [Dom1996, S. 2]). Wichtige, überwiegend historische Arbeiten auf diesem Gebiet stammen von Johann Heinrich von Thünen [Thü1826], Christaller [Chr1933], Palander [Pal1935], Lösch [Lös1940] und Isard [Isa1956]. Eine Übersicht über die Entwicklung der räumlichen Theorien gewinnt man in den Büchern von Ponsard [Pon1983] und Beckmann [Bec1999], während die Handbücher von Nijkamp [Nij1996] und Mills [Mil1998] einen Überblick über die neueren Ergebnisse bieten.

2.1.2 Betriebliche Standortplanung

Die betriebliche Standortplanung (Facility Location) behandelt Fragen der Standortwahl für einzelne Betriebe. Als Standort einer Betriebsstätte wird gemäß Lüder [Lüd1983, Kapitel 1.1.2] „der geographische Standort“ bezeichnet, „an dem die Betriebsstätte ihre Leistung erbringt“. In der betrieblichen Standortplanung werden optimale oder zumindestens hinreichend gute Standorte für eine oder mehrere Betriebsstätten im Hinblick auf eine oder mehrere Zielgrößen (wie z.B. Gewinn, Gesamtkosten, maximale oder minimale Entfernung) unter Berücksichtigung bestehender Restriktionen (wie z.B. Versorgung der Nachfrage, Kapazitätsrestriktionen, Entfernungsrestriktionen) gesucht (vgl. [Wen1994, S. 11] und auch [Lüd1990, S. 29]). Neben der optimalen Standortwahl von Produktions- oder Dienstleistungsbetrieben fallen in das Teilgebiet der betrieblichen Standortplanung die Bestimmung optimaler Standorte für Einrichtungen (Facilities), wie z.B. von den Betrieben räumlich getrennte Zentral-, Beschaffungs- oder Auslieferungslager, sowie auch die Wahl optimaler Standorte für öffentliche Einrichtungen, wie z.B. Schulen, Krankenhäuser oder Feuerwehrstationen.

Domschke und Drexl [Dom1996, Kapitel 1.3] teilen die Arbeiten zur betrieblichen Standortplanung in deskriptive und normative Lösungsansätze ein. Die deskriptive Standorttheorie beschäftigt sich vornehmlich mit der Beschreibung und der systematischen Zusammenstellung der für Standortentscheidungen bedeutenden Standorteigenschaften, während der Gegenstand der normativen Standorttheorien die Entwicklung von intersubjektiv nachprüfbaren Kriterien (Modelle, Lösungsverfahren) ist, mit deren Hilfe Standortentscheidungen in konkreten Fällen getroffen werden können (vgl. [Dom1996, Kapitel 1.3.1 und Kapitel 1.3.2]). Im weiteren Verlauf des Kapitels wird auf diesen Bereich der Standortplanung noch näher eingegangen.

2.1.3 Innerbetriebliche Standortplanung

Die innerbetriebliche Standortplanung, auch Layout-Planung genannt (Facility Layout), besteht nach Domschke und Drexl [Dom1996, S. 2] aus der Planung der räumlichen Anordnung von Betriebsmitteln innerhalb der Grenzen des Betriebsgrundstücks, die zum Ergebnis einen Plan der physischen Anordnung der Betriebsmittel besitzt. Beispiele für Layout-Planungen sind die Anordnung von Maschinen in Fabrikgebäuden oder von Arbeitsplätzen in Großraumbüros. Eine Übersicht über Modelle der innerbetrieblichen Standortplanung geben Domschke und Krispin [Dom1997].

2.2 Mathematische Modelle der betrieblichen Standortplanung

Das Produktions-Transportproblem, das Gegenstand der Untersuchungen dieser Arbeit ist, lässt sich der betrieblichen Standortplanung zuordnen. Deshalb gilt das Hauptaugenmerk diesem Bereich und dort speziell den mathematischen Modellen, auch Operations-Research-Modelle genannt, die Teil des normativen Ansatzes der betrieblichen Standortplanung sind. Die mathematischen Modelle der betrieblichen Standortplanung stellen abstrakte Formulierungen von (konkreten) Standortproblemen dar. Die in der Literatur behandelten Modelle sind nur schwer überschaubar. Im Folgenden werden die wichtigsten Unterscheidungsmerkmale für die Modelle der betrieblichen Standortplanung bzw. die dazugehörigen theoretischen Problemstellungen vorgestellt.

2.2.1 Unterscheidungsmerkmale

2.2.1.1 Ort der potentiellen Standorte

In der Literatur werden die Standortprobleme gewöhnlich nach dem Ort der potentiellen Standorte unterteilt in Standortprobleme in der Ebene, auch kontinuierliche Standortprobleme genannt (Continuous Location Problems), Standortprobleme in Netzen (Network Location Problems) und diskrete Standortprobleme (Discrete Location Problems).

Standortprobleme in der Ebene

Die Standortprobleme in der Ebene werden durch die folgenden Eigenschaften charakterisiert (vgl. [Dom1996, Kap.5] oder [Pla1995]):

(i) Jeder Punkt der Ebene ist ein potentieller Standort.

(ii) Die Kunden sind auf einer homogenen Ebene verteilt.

(iii) Die Entfernung zwischen zwei Punkten wird gemäß einer bestimmten Distanzfunktion gemessen.

Das Konzept der Distanz (iii) bildet das Kernstück der Standortbestimmung in der Ebene (vgl. [Pla1995, S. 226]). Als Maß für die Entfernung zwischen zwei Punkten $p = (p_1, p_2)$ und $q = (q_1, q_2)$ wird gewöhnlich eine der L_k-Metriken ($1 \leq k \leq \infty$) verwendet. Der Abstand zwischen zwei

Punkten $p = (p_1, p_2)$ und $q = (q_1, q_2)$ bezüglich der L_k-Metrik ist definiert durch

$$d_{L_k}(p,q) = \sqrt[k]{|p_1 - q_1|^k + |p_2 - q_2|^k}$$

für $k < \infty$ und durch

$$d_{L_\infty}(p,q) = \max(|p_1 - q_1|, |p_2 - q_2|)$$

für $k = \infty$. Unter diesen Distanzmaßen finden die größte Anwendung die L_2-Metrik, die auch euklidischer Abstand[1] genannt wird, und die L_1-Metrik, auch Manhattan-Abstand genannt. Häufig wird auch der quadratische euklidische Abstand eingesetzt. Brimberg [Bri1995] und Plastria [Pla1995] präsentieren in ihren Arbeiten zusätzlich allgemeinere und für einzelne Situationen realitätsnähere Distanzmaße. In dieser Arbeit wird in Kapitel 4 ausführlicher auf Metriken und Distanzfunktionen eingegangen und die erwähnten Metriken näher erläutert.
Einen Überblick über die Standortplanung in der Ebene geben Plastria [Pla1995] sowie Domschke und Drexl [Dom1996, Kap.5]. Ausgewählte Standortprobleme in der Ebene werden in Abschnitt 2.2.2.1 vorgestellt.

Standortprobleme in Netzen

Einem Standortproblem im Netz liegt, im Gegensatz zum Standortproblem in der Ebene, ein Transportnetz (z.B. ein Straßennetz) in Form eines ungerichteten gewichteten Graphen mit endlich vielen Knoten und Kanten zugrunde, auf dem sich sowohl die potentiellen Standorte als auch die Kunden befinden. Der Abstand zwischen zwei Punkten ist der kürzeste Weg zwischen den beiden Punkten im Graphen.
Ausführliche Beschreibungen der Modelle und Lösungsverfahren für Standortprobleme in Netzen sowie deren Anwendungsmöglichkeiten sind den Arbeiten von Daskin [Das1995] und Labbé [Lab1995] zu entnehmen. Für neuere Algorithmen wird auf Peeters [Pee1998] verwiesen.

Diskrete Standortprobleme

Im Vergleich zu den Standortproblemen in Netzen fehlt den diskreten Standortproblemen die unterliegende Netzstruktur. Es existieren nur endlich viele potentielle Standorte für die zu errichtenden Betriebsstätten,

[1] Der euklidische Abstand zwischen zwei Punkten ist deren Luftlinienentfernung.

die bereits im voraus bekannt sind. Dadurch grenzen sich diese Probleme auch von den Standortproblemen in der Ebene ab, in denen an jedem beliebigen Punkt der Ebene eine Betriebsstätte errichtet werden darf. Das Produktions-Transportproblem fällt auch in die Kategorie der diskreten Standortprobleme unabhängig von dessen Nachfragestruktur.
In Abschnitt 2.2.2.2 werden die wichtigsten Modelle zur diskreten Standortbestimmung vorgestellt. Einen Überblick über dieses Themengebiet gewinnt man in den Werken von Domschke und Drexl [Dom1996], Daskin [Das1995] oder Mirchandani [Mir1990].

2.2.1.2 Nachfrage

Allgemein lassen sich diskrete Standortprobleme sowie Standortprobleme in der Ebene auch nach der Art der Nachfrage unterscheiden in Standortprobleme mit diskret verteilter Nachfrage in endlich vielen Punkten und in Standortprobleme mit Nachfrage, die gemäß einer Dichtefunktion über ein Gebiet verteilt ist. Diese Art der Nachfrage wird im Folgenden als kontinuierlich verteilte Nachfrage (Continuous Demand) bezeichnet.

Die Modelle mit kontinuierlich verteilter Nachfrage sind eher die Ausnahme. In verschiedenen Situationen ist es jedoch angebracht die Nachfrage in dieser Form zu modellieren. Häufig ist z.B. die Anzahl der Kunden zu groß um jeden Kunden als Nachfragepunkt betrachten zu können. In diesem Fall wird meistens aus einer Menge benachbarter Nachfragepunkte ein Punkt ausgewählt, dem die gesamte Nachfrage aller Punkte der Menge zugeordnet wird. Eine Menge von Nachfragepunkten wird so zu einem Nachfragepunkt zusammengefasst. In diesem neuen Problem mit weniger Nachfragepunkten entsprechen allerdings offensichtich die Distanzen zwischen den Kunden und dem Depot nicht den tatsächlichen Distanzen. Falls die Nachfragepunkte ziemlich dicht verteilt sind, kann es eventuell besser sein, die Nachfrage in Form einer Verteilungsfunktion zu modellieren, da dadurch die tatsächlichen Entfernungen besser abgebildet werden. Auch andere Gründe, wie z.B. Unsicherheit hinsichtlich des Orts der Nachfrage (vgl. [Ave1998]), können für kontinuierlich verteilte Nachfrage in einem Modell sprechen. In dieser Situation müssen erwartete Distanzen zwischen dem Depot und den Kunden verwendet werden, die meistens mit einer für das jeweilige Problem gewählten Metrik, z.B. der euklidischen Metrik oder der Manhattan-Metrik, gemessen werden. Ein diskretes Standortproblem mit kontinuierlich verteilter Nachfrage besitzt in dieser Hinsicht Ähnlichkeiten mit einem Standortproblem in der Ebene, das auch auf ein solches Distanzmaß aufbaut. Einem realen Problem liegt oft ein Straßennetz zugrunde. Die Berechnung von tatsächlichen Entfernungen innerhalb dieses Straßennetzes kann jedoch sehr aufwendig und teuer sein, da es die Digitalisierung dieses Netzes voraussetzt, während die Berechnung der Abstände mittels einer Distanzmetrik unter Verwendung eines Geographischen Informationssystems (GIS) einfacher und billiger ist.

Die Wahl einer geeigneten Distanzfunktion (Distance Predicting Function) ist mitentscheidend für die Standortwahl. Die konkreten Auswirkungen der Wahl der Distanzfunktion auf die Standortwahl untersuchten z.B. Peeters und Thomas [Pee2000] für spezielle Standortprobleme.
Ein Überblick über den Themenbereich „Distanzen" ist der Arbeit von Brimberg [Bri1995] zu entnehmen. Neuere Vergleiche verschiedener Distanzfunktionen hinsichtlich der Genauigkeit für zu schätzenden Entfernungen erstellten Love und Walker [Lov1994] sowie Alpaydin et al [Alp1996]. Untersuchungen auf diesem Gebiet können allerdings auch zu unterschiedlichen Ergebnissen führen. So untersuchten Berens und Körling (vgl. [Ber1985] und [Ber1988]) speziell das Straßennetz der Bundesrepublik Deutschland und schlossen, dass in diesem Fall die gewichtete euklidische Distanz[2] hinreichend genau ist. Ganz andere Ergebnisse brachte die Arbeit von Love und Morris [Lov1988], die in diesem Fall die gewichteten L_k-Distanzen ($k > 2$) bevorzugten.

Während die Zielfunktionen eines diskreten Standortproblems mit endlich vielen diskreten Nachfragepunkten häufig aus einer Summe von Termen besteht, beinhaltet die Zielfunktion eines Standortproblems mit kontinuierlich verteilter Nachfrage oft ein Doppelintegral. Dieses ist im Allgemeinen viel schwieriger zu berechnen als eine einfache Summe (vgl. [Dre1997a, S. 81]). Aus diesem Grund wird in diesen Problemen sehr oft die Nachfrage diskretisiert, d.h. die kontinuierlich über einem Gebiet verteilte Nachfrage wird durch endlich viele diskrete Nachfragepunkte ersetzt (vgl. [Dre1995b], [Dre1997a] und [Dre1997b]). Diese Vereinfachung führt zu Fehlern in der Zielfunktion und folglich auch zu Fehlern bei der Standortwahl.
Ein großer Teil der Literatur zu Standortproblemen mit kontinuierlich verteilter Nachfrage beschäftigt sich ausschließlich mit der Entwicklung

[2] Gewichtete Distanzfunktionen werden in Kapitel 4 näher erläutert und untersucht.

von Formeln zur Berechnung von Doppelintegralen (vgl. [Kos1991] und [Sto1991]). Für kontinuierlich verteilte Nachfrage über einem beliebig geformten Gebiet, stellt sich diese Berechnung als sehr schwierig heraus. Auch für rechteckige Gebiete sind diese Formeln kompliziert. Die einfachsten Formeln ergeben sich für kreisförmige Gebiete (vgl. [Dre1997a, S. 90]). Trotz dieser Schwierigkeiten hat die Modellierung von Standortproblemen mit kontinuierlicher Nachfrageverteilung in letzter Zeit immer mehr Aufmerksamkeit in der Literatur erhalten, vgl. Avella et al in „Some Personal Views on the Current State and the Future of Locational Analysis“ [Ave1998] oder Owen [Owe1998]. Nach Langevin [Lan1996] können kontinuierliche Approximationsmodelle Einsicht liefern in strategische Konstruktionsentscheidungen, wie die Größe und Form von Auslieferungsbezirken und Servicezonen. Langevin und Mbaraga schlagen vor kontinuierliche Modelle im frühen Stadium der Analyse zu verwenden und diese später durch detailliertere diskrete Modelle zu ersetzen.

2.2.1.3 Weitere Unterscheidungsmerkmale

Standortprobleme lassen sich hinsichtlich ihrer Zielfunktion unterteilen in Minimax- oder Center-Probleme und Minisum- oder Median-Probleme. In Minimax-Problemen soll das Maximum von bestimmten (gewichteten) Entfernungen minimiert werden, während in Median-Problemen die Summe von bestimmten (gewichteten) Entfernungen zu minimieren ist. Auf die Center-Probleme wird im Folgenden nicht näher eingegangen, da sie aufgrund der Art der Zielfunktion mit dem Produktions-Transportproblem wenig Gemeinsamkeiten besitzen. Es sei nur darauf verwiesen, dass sich viele dieser Probleme mit kontinuierlich verteilter Nachfrage mit Hilfe von Voronoi-Diagrammen, die auch in dieser Arbeit eine wichtige Rolle spielen (vgl. Kapitel 4), lösen lassen (vgl. [Suz1995], [Oka1997] oder [Oka2000]).

Weitere wichtige Unterscheidungsmerkmale sind:

- die Anzahl der zu errichtenden Betriebsstätten (z.B. fest vorgegeben oder variabel),
- die Kapazitäten an den potentiellen Standorten (z.B. beschränkt oder unbeschränkt),
- die Bewertung von Transportkosten (z.B. durch die Entfernung im Straßennetz oder die euklidische Entfernung),

- die Art des Distributionssystems,
- die Berücksichtigung einer Konkurrenzsituation,
- die Berücksichtigung der Produktion,
- die Anzahl der Produkte (z.B. Ein- oder Mehrprodukt-Modelle), und
- der zeitliche Rahmen (z.B. ein- oder mehrperiodige Planung).

Mit Hilfe des Klassifikationsschemas von Hamacher [Ham1998] oder des Merkmalkatalogs von Brandeau [Bra1989] lassen sich Standortprobleme gut klassifizieren. Fischer [Fis1997] bietet ein umfassendes Ordnungsschema, das auch Erweiterungen der klassischen Modelle zur Standortplanung berücksichtigt.

2.2.2 Ausgewählte Standortprobleme

2.2.2.1 Standortprobleme in der Ebene

Im Folgenden werden einige grundlegende Median-Modelle zur Standortbestimmung in der Ebene vorgestellt.

Das Weber-Problem

Launhardt [Lau1885] und Weber [Web1909] waren die Ersten, die quantitative Entscheidungsmodelle zur Standortplanung eingehend untersuchten. Sie beschäftigten sich mit dem Problem der Bestimmung des Standorts einer Betriebsstätte mit dem Ziel, die Transportkosten, die beim Gütertransport von und zu den Bezugs- und Absatzorten anfallen, zu minimieren. Für die Transportkosten wird dabei vorausgesetzt, dass sie proportional zu der beförderten Menge und der zurückgelegten Strecke (Luftlinienentfernung) sind. Dieses Problem wird in der Literatur als Steiner-Weber-Problem oder Weber-Problem bezeichnet. Das Problem in allgemeiner Form, mit der Distanz- bzw. Transportkostenfunktion $d : \mathbb{R}^2 \times \mathbb{R}^2 \to \mathbb{R}$, den Kundenorten (eventuell auch Bezugs- oder Absatzstandorte) $K_j = (x_j, y_j)$ $(j = 1, \ldots, m)$ und den Gewichten $w_j \in \mathbb{R}$ $(j = 1, \ldots, m)$, lautet

$$\min_{(x,y)\in\mathbb{R}^2} \sum_{j=1}^{m} w_j d((x,y),(x_j,y_j)) \, .$$

Dieses Problem wird auch das 1-Median oder das Single-Facility-Location-

Problem in der Ebene genannt. Eine ausführliche Darstellung des Problems und der dafür entwickelten Lösungsverfahren[3] bietet z.B. Plastria [Pla1995, S. 239 ff]. Im klassischen 1-Median-Problem taucht Nachfrage nur in endlich vielen diskreten Punkten der Ebene auf. In neueren Arbeiten (vgl. [Car1995] und [Car1998]) wurde allerdings auch der Fall mit kontinuierlich verteilter Nachfrage untersucht.

Das P-Median-Problem in der Ebene

Das Problem der Standortbestimmung für P Betriebsstätten ($P > 1$) mit dem Ziel die gesamte Nachfrage der Kunden K_j ($j = 1, \ldots, m$) kostenminimal zu befriedigen, wird P-Median-Problem in der Ebene (Continuous P-Median-Problem) oder Multi-Weber-Problem genannt. Die Nachfrage eines Kunden K_j wird dabei von der nächstliegenden Betriebsstätte bedient. Dieses Problem gilt als sehr schwierig.

Die bekannteste Heuristik für das P-Median-Problem in der Ebene [Coo1964] besteht aus zwei alternierenden Phasen. In der einen Phase werden die Standorte der Betriebsstätten als fest gegeben betrachtet und die Kunden werden diesen kostenminimal zugeordnet, während in der anderen Phase die Aufteilung der Kunden auf die Betriebsstätten als gegeben vorausgesetzt wird und dazu für jede Betriebsstätte der optimale Standort bestimmt wird. Dieser alternierende Prozess bricht ab, wenn keine Verbesserung mehr erreicht wird und liefert schnell gute Ergebnisse, oft sogar optimale, wenn man die Heuristik mehrmals hintereinander mit zufällig erzeugten Standorten für die Betriebsstätten startet (vgl. [Pla1995, S. 257]).

Für die Version des P-Median-Problems mit kontinuierlich verteilter Nachfrage beschrieb Okabe [Oka1997] ein Verfahren mit dem zumindest ein lokales Optimum gefunden werden kann.

Wang, Gao und Shi [Wan1997] erstellten einen Algorithmus für das P-Median Problem mit kontinuierlich verteilter Nachfrage, in dem die Entfernungen mit der euklidischen Metrik gemessen werden. Gao [Gao1996] betrachtete auch das erweiterte Problem, das die Distanzen zwischen den Einrichtungen in die Minimierung miteinbezieht.

[3] Zu diesen zählt auch der Varignonsche-Apparat zur Lösung des Steiner-Weber-Problems.

Ein Modell, das sowohl diskrete Nachfragepunkte als auch kontinuierlich verteilte Nachfrage beinhaltet, wurde von Cavalier und Sherali [Cav1986] betrachtet, die dafür eine Heuristik entwickelten. Für ein ähnliches Problem schlugen Lozarno et al [Loz1998] eine auf Neuronale Netze basierende Heuristik vor.

Brimberg und Wesolowsky [Bri2000] befassten sich mit dem Fall, in dem sowohl die Anbieter als auch die Nachfrager in Form von ebenen Gebieten gegeben sein können. Die Entfernung von einem Anbieter(gebiet) zu einem Nachfrager(gebiet) ist dabei die Kürzeste aller Entfernungen zwischen je zwei Punkten in den entsprechenden Gebieten.

2.2.2.2 Diskrete Standortprobleme

Im Folgenden werden einige diskrete Standortprobleme und deren Erweiterungen vorgestellt.

Das Uncapacitated-Facility-Location-Problem

Das Uncapacitated-Facility-Location-Problem (UFLP), auch Simple-Plant-Location- oder Uncapacitated-Warehouse-Location-Problem genannt, zählt zu den grundlegenden diskreten Standortproblemen. Gegeben ist eine endliche Menge von potentiellen Standorten S_i $(i = 1, \ldots, n)$, an denen eine unbestimmte Anzahl von Einrichtungen (Auslieferungslager) eines Unternehmens errichtet werden soll. Von diesen Einrichtungen aus soll die Nachfrage einer endlichen Menge von Kunden K_j $(j = 1, \ldots, m)$ nach einem homogenen beliebig teilbaren Gut vollständig bedient werden. Die Nachfrage eines Kunden K_j beträgt dabei D_j. Die fixen Kosten für die Errichtung einer Einrichtung am Standort S_i werden mit F_i und die Kosten für den Transport einer Mengeneinheit des Guts vom Standort S_i zum Kunden K_j mit c_{ij} bezeichnet. Das Problem besteht darin, die Anzahl und die Standorte der zu betreibenden Einrichtungen zu bestimmen sowie die Kunden diesen Einrichtungen zuzuordnen, so dass die gesamten Nachfrage mit minimalen Gesamtkosten befriedigt werden kann. Formal lässt sich dieses Problem wie folgt darstellen:

$$\min \quad \sum_{i=1}^{n} \sum_{j=1}^{m} c_{ij} x_{ij} + \sum_{i=1}^{n} F_i y_i \tag{0}$$

u.d.B.:

$$\sum_{i=1}^{n} x_{ij} = D_j \qquad j = 1, \ldots, m \tag{1}$$

$$x_{ij} \leq y_i Dj \qquad i = 1, \ldots, n, \quad j = 1, \ldots, m \tag{2}$$

$$x_{ij} \geq 0 \qquad i = 1, \ldots, n, \quad j = 1, \ldots, m \tag{3}$$

$$y_i \in \{0, 1\} \qquad i = 1, \ldots, n \tag{4}$$

Die Entscheidungsvariablen x_{ij} und y_i besitzen die folgenden Bedeutungen: Die binäre Variable y_i gibt an, ob am Standort S_i eine Einrichtung errichtet wird ($y_i = 1$) oder nicht ($y_i = 0$), während die nichtnegative reellwertige Variable x_{ij} festlegt, wieviele Mengeneinheiten des Guts von der Einrichtung am Standort S_i zum Kunden K_j geliefert werden. Die zu minimierende Zielfunktion besteht aus der Summe der Transportkosten und der Errichtungskosten. Die Nebenbedingungen (1) sichern dabei, dass die Nachfrage eines jeden Kunden erfüllt wird, während die Nebenbedingungen (2) erzwingen, dass Kunden nur von erichteten Einrichtungen bedient werden können.

Das UFLP zählt zur Klasse der NP-schwierigen Probleme[4] (vgl. [Kra1983]). Für das leistungsfähigste exakte Verfahren zur Lösung dieses Problems wird der DUALOC-Algorithmus von Erlenkotter [Erl1978] betrachtet (vgl. [Lab1998]). Unter den Heuristiken finden die Lagrange-Heuristiken (vgl. z.B. [Bea1993]) vermehrte Aufmerksamkeit. Aber es wurden in letzter Zeit auch Approximations-Algorithmen (vgl. [Age1999]) und metaheuristische Lösungsansätze basierend auf Tabu-Suche [AlS1999] und basierend auf Tabu-Suche und Neuronalen Netzen [Vai1996] entwickelt.
Für eine ausführliche Darstellung des Problems und seiner Anwendungen wird auf den Übersichtsartikel von Cornuejols [Cor1990] verwiesen.

Das Capacitated-Facility-Location-Problem

Das UFLP lässt sich auf verschiedene Arten erweitern Existieren obere

[4] NP-schwierige Probleme gelten als nur schwer lösbar. Für eine ausführliche Darstellung der Komplexitätstheorie wird auf das Buch von Garey und Johnson [Gar1979] verwiesen.

Kapazitätsbeschränkungen C_i $(i = 1, \ldots, n)$ an den Standorten S_i $(i = 1, \ldots, n)$, so lassen sich diese durch die zusätzlichen Nebenbedingungen

$$\sum_{j=1}^{m} x_{ij} \leq C_i \qquad\qquad i = 1, \ldots, n$$

mit in das Modell einbauen. Das neue Problem wird in der Literatur als das Capacitated-Facility-Location-Problem (CFLP), das Capacitated-Plant-Location-Problem oder das Capacitated-Warehouse-Location-Problem bezeichnet. Da das UFLP ein Spezialfall des CFLP ist, gehört auch das CFLP zur Klasse der NP-schwierigen Probleme.
Als leistungsfähigstes exaktes Verfahren zur Lösung des CFLP wird für gewöhnlich das von Van Roy [Roy1986] entwickelte Verfahren der Cross-Dekomposition angesehen. Aber auch Heuristiken, wie z.B. diejenigen von Aardal [Aar1998], Agar und Salhi [Aga1998] sowie Bornstein und Azlan [Bor1998], sind aufgrund der Komplexität des Problems von großer Bedeutung. Einen guten Überblick über die verschiedenen Lösungsverfahren erhält man im Übersichtsartikel von Sridharan [Sri1995] oder im Buch von Wentges [Wen1994].

Das *P*-Median-Problem

Im UFLP ist die Anzahl der zu errichtenden Einrichtungen unbestimmt und somit eine Entscheidungsgröße. Ist die Anzahl P der zu errichtenden Einrichtungen allerdings vorgegeben und sind die Fixkosten für deren Errichtung nicht entscheidungsrelevant oder konstant, so erhält man aus dem UFLP mit der zusätzlichen Nebenbedingung

$$\sum_{i=1}^{n} y_i = P$$

das P-Median-Problem (vgl. z.B. [Lab1998]). Neue metaheuristische Lösungsansätze für dieses Problem stammen von Rolland et al [Rol1997] und Rosing et al [Ros1999].

P-Median-Probleme mit kontinuierlich verteilter Nachfrage sind sehr selten. Drezner und Wesolowsky [Dre1999] stellten ein Problem vor, das sie als eine Erweiterung des P-Median-Problems mit kontinuierlich verteilter

Nachfrage bezeichneten. Dieses Modell berücksichtigt zusätzlich Produktionskosten und lässt sich wie folgt kurz beschreiben: An den endlich vielen Einrichtungen (Produktionsstätten) fallen variable Produktionskosten in Abhängigkeit der jeweiligen Kundenzahl bzw. der produzierten Menge an. Die Produktionskostenfunktionen besitzen aufgrund von Größendegressionseffekten bei der Produktion (economies of scale) eine konkave[5] Form. Sämtliche Produktionskosten werden in diesem Modell über die Preise auf die Kunden weitergegeben, die auch die Transportkosten[6] zu tragen haben. Zu Beginn einer Periode setzen die Einrichtungen aufgrund der Kundenzahlen der vorhergehenden Periode ihre Preise fest. Jeder Kunde wählt sich anschließend in Abhängigkeit des Preises und der Transportkosten die für ihn günstigste Einrichtung aus, von der er seine Ware bezieht.
Drezner und Wesolowsky untersuchten die Frage, ob sich nach endlich vielen Perioden eine Gleichgewichtssituation einstellt, d h. eine Menge von Preisen, so dass, nachdem jeder Kunde die für ihn billigste Einrichtung gewählt hat, die Preise gleichbleiben. Würde die Frage untersucht, bei welcher Konstellation die gesamten Kosten der Kunden minimal wären, so würde aus dem Problem ein Produktions-Transportproblem mit kontinuierlich verteilter Nachfrage werden (vgl. Kapitel 3).

Das Produktions-Transportproblem

Es gibt viele Möglichkeiten das CFLP zu erweitern (vgl. [Lab1998]). Eine ist die Berücksichtigung von variablen Produktionskosten in den errichteten Einrichtungen (Betriebsstätten) in Abhängigkeit vom jeweiligen Standort und der dort produzierten Menge. Dies führt zum Produktions-Transportproblem (PTP) mit diskret verteilter Nachfrage, das im Folgenden näher betrachtet wird.

Gegeben ist eine endliche Menge von potentiellen Standorten S_i $(i = 1, \ldots, n)$ für Betriebsstätten, in denen ein homogenes, beliebig teilbares Gut produziert werden soll. Mit diesem Gut soll die Nachfrage einer endlichen Menge von Kunden K_j $(j = 1, \ldots, m)$ befriedigt werden. Das PTP besteht darin, Standorte für eine nicht festgelegte Anzahl zu errichtender

[5] Sei X eine konvexe Teilmenge von $\mathbb{R}^n$ und $g(x)$ eine auf X definierte reellwertige Funktion. Die Funktion g heißt konkav, genau dann wenn für alle $x_1, x_2 \in X$ und $0 \leq \lambda \leq 1$ gilt, dass $g((1-\lambda)x_1 + \lambda x_2) \geq (1-\lambda)g(x_1) + \lambda g(x_2)$ (vgl. [Flo1995, Definition 2.2.3]).

[6] Die Transportkosten entsprechen jeweils der euklidischen Entfernung des Kunden zur Einrichtung und sind unabhängig von der transportierten Menge.

Betriebsstätten auszuwählen, gleichzeitig die Mengen des in diesen Betriebsstätten zu produzierenden Guts festzulegen und einen Distributionsplan zu erstellen, so dass die gesamte Nachfrage der Kunden befriedigt und die Summe der Produktions- und Transportkosten minimiert wird. Bei den Produktionskosten werden Größendegressionseffekte (economies of scale) mitberücksichtigt. Je mehr in einer Betriebsstätte produziert wird, umso günstiger werden die Stückkosten. Die Produktionskosten beinhalten auch einen möglichen Fixkostenanteil, wenn z.B. eine Betriebsstätte neu errichtet werden muss.

$$\min \quad \sum_{i=1}^{n}\sum_{j=1}^{m} c_{ij}x_{ij} + \sum_{i=1}^{n} f_i(z_i) \tag{0}$$

u.d.B.:

$$\sum_{i=1}^{n} x_{ij} = D_j \qquad j = 1,\ldots,m \tag{1}$$

$$\sum_{j=1}^{m} x_{ij} = z_i \qquad i = 1,\ldots,n \tag{2}$$

$$z_i \leq C_i \qquad i = 1,\ldots,n \tag{3}$$

$$x_{ij} \geq 0 \qquad i = 1,\ldots,n\,, \quad j = 1,\ldots,m \tag{4}$$

$$z_i \geq 0 \qquad i = 1,\ldots,n \tag{5}$$

Die Kosten für den Transport einer Mengeneinheit des Guts vom Standort S_i zum Kunden K_j werden mit c_{ij}, die Nachfragemenge des Kunden K_j wird mit D_j und die Kapazitätsbeschränkung der Betriebsstätte am Standort S_i wird mit C_i bezeichnet. Die Produktionskostenfunktionen f_i $(i = 1,\ldots,n)$ sind jeweils monoton steigend, konkav, nichtnegativ, $f_i(0) = 0$ und aufgrund von Fixkosten eventuell an der Stelle null nicht stetig. Die Variablen x_{ij} $(i = 1,\ldots,n,\ j = 1,\ldots,m)$ bezeichnen jeweils die Liefermenge von der Betriebsstätte am Standort S_i zum Kunden K_j und die Variablen z_i $(i = 1,\ldots,n)$ die Produktionsmengen an den jeweiligen Standorten. Durch die Nebenbedingungen (1) wird sichergestellt, dass die Nachfrage eines jeden Kunden erfüllt wird und die Nebenbedingungen

(2) gewährleisten, dass die Produktionsmengen gleich den Ausliefermengen einer Betriebsstätte sind. Die Produktionshöchstkapazitäten der Betriebsstätten gehen durch die Nebenbedingungen (3) in das Modell ein. Falls zusätzlich eventuell Mindestauslastungsmengen an den Standorten berücksichtigt werden müssen, können die Nebenbedingungen (3) durch die Nebenbedingungen

$$B_i \leq z_i \leq C_i \qquad i = 1, \ldots, n \tag{3'}$$

ersetzt werden. Die Nebenbedingungen (1) und (2) implizieren, dass die Gesamtproduktionsmenge in den Betriebsstätten gleich der Gesamtnachfrage aller Kunden ist:

$$\sum_{i=1}^{n} z_i = \sum_{i=1}^{n} \sum_{j=1}^{m} x_{ij} = \sum_{j=1}^{m} \sum_{i=1}^{n} x_{ij} = \sum_{j=1}^{m} D_j = D$$

Diese Anforderung an die Gesamtproduktionsmenge muss somit im Modell nicht explizit berücksichtigt werden. Die Gesamtproduktionskostenfunktion $f(z)$ besteht aus der Summe der Funktionen f_i $(i = 1, \ldots, n)$

$$f(z) = \sum_{i=1}^{n} f_i(z_i)$$

und ist somit eine separable Funktion.[7] Die Produktionskosten in den einzelnen Betriebsstätten hängen in diesem Fall nur von der in der jeweiligen Betriebsstätte produzierten Menge des Guts ab und sind unabhängig von den Produktionsmengen in den anderen Betriebsstätten.

Das mathematische Modell des Produktions-Transportproblems ist äquivalent zu dem Modell des Facility-Location-And-Capacity-Acquisition-Problems von Verter und Dincer [Ver1992]. Beide Probleme weisen neben dem gleichen mathematischen Modell auch sehr große inhaltliche Gemeinsamkeiten auf, so dass in dieser Arbeit auf eine Beschreibung des Problems von Verter und Dincer verzichtet wird. Es wird hierfür auf [Ver1992] und [Ver1995] verwiesen.

---

[7] Eine Funktion $g : X \rightarrow \mathbb{R}$ nennt man genau dann eine separable Funktion, wenn es Funktionen $g_i : X_i \rightarrow \mathbb{R}$ $(i = 1, \ldots, n)$ gibt mit $g(x) = \sum_{i=1}^{n} g_i(x_i)$ für alle $x \in X$.

Das klassische Capacitated-Facility-Location-Problem ergibt sich als Spezialfall des Produktions-Transportproblems, wenn man die Funktionen f_i $(i = 1, \ldots, n)$ mit

$$f_i(z_i) = \begin{cases} F_i & \text{falls } z_i > 0\,, \\ 0 & \text{sonst} \end{cases}$$

als Produktionskostenfunktionen wählt. Lässt man zusätzlich die Kapazitätsrestriktionen (3) weg, dann resultiert das klassische Uncapacitated-Facility-Location-Problem als Spezialfall.

Das Produktions-Transportproblem lässt sich auch in ein Netzflußproblem mit konkaven Kosten umwandeln (vgl. [Ver1995]). In Abbildung 2.1 ist das zugrunde liegende Netz skizziert. Die Betriebsstätten erhalten ihre Produk-

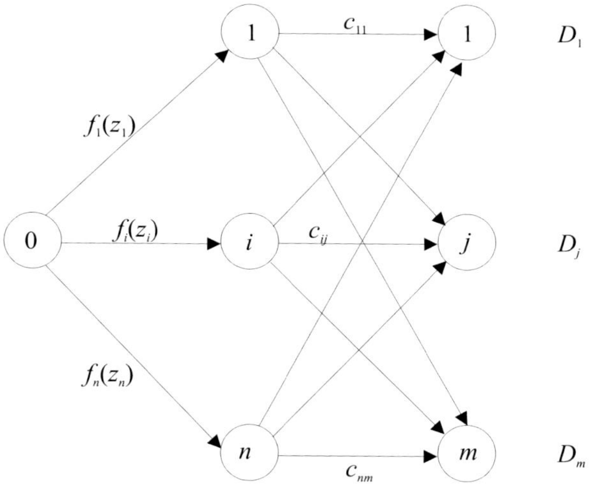

Abbildung 2.1: Das PTP in Form eines Netzflußproblems

tionsmengen von einer Quelle. Die Produktionskosten sind den entsprechenden Kanten zwischen der Quelle und den Betriebsstätten zugewiesen (vgl. Abbildung 2.1). Durch obere und untere Schranken an den Kanten lassen sich zudem Kapazitätsbeschränkungen berücksichtigen. Der rechte Teil des Netzes modelliert ein gewöhnliches Transportproblem für den Transport des Guts zu den Kunden (den Senken des Netzes). Die Techniken zur Netzflußoptimierung mit konkaven Kosten sind folglich auch auf das PTP anwendbar. Guisewite und Pardalos (vgl. [Gui1990] oder [Gui1991]) geben einen ausführlichen Überblick über die Standardlösungstechniken. Da das CFLP und das UFLP Spezialfälle des Produktions-Transportproblems sind, gehört dieses Problem auch zu den NP-schwierigen Problemen. Aufgrund der konkaven Zielfunktion ist das Problem den konkaven Minimierungsproblemen zuzuordnen und fällt in den Bereich der Globalen Optimierung. Im Allgemeinen sind diese Probleme nur sehr schwer lösbar, da die Zielfunktion viele lokale Minima mit ganz unterschiedlichen Werten besitzen kann. Einen umfassenden Überblick über Algorithmen und Lösungstechniken findet man in den Büchern von Horst und Tuy [Hor1990] und Horst et al [Hor1995]. Mit allgemeinen Verfahren lassen sich allerdings nur kleine Probleme lösen.

Einen umfassenden Überblick über Werkzeuge zur Lösung von Produktions-Transportproblemen mit diskret verteilter Nachfage gibt die Arbeit von Schildt [Sch1994]. Zu den neueren Lösungsverfahren zählen diejenigen von Tuy et al (vgl. [Tuy1993a], [Tuy1993a] und [Tuy1996a]), die keine separable Gesamtproduktionskostenfunktion voraussetzen. Da die Komplexität des Produktions-Transportproblems stark von der Anzahl k der nichtlinearen Variablen[8] abhängt, betrachteten Tuy el al das Problem zu festem k. Aufgrund der Monotonie der Zielfunktion entlang gewisser Richtungen lässt sich dieses Problem in ein parametrisches lineares Transportproblem in Abhängigkeit eines k-dimensionalen Parameters überführen. Für die Spezialfälle $k \leq 3$ (vgl. [Tuy1993a] und [Tuy1993b]) ergeben sich effiziente Algorithmen. Da das Produktions-Transportproblem NP-schwierig ist, steigt der Zeitbedarf des Algorithmus zwar polynomial in m, aber trotzdem exponentiell in k. Folglich kann der Algorithmus von Tuy et al trotzdem nur Probleme für kleinere k effektiv lösen (vgl. [Tuy1996a]). In [Tuy1996b] haben deshalb Tuy et al diese Techniken in ein Tabu-Suche Verfahren integriert.

Verter und Dincer [Ver1995] entwickelten einen Algorithmus, der eine separable Gesamtproduktionskostenfunktion

$$f(z) = \sum_{i=1}^{n} f_i(z_i)$$

[8] Eine Variable wird als nichtlinear bezeichnet, wenn die Zielfunktion in dieser Variable nicht linear ist.

voraussetzt und die Produktionskostenfunktionen f_i $(i = 1, \ldots, n)$ jeweils durch eine stückweise lineare konkave Funktion von unten annähert. In jedem Iterationsschritt wird dabei jedem Linearitätsabschnitt dieser Approximationsfunktion eine Pseudo-Betriebsstätte zugeordnet. Das Produktions-Transportproblem mit den stückweisen linearen Approximationsfunktionen lässt sich dann transformieren in ein äquivalentes UFLP bzw. CFLP, je nachdem ob Kapazitätsbeschränkungen vorhanden sind oder nicht. Das so entstehende UFLP bzw. CFLP besitzt

$$\sum_{i=1}^{n} m_i$$

Pseudo-Betriebsstätten und n Nachfrager, wobei m_i jeweils die Anzahl der Linearitätsabschnitte der Approximationsfunktion von f_i bezeichnet. Der Algorithmus von Verter und Dincer löst das Produktions-Transportproblem, indem er eine Sequenz dieser Uncapacitated-Facility-Location-Probleme bzw. Capacitated-Facility-Location-Probleme löst.

Das verallgemeinerte PTP mit stochastischer Nachfrage an diskret verteilten Kundenorten ist Gegenstand der Arbeit von Holmberg und Tuy [Hol1999]. Sie entwickelten einen Branch-and-Bound-Algorithmus der zum einen auf eine separable Gesamtproduktionskostenfunktion aufbaut und zum anderen die Tatsache ausnutzt, dass die nichtkonvexen Komponenten der Zielfunktion nur von einem Teil der Variablen abhängen.

Diskrete Standortmodelle mit Nachfrage, die gemäß einer stetigen Dichtefunktion verteilt ist, sind sehr selten. Einen allgemeinen Überblick über kontinuierliche Approximationsmodelle in der Güterdistribution geben Langevin und Mbaraga [Lan1996]. Auf das Produktions-Transportproblem mit kontinuierlich verteilter Nachfrage wird ausführlich in Kapitel 3 eingegangen.

Kapitel 3

Das semi-infinite Produktions-Transportproblem

3.1 Grundlagen

Im Mittelpunkt dieser Arbeit steht das Produktions-Transportproblem mit kontinuierlich verteilter Nachfrage, das im Folgenden auch als semi-infinites Produktions-Transportproblem (SPTP) bezeichnet wird. In diesem Kapitel wird das Problem formal dargestellt und eingehend untersucht. Die gewonnenen Ergebnisse bilden die theoretischen Grundlagen für die Entwicklung eines Lösungsverfahrens in Kapitel 5.

3.1.1 Modellformulierung

Ein Unternehmen möchte ein beliebig teilbares, homogenes Gut herstellen. Für die erforderlichen Produktionsstätten stehen n potentielle Standorte[1] $S_i \in \mathbb{R}^2$ $(i = 1, \ldots, n)$ zur Verfügung. Die zu befriedigende Nachfrage nach diesem Gut ist über ein Gebiet G gemäß der Dichtefunktion $\Phi : G \to \mathbb{R}$ verteilt. Dabei ist $G \subset \mathbb{R}^2$ eine kompakte, meßbare Menge, die nicht zusammenhängend sein muss, sondern in mehrere voneinander getrennte Teilregionen zerfallen kann. Das zugrunde liegende Maß bildet das Lebesgue-Maß (vgl. [Hal1966]) und dementsprechend wird die Lebesgue-Integration verwendet.[2] Die Funktion Φ ist eine nichtnegative, beschränkte und fast

[1] Darunter fallen sowohl die Standorte von bereits bestehenden Produktionsbetrieben als auch die möglichen Standorte für eventuell neu zu errichtende Betriebe.

überall[3] auf G stetige Funktion. Die gesamte über G verteilte Nachfragemenge D beträgt

$$D = \iint_G \Phi(x,y)\,dx\,dy\,.$$

In Abbildung 3.1 sind zwei verschiedene Nachfragedichtefunktionen über einem ebenen Gebiet dargestellt, links ist die Nachfrage gleichverteilt, während rechts zwei Zentren (z.B. zwei Städte) mit besonders hoher Nachfrage existieren.

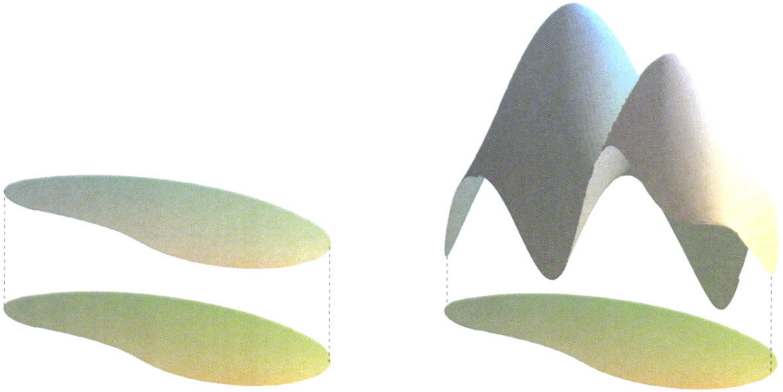

Abbildung 3.1: Nachfragedichtefunktionen

In den Betriebsstätten an den Standorten S_i $(i = 1, \ldots, n)$ müssen soviele Mengeneinheiten des Guts produziert werden, dass die gesamte Nachfrage in G befriedigt werden kann. Die in der Betriebsstätte am Standort S_i produzierte Menge z_i des Guts darf eine gewisse standortspezifische Mindestkapazität oder Mindestauslastungsmenge B_i nicht unterschreiten sowie eine Maximalkapazität C_i nicht überschreiten. Sind solche Restriktionen nicht vorhanden, dann setzt man $B_i = 0$ bzw. $C_i = D$. Bei der Produktion von z_i Mengeneinheiten entstehen $f_i(z_i)$ Produktionskosten. Es

2 Das Lebesgue-Maß einer Fläche in der Ebene ist praktisch gleichzusetzen mit dessem gewöhnlichen Flächeninhalt und kann intuitiv auch so betrachtet werden.

3 Eine Eigenschaft von Punkten $x \in X$ gilt fast überall auf X, genau dann wenn die Ausnahmemenge (die Menge der Punkte, die die Eigenschaft nicht besitzen) eine Menge vom Maß null ist.

wird angenommen, dass die Produktionskostenfunktionen $f_i : [B_i, C_i] \to \mathbb{R}$ $(i = 1, \ldots, n)$ nichtfallende, konkave Funktionen sind (vgl. Abbildung 3.2). Falls an einem Standort S_i keine Mindestkapazität berücksichtigt werden

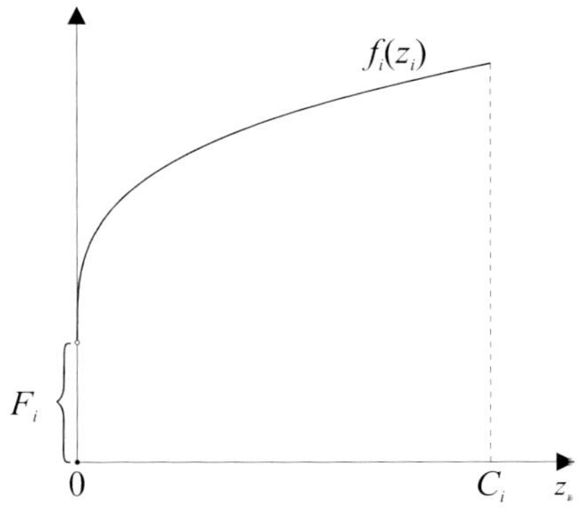

Abbildung 3.2: Produktionskostenfunktion

muss ($B_i = 0$), ist $f_i(0) = 0$. Aufgrund von eventuellen Fixkosten F_i muss die Funktion f_i bei null allerdings nicht stetig sein (vgl. Abbildung 3.2). Die Fixkosten können z.B. durch die Errichtung einer neuen Betriebsstätte am Standort S_i verursacht werden. Die Produktionskosten $f_i(z_i)$ für $z_i > 0$ setzen sich dann zusammen aus den Fixkosten F_i und den variablen Kosten, die bei der Produktion von z_i Mengeneinheiten des Guts anfallen (vgl. Abbildung 3.2). Die konkave Form der Produktionskostenfunktion ist auf Größendegressionseffekte bei der Produktion zurückzuführen (economies of scale). Die Gesamtproduktionskostenfunktion f ist die separable, konkave Funktion

$$f(z) = \sum_{i=1}^{n} f_i(z_i) .$$

Das in den Produktionsstätten an den Standorten S_i $(i = 1, \ldots, n)$ produzierte Gut muss auf G so verteilt werden, dass die gesamte Nachfrage in G befriedigt wird. Ein Distributionsplan ρ besteht aus n nichtnegativen, fast überall stetigen Dichtefunktionen $\rho_i : G \to \mathbb{R}$ $(i = 1, \ldots, n)$, die jeweils angeben, wie sich die von der Betriebsstätte am Standort S_i ausgelieferte

Menge auf G verteilt. Die Dichtefunktionen müssen zusätzlich für jedes $(x, y) \in G$ die Bedingung

$$\sum_{i=1}^{n} \rho_i(x, y) = \Phi(x, y)$$

erfüllen, die sicherstellt, dass die Nachfrage in jedem Punkt in G zufrieden gestellt wird. Die stetigen, nichtnegativen Distanzfunktionen $d_i : G \to \mathbb{R}$ $(i = 1, \ldots, n)$ geben jeweils den Abstand[4] $d_i(x, y)$ zwischen dem Standort S_i und dem Nachfrageort $(x, y) \in G$ an.

Abbildung 3.3: Graph der Distanzfunktion von S_i

Die Abbildung 3.3 zeigt den Graph der Distanzfunktion von S_i, wenn die Distanz $d_i(x, y)$ mit dem euklidischen Abstand von S_i zu $(x, y) \in G$ gemessen wird. Die Transportkosten werden durch die Distanzfunktionen bestimmt. Das Integral

$$\iint_G d_i(x, y)\rho_i(x, y)\, dx\, dy$$

gibt die Höhe der Transportkosten an, wenn vom Produktionsbetrieb am Standort S_i das dort produzierte Gut gemäß der Dichtefunktion ρ_i auf G verteilt wird.[5]

[4] Der Abstand der Punkte muss nicht unbedingt der euklidische Abstand (die Luftlinienentfernung) zwischen diesen beiden Punkten sein. Man kann sich allerdings in diesem Kapitel den Abstand durchaus so veranschaulichen.

Ziel ist es, simultan die Produktionsmengen in den Betriebsstätten an den Standorten S_i $(i = 1, \ldots, n)$ zu bestimmen und einen Distributionsplan zu erstellen, so dass unter den beschriebenen Bedingungen die gesamten Produktions- und Transportkosten minimiert werden. Durch die Festlegung der Produktionsmengen wird implizit auch bestimmt, ob eventuell an manchen Standorten neue Betriebsstätten errichtet werden müssen.

Formal lässt sich das semi-infinite Produktions-Transportproblem (SPTP) folgendermaßen darstellen:

$$\min \quad \sum_{i=1}^{n} \iint\limits_{G} d_i(x,y)\rho_i(x,y)\,dx\,dy + \sum_{i=1}^{n} f_i(z_i) \tag{0}$$

u.d.B.:

$$\sum_{i=1}^{n} \rho_i(x,y) = \Phi(x,y) \qquad (x,y) \in G \tag{1}$$

$$\iint\limits_{G} \rho_i(x,y)\,dx\,dy = z_i \qquad i = 1, \ldots, n \tag{2}$$

$$z_i \geq B_i \qquad i = 1, \ldots, n \tag{3}$$

$$z_i \leq C_i \qquad i = 1, \ldots, n \tag{4}$$

$$\rho_i(x,y) \geq 0 \qquad (x,y) \in G, \quad i = 1, \ldots, n \tag{5}$$

$$z_i \geq 0 \qquad i = 1, \ldots, n \tag{6}$$

Die Bedingungen (2) erzwingen, dass in der Betriebsstätte am Standort S_i die Menge des Guts produziert wird, die aufgrund des Distributionsplans von S_i ausgeliefert werden muss. Aus den Bedingungen (1) und (2) folgt, dass die Gesamtproduktionsmenge gleich der gesamten Nachfragemenge

[5] Im PTP mit diskreter Nachfrage entspricht dieses Integral der Summe $\sum_{j=1}^{m} c_{ij}x_{ij}$, wobei c_{ij} die Kosten für den Transport einer Mengeneinheit des Guts vom Anbieter am Standort S_i zum Kunden K_j und x_{ij} die vom Anbieter am Standort S_i zum Kunden K_j transportierte Menge des Guts bezeichnen.

D ist, denn es gilt

$$\sum_{i=1}^{n} z_i = \iint_G \sum_{i=1}^{n} \rho_i(x,y)\,dx\,dy =$$
$$= \sum_{i=1}^{n} \iint_G \rho_i(x,y)\,dx\,dy = \iint_G \Phi(x,y)\,dx\,dy = D\,.$$

Die Produktionsbeschränkungen in den einzelnen Betriebsstätten werden durch die Nebenbedingungen (3) und (4) berücksichtigt. Das Problem besitzt zwei verschiedene Arten von Variablen, die zu bestimmenden Produktionsmengen z_i $(i = 1, \ldots, n)$ und die festzulegenden Dichtefunktionen $\rho_i : G \to \mathbb{R}$ $(i = 1, \ldots, n)$. Das SPTP zählt somit zur Klasse der infiniten nichtlinearen Optimierungsprobleme.[6] Der Lösungsraum ist genau dann nicht leer, wenn die Summe der Mindestkapazitäten nicht größer und die Summe der Maximalkapazitäten nicht kleiner als die Gesamtnachfragemenge D ist.

Für fest gewählte Produktionsmengen z_i $(i = 1, \ldots, n)$ reduziert sich das SPTP auf ein semi-infinites Transportproblem (vgl. [And1987, S. 106 ff]). Man spricht von einem semi-infiniten Transportproblem (STP), da es zwar nur endlich viele Anbieter, aber unendlich viele Kunden gibt, die gemäß einer nichtnegativen, beschränkten und fast überall stetigen Dichtefunktion über G verteilt sind. Für $z = (z_1, \ldots, z_n)$ lautet das semi-infinite Transportproblem $STP(z)$ formal:

$$\min \quad \sum_{i=1}^{n} \iint_G d_i(x,y)\rho_i(x,y)\,dx\,dy \tag{0}$$

u.d.B.:

$$\sum_{i=1}^{n} \rho_i(x,y) = \Phi(x,y) \qquad (x,y) \in G \tag{1}$$

$$\iint_G \rho_i(x,y)\,dx\,dy = z_i \qquad i = 1, \ldots, n \tag{2}$$

$$\rho_i(x,y) \geq 0 \qquad (x,y) \in G, \quad i = 1, \ldots, n \tag{3}$$

[6] Als infinites Optimierungsproblem wird ein Optimierungsproblem mit unendlich vielen Entscheidungsvariablen bezeichnet.

Das semi-infinite Produktions-Transportproblem stellt folglich eine Erweiterung des semi-infiniten Transportproblems dar. In Anlehnung an dieses Problem wurde auch der Name „Semi-infinites Produktions-Transportproblem“ für die in dieser Arbeit behandelte Variante des Produktions-Transportproblems gewählt.

3.1.2 Literaturüberblick

Das semi-infinite Transportproblem nimmt eine Zwischenstellung ein zwischen dem allgemein bekannten Hitchcock-Transportproblem [Hit1941] und dem Massentransportproblem, auch Massenverschiebeproblem oder kontinuierliches Transportproblem (Continuous Transportation Problem) genannt.

Im Massentransportproblem wird nach der günstigsten Art und Weise gesucht, eine Masse mit gegebener Verteilung zu verschieben, so dass sie nachher eine gewünschte Verteilung aufweist. Das Massentransportproblem wurde als Erstes vom französischen Mathematiker Gaspard Monge (1781) unter dem Namen „Problème des déblais et des remblais“ [Mon1781] zu einer Zeit untersucht, in der es wichtige Anwendungen im Festungsbau hatte. Monge erkannte als Erster, dass sich optimale Transportwege nur an den Endpunkten überschneiden dürfen. Sonst ließen allerdings seine Resultate und die seiner Nachfolger viele Fragen offen hinsichtlich der Existenz und des Aussehens von optimalen Lösungen des Problems. Später setzte die Académie des Sciences de Paris einen Preis für die Lösung des Problems aus, den Paul Appell [App1887] erhielt. Er erweiterte die Arbeit von Monge und untersuchte detailliert die Auswirkungen der Tatsache, dass sich zwei optimale Transportwege nicht überkreuzen. Der Nächste, der das Problem untersuchte, war Kantorovitch [Kan1958]. Er formulierte das Problem als mathematisches Programm über einem Funktionenraum und erhielt für damit zusammenhängende Arbeiten den Nobelpreis für Wirtschaftswissenschaften (vgl. [Kat1989]). Seine abstrakte Vorgehensweise, völlig verschieden von der von Monge, wurde angenommen und weitergeführt. Ausführliche Abhandlungen über das Massentransportproblem finden sich in den Werken von Rachev (vgl. [Rac1998a] und [Rac1998b]). Numerische Ergebnisse für ausgewählte Beispiele sind der Arbeit von Rüschendorf [Rüs2000] zu entnehmen.

Im Gegensatz zum Massentransportproblem, in dem sowohl Angebot als auch Nachfrage gemäß einer Dichtefunktion bzw. einer Wahrscheinlichkeitsverteilung verteilt sind, ist im semi-infiniten Transportproblem nur die Nachfrage gemäß einer Dichtefunktion verteilt. Zu den Ersten, die eine Art semi-infinites Transportproblem betrachteten, gehörten Corley und Roberts (vgl. [Cor1972a] und [Cor1972b]). Sie untersuchten das Problem der Aufteilung einer Menge in paarweise disjunkte Teilmengen von vorgegebener Größe mit dem Ziel, die von der jeweiligen Aufteilung abhängigen Transportkosten zu minimieren. Corley und Roberts gaben zwar eine hinreichende und notwendige Bedingung für die Optimalität einer Aufteilung an, entwickelten aber kein allgemein gültiges Verfahren zur Konstruktion optimaler Aufteilungen. Lowe und Hurter [Low1976] griffen die Arbeit von Corley und Roberts auf und studierten ein erweitertes, schwierigeres Problem, in dem neben den Transportkosten auch noch Produktionskosten mit in Betracht gezogen werden. Ihr Problem entspricht inhaltlich in etwa dem zu Beginn dieses Kapitels dargestellten semi-infiniten Produktions-Transportproblem. Sie stellten allerdings strengere Bedingungen an die Distanzfunktionen und berücksichtigten keine Kapazitätsrestriktionen (vgl. [Low1976]). Lowe und Hurter führten das Problem durch Suboptimierung auf ein finites Minimierungsproblem[7] mit Nebenbedingungen zurück und leiteten notwendige Bedingungen für die Optimalität einer Lösung her. An die Arbeit von Lowe und Hurter knüpfte wiederum Todd [Tod1978] an. Er vereinfachte die Beweise von Lowe und Hurter und verallgemeinerte deren Resultate. Seine Beweise basieren auf Dualitätsbeziehungen. Im Fall von konvexen[8] Produktionskostenfunktionen reduzierte er das von ihm betrachtete Dualproblem auf ein finites, konvexes Minimierungsproblem ohne Nebenbedingungen, das mit bekannten Techniken, z.B. mit Subgradientenverfahren, gelöst werden kann. Todd betrachtete das Problem ohne Kapazitätsrestriktionen. Mindestauslastungsmengen B_i ($i = 1, \ldots, n$) und Kapazitätsoberschranken C_i ($i = 1, \ldots, n$) in den Produktionsstätten an den Standorten S_i ($i = 1, \ldots, n$) lassen sich bei konvexen Produktionskostenfunktionen allerdings leicht modellieren, indem

[7] Unter einem finiten Optimierungsproblem wird ein Optimierungsproblem mit nur endlich vielen Variablen verstanden.

[8] Sei X eine konvexe Teilmenge des $\mathbb{R}^n$ und $g(x)$ eine auf X definierte reellwertige Funktion. Die Funktion g heißt konvex, genau dann wenn für alle $x_1, x_2 \in X$ und $0 \leq \lambda \leq 1$ gilt, dass $g((1-\lambda)x_1 + \lambda x_2) \leq (1-\lambda)g(x_1) + \lambda g(x_2)$ (vgl. [Flo1995, Definition 2.2.1]). Die Funktion g ist konvex auf X genau dann, wenn die Funktion $-g$ konkav auf X ist.

jeweils als Produktionskostenfunktion die erweiterte konvexe Funktion

$$\bar{f}_i(z_i) = \begin{cases} f_i(z_i) & \text{falls } B_i \leq z_i \leq C_i\,, \\ \infty & \text{sonst} \end{cases}$$

gewählt wird.[9] Todd unterstellte allerdings, dass sich für Gewichte $w_i \in \mathbb{R}$ $(i = 1, \ldots, n)$ die Mengen

$$\{(x, y) \in G \mid d_i(x, y) + w_i \leq d_j(x, y) + w_j,\ j = 1, \ldots, n\}$$

und damit auch die Funktionswerte der zu minimierenden Funktion leicht ermitteln lassen. Das wirft aber bereits im Fall von euklidischen Distanzen Schwierigkeiten auf. Darin liegt vielleicht auch der Grund, dass Todd seine Lösungsmethode für das Produktions-Transportproblem mit konvexen Produktionskostenfunktionen (ohne Kapazitätsbeschränkungen) nicht anhand von ausgewählten Problemen testete, sondern es nur bei einer Beschreibung des Lösungswegs beließ.

Erst vor kurzem haben Aurenhammer et al [Aur1998] eine konkrete Methode vorgestellt, mit der semi-infinite Transportprobleme mit dem quadratischen euklidischen Abstand als zugrunde liegende Distanz mit Hilfe von Power-Diagrammen (vgl. Abschnitt 4.2.2.3) gelöst werden können. Aurenhammer et al berücksichtigten allerdings keine Produktionskostenfunktionen.

Voigt [Voi1998] stellte eine Erweiterung des semi-infiniten Transportproblems vor. Er zog lokale Transportkostenraten mit in Betracht und stellte zur annäherungsweisen Lösung des Problems drei verschiedene Diskretisierungstechniken vor. Einen noch allgemeineren Ansatz verfolgten Beckmann et al [Bec1985]. In ihren kontinuierlichen Transportmodellen, die auch lokale Transportkostenraten beinhalten, sind im Allgemeinen sowohl die Nachfrage als auch das Angebot in Form von Dichtefunktionen auf einer Teilmenge der euklidischen Ebene gegeben. Die daraus aufgrund gewisser Gesetzmäßigkeiten resultierenden Warenbewegungen werden mit Hilfe von Vektorfeldern modelliert.

---

[9] Bei konkaven Produktionskostenfunktionen ist das nicht möglich, da die Funktionen $\bar{f}_i$ $(i = 1, \ldots, n)$ auch im erweiterten Sinne nicht mehr konkav sind.

3.2 Das verallgemeinerte semi-infinite Transportproblem

Das verallgemeinerte semi-infinite Transportproblem (Generalized Semi-Infinite Transportation Problem, GSTP), ein Spezialfall des semi-infiniten Produktions-Transportproblems, lässt sich folgendermaßen inhaltlich kurz beschreiben: Von den Anbietern an den Standorten S_i $(i = 1, \ldots, n)$ soll ein homogenes, beliebig teilbares Gut zu den Kunden im Gebiet G transportiert werden, mit dem Ziel deren Nachfrage, die gemäß einer Dichtefunktion Φ verteilt ist, zu befriedigen und die gesamten Transportkosten zu minimieren. Im Unterschied zum semi-infiniten Transportproblem sind die Angebotsmengen in den Betrieben nicht fest vorgegeben und konstant, sondern innerhalb gewisser Grenzen variabel. Sie dürfen nicht kleiner als eine Mindestausliefermenge B_i sowie nicht größer als eine Lieferkapazitätsbeschränkung C_i sein. Produktionskosten fallen nicht an oder sind konstant. Formal lässt sich das Problem wie folgt darstellen:

$$\min \quad \sum_{i=1}^{n} \iint_G d_i(x,y)\rho_i(x,y)\,dx\,dy \tag{0}$$

u.d.B.:

$$\sum_{i=1}^{n} \rho_i(x,y) = \Phi(x,y) \qquad (x,y) \in G \tag{1}$$

$$-\iint_G \rho_i(x,y)\,dx\,dy + B_i \leq 0 \qquad i = 1, \ldots, n \tag{2}$$

$$\iint_G \rho_i(x,y)\,dx\,dy - C_i \leq 0 \qquad i = 1, \ldots, n \tag{3}$$

$$\rho_i(x,y) \geq 0 \qquad (x,y) \in G, \quad i = 1, \ldots, n \tag{4}$$

Der Lösungsraum des GSTP ist genau dann nicht leer, wenn die gesamte Nachfragemenge nicht kleiner als die Summe der Mindestausliefermengen und nicht größer als die Summe der maximalen Lieferkapazitätsbeschränkungen der einzelnen Betriebsstätten ist, was nachfolgend vorausgesetzt wird. Das GSTP zählt zur Klasse der infiniten Optimierungsprobleme. Es wird im Folgenden auf ein finites konvexes Optimierungsproblem reduziert.

3.2.1 Lagrange-basierter Lösungsansatz

Für das verallgemeinerte semi-infinite Transportproblem wird im Folgenden ein duales Problem mit nur endlich vielen Variablen aufgestellt und gezeigt, dass es zur Lösungsfindung ausreicht, dieses konvexe duale Optimierungsproblem zu lösen.

Die Lagrange-Funktion des GSTP bezüglich der Nebenbedingungen (2) und (3) und den diesen jeweils zugeordneten Lagrange-Multiplikatoren $u_i \geq 0$ $(i = 1, \ldots, n)$ und $v_i \geq 0$ $(i = 1, \ldots, n)$ lautet

$$L(\rho, u, v) = \sum_{i=1}^{n} \iint_G (d_i(x,y) + v_i - u_i)\rho_i(x,y)\, dx\, dy + u_i B_i - v_i C_i \,.$$

Mit Θ wird im Folgenden die Menge

$$\Theta = \{\, \rho : G \to \mathbb{R}^n_+ \mid \sum_{i=1}^{n} \rho_i(x,y) = \Phi(x,y),\ (x,y) \in G \,\}$$

bezeichnet. Unter der Lagrange-Relaxation des GSTP bezüglich der Nebenbedingungen (2) und (3) und der Lagrange-Multiplikatoren $u_i \geq 0$ $(i = 1, \ldots, n)$ und $v_i \geq 0$ $(i = 1, \ldots, n)$ versteht man das Optimierungsproblem

$$\min_{\rho \in \Theta} L(\rho, u, v) \,.$$

Dieses Problem entsteht aus dem GSTP, indem die Restriktionen (2) und (3) des GSTP relaxiert und mit „Strafkosten" multipliziert in die Zielfunktion aufgenommen werden, denn es gilt

$$L(\rho, u, v) = \sum_{i=1}^{n} \iint_G d_i(x,y)\rho_i(x,y)\, dx\, dy +$$
$$+ \sum_{i=1}^{n} u_i(B_i - \iint_G \rho_i(x,y)\, dx\, dy) + \sum_{i=1}^{n} v_i(\iint_G \rho_i(x,y)\, dx\, dy - C_i) \,.$$

Die zusätzlichen Terme in der Zielfunktion bestrafen das Nichteinhalten der Restriktionen (2) und (3) des GSTP.

Ist ρ eine zulässige Lösung für das GSTP, dann ist ρ auch eine zulässige Lösung für die Lagrange-Relaxation des GSTP. Da ρ die Nebenbedingungen (2) und (3) des GSTP erfüllt, ist

$$L(\rho, u, v) \leq \sum_{i=1}^{n} \iint_G d_i(x, y)\rho_i(x, y)\, dx\, dy\,.$$

Für jedes Paar $(u, v) \in \mathbb{R}_+^n \times \mathbb{R}_+^n$ von Vektoren von Lagrange-Multiplikatoren ist folglich

$$L(u, v) = \inf_{\rho \in \Theta} L(\rho, u, v)$$

eine untere Schranke für den optimalen Wert des GSTP.[10] Damit ist auch der optimale Wert des Lagrange-Duals (D)

$$\max_{(u,v)\geq 0} L(u, v)$$

eine untere Schranke für den optimalen Wert des GSTP.[11] Die Betrachtung des Lagrange-Duals hat folgende Motivation: Gibt es eine zulässige Lösung ρ für das GSTP, die denselben Zielfunktionswert besitzt wie eine zulässige Lösung für das Lagrange-Dual, dann ist ρ optimal für das GSTP.

In der Lagrange-Relaxation des GSTP bezüglich der Nebenbedingungen (2) und (3) des GSTP sind die Lagrange-Multiplikatoren u_i $(i = 1, \dots, n)$ und v_i $(i = 1, \dots, n)$ Parameter und somit gilt

$$L(u, v) = \sum_{i=1}^{n}(u_i B_i - v_i C_i) + \inf_{\rho \in \Theta} \sum_{i=1}^{n} \iint_G (d_i(x, y) + v_i - u_i)\rho_i(x, y)\, dx\, dy\,.$$

Für $w = v - u$ wird zunächst das verallgemeinerte semi-infinite Transportproblem ohne Kapazitätsbeschränkungen $USTP(w)$

$$\min_{\rho \in \Theta} \sum_{i=1}^{n} \iint_G (d_i(x, y) + w_i)\rho_i(x, y)\, dx\, dy$$

näher untersucht. Diesem Problem liegen die additiv gewichteten Distanzfunktionen $d_i(x, y) + w_i$ $(i = 1, \dots, n)$ zugrunde. Die Angebotsmengen der

[10] Unter dem optimalen Wert eines Optimierungsproblems wird der Zielfunktionswert einer optimalen Lösung verstanden.

[11] Für einen Vektor $x \in \mathbb{R}^n$ bedeutet $x \geq 0$, dass $x_i \geq 0$ für alle $i = 1, \dots, n$.

Anbieter an den Standorten S_i $(i = 1, \dots, n)$ sind unbeschränkt und deshalb kann jeder Kunde von dem ihm nächstliegenden Anbieter (bezüglich der additiv gewichteten Distanzen) beliefert werden. In Satz 1 wird nachfolgend formal ein entsprechender optimaler Distributionsplan ρ^* für das $USTP(w)$ erstellt. Dazu werden einige Bezeichnungen eingeführt.

Bezeichnungen

1. Für $w \in \mathbb{R}^n$ und $(x, y) \in G$ bezeichnet $J_w(x, y)$ die Menge

$$J_w(x,y) = \{i \in \{1, \dots, n\} \mid d_i(x,y) + w_i = \min_{1 \le j \le n} d_j(x,y) + w_j\}.$$

2. Für $w \in \mathbb{R}^n$ und $i \in \{1, \dots, n\}$ bezeichnet $\mathrm{Vor}_i^G(w)$ die Menge

$$\mathrm{Vor}_i^G(w) = \{(x,y) \in G \mid d_i(x,y) + w_i = \min_{1 \le j \le n} d_j(x,y) + w_j\}.$$

Im Kontext des semi-infiniten Transportproblems mit unbeschränkten Kapazitäten $USTP(w)$ bedeutet $i \in J_w(x, y)$, dass S_i zu den zu (x, y) nächstliegenden Standorten gehört. Die Menge $\mathrm{Vor}_i^G(w)$ ist die Region in G, in der alle Orte (x, y) liegen, für die S_i einer der nächstliegenden Standorte ist. Ausführliche Beschreibungen der Mengen $\mathrm{Vor}_i^G(w)$ $(i = 1, \dots, n)$ für unterschiedliche Distanzfunktionen befinden sich in Abschnitt 4.2.2.

Im Folgenden wird für die Distanzfunktionen $d_i : G \to \mathbb{R}$ $(i = 1, \dots, n)$ vorausgesetzt, dass die Mengen $\mathrm{Vor}_i^G(w) \cap \mathrm{Vor}_j^G(w)$ für alle $i \neq j$ und alle $w \in \mathbb{R}^n$ die Bedingung

$$\iint\limits_{\mathrm{Vor}_i^G(w) \cap \mathrm{Vor}_j^G(w)} dx\, dy = 0 \tag{$*$}$$

erfüllen. Diese Bedingung wird als Voraussetzung $(*)$ bezeichnet. Sie ist im Grunde genau dann erfüllt, wenn für beliebige Gewichte w_i $(i = 1, \dots, n)$ die Grenze zwischen je zwei Regionen $\mathrm{Vor}_i^G(w)$ und $\mathrm{Vor}_j^G(w)$ (diejenigen Orte, die von S_i und S_j bezüglich der additiv gewichteten Distanzen gleich weit entfernt liegen) aus einer Linie besteht (vgl. Abbildung 3.4) und keine Flächensegmente enthält (vgl. Abbildung 3.5).

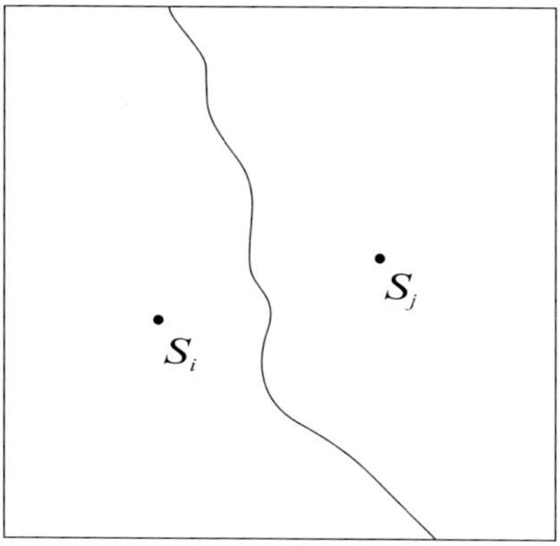

Abbildung 3.4: Grenzkurve

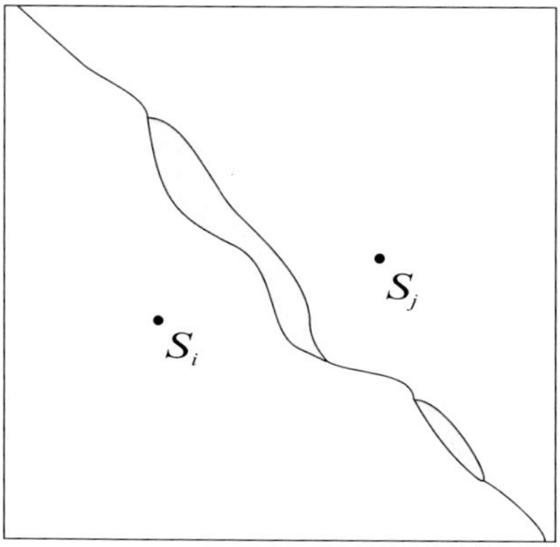

Abbildung 3.5: Grenzfläche

Satz 1

(a) Jeder zulässige Distributionsplan ρ^* für $USTP(w)$ mit

$$\rho_i^*(x,y) = \begin{cases} \Phi(x,y) & \text{fast überall auf } \mathrm{Vor}_i^G(w), \\ 0 & \text{fast überall auf } G \setminus \mathrm{Vor}_i^G(w) \end{cases}$$

ist optimal für $USTP(w)$. Das Problem $USTP(w)$ besitzt den optimalen Wert

$$\iint_G \min_{1 \le k \le n} (d_k(x,y) + w_k)\, \Phi(x,y)\, dx\, dy\,.$$

(b) Für $USTP(w)$ ist ρ^* mit

$$\rho_i^*(x,y) = \begin{cases} \Phi(x,y) & \text{falls} \quad i = \min J_w(x,y)\,, \\ 0 & \text{sonst} \end{cases}$$

ein optimaler Distributionsplan.

Beweis:

Zu (a): Sei ρ' ein zulässiger Distributionsplan für $USTP(w)$. Wegen

$$d_i(x,y) + w_i \ge \min_{1 \le k \le n} d_k(x,y) + w_k$$

gilt einerseits für den Wert der Zielfunktion von $USTP(w)$ für $\rho = \rho'$, dass

$$\begin{aligned}\sum_{i=1}^{n} \iint_G (d_i(x,y) + w_i)\rho'_i(x,y)\,dx\,dy \\ &\geq \sum_{i=1}^{n} \iint_G \min_{1\leq k\leq n} (d_k(x,y) + w_k)\rho'_i(x,y)\,dx\,dy \\ &= \iint_G \min_{1\leq k\leq n} (d_k(x,y) + w_k) \sum_{i=1}^{n} \rho'_i(x,y)\,dx\,dy \\ &= \iint_G \min_{1\leq k\leq n} (d_k(x,y) + w_k)\Phi(x,y)\,dx\,dy\,.\end{aligned}$$

Da aber wegen Voraussetzung $(*)$ (vgl. S. 35) für je zwei Mengen $\mathrm{Vor}_i^G(w)$ und $\mathrm{Vor}_j^G(w)$ $(i \neq j)$ gilt, dass

$$\iint_{\mathrm{Vor}_i^G(w)\cap\mathrm{Vor}_j^G(w)} dx\,dy = 0\,,$$

ist andererseits der Zielfunktionswert für eine zulässige Lösung ρ^* mit der in (a) angegebenen Eigenschaft auch

$$\begin{aligned}\sum_{i=1}^{n} \iint_G (d_i(x,y) + w_i)\rho^*_i(x,y)\,dx\,dy \\ &= \sum_{i=1}^{n} \iint_{\mathrm{Vor}_i^G(w)} (d_i(x,y) + w_i)\Phi(x,y)\,dx\,dy \\ &= \iint_G \min_{1\leq k\leq n} (d_k(x,y) + w_k)\Phi(x,y)\,dx\,dy\,.\end{aligned}$$

Folglich ist ρ^* eine optimale Lösung für $USTP(w)$ mit dem angegebenen Zielfunktionswert.

Zu (b): Die Lösung ρ^* ist zulässig für $USTP(w)$ und besitzt die in (a) beschriebene Eigenschaft. □

Für jedes $w \in \mathbb{R}^n$ besitzt das Minimierungsproblem $USTP(w)$ somit eine optimale Lösung. Die Funktion $H : \mathbb{R}^n \to \mathbb{R}$ wird durch

$$H(w) = \iint_G \min_{1 \le i \le n} (d_i(x,y) + w_i)\Phi(x,y)\,dx\,dy$$

definiert. Sie ordnet jedem $w \in \mathbb{R}^n$ den optimalen Wert von $USTP(w)$ zu.

Satz 2 (Eigenschaften der Funktion *H*)
(a) H ist konkav.

(b) H ist stetig differenzierbar und besitzt den Gradienten

$$\nabla H(w) = \Big(\iint_{\mathrm{Vor}_1^G(w)} \Phi(x,y)\,dx\,dy, \ldots, \iint_{\mathrm{Vor}_n^G(w)} \Phi(x,y)\,dx\,dy \Big).$$

Beweis:
Zu (a): Vergleiche [Tod1978, Lemma 2].
Zu (b): Vergleiche [Tod1978, Lemma 3]. □

Die Funktion L lässt sich mit Hilfe von Satz 1 vereinfacht darstellen als

$$L(u,v) = \sum_{i=1}^{n} (u_i B_i - v_i C_i) + \iint_G \min_{1 \le k \le n} (d_k(x,y) + v_k - u_k)\Phi(x,y)\,dx\,dy\,.$$

Aus den Eigenschaften von H lassen sich für die Funktion L einige Eigenschaften ableiten.

Satz 3 (Eigenschaften der Funktion *L*)
(a) L ist konkav.

(b) L ist stetig differenzierbar und mit $w = v - u$ gilt für dessen Gradient:

$$\nabla L(u,v) = \Big(\big(B_i - \iint_{\mathrm{Vor}_i^G(w)} \Phi(x,y)\,dx\,dy \big)_{1 \le i \le n}, \\ \big(\iint_{\mathrm{Vor}_i^G(w)} \Phi(x,y)\,dx\,dy - C_i \big)_{1 \le i \le n} \Big)$$

Beweis:
Zu (a): Da die Funktion H konkav und die Abbildung $A_1 : \mathbb{R}_+^n \times \mathbb{R}_+^n \longrightarrow \mathbb{R}^n$ mit $A_1(u,v) = v - u$ linear ist, ergibt die Zusammensetzung $H \circ A_1$ eine konkave Funktion (vgl. [Hir1993a, IV Prop. 2.1.5]).[12] Wegen der Linearität der Funktion $A_2 : \mathbb{R}_+^n \times \mathbb{R}_+^n \longrightarrow \mathbb{R}$ mit

$$A_2(u,v) = \sum_{i=1}^{n} u_i B_i - v_i C_i$$

ist die Funktion L als Summe von $H \circ A_1$ und A_2 ebenfalls konkav (vgl. [Hir1993a, IV Prop. 2.1.1]).

Zu (b): Da F, A_1 und A_2 stetig differenzierbar sind, folgt mit der Ketten- und Summenregel der Differentialrechnung, dass die Zusammensetzung dieser Funktionen $L = H \circ A_1 + A_2$ auch stetig differenzierbar ist und den angegebenen Gradienten besitzt. □

Mit Hilfe der beiden nachfolgenden Lemmas wird gezeigt, dass es zur Lösung des Lagrange-Duals des GSTP ausreicht, die Funktion L über einer kompakten Menge zu maximieren.

Lemma 1
(a) Für $w \in \mathbb{R}^n$ mit $w_i = \lambda \geq 0$ für alle $i = 1, \ldots, n$ ist

$$L(u,v) \geq L(u+w,v) \text{ und } L(u,v) \geq L(u,v+w)\,.$$

(b) Für $w \in \mathbb{R}^n$ mit $w_j = \lambda \geq 0$ für ein $j \in \{1, \ldots, n\}$ und $w_i = 0$ für alle $i \neq j$ ist

$$L(u,v) \geq L(u+w,v+w)\,.$$

Den Beweis für dieses Lemma findet der Leser in Anhang A.[13] Mit Hilfe des ersten Lemmas lässt sich ein zweites wichtiges Lemma beweisen.

---

[12] Es ist zu beachten, dass eine Funktion g genau dann konkav ist, wenn $-g$ konvex ist.

[13] Da sich die Beweise der Lemmas 1 und 2 insgesamt über mehrere Seiten erstrecken und dadurch hier der Lesefluß unterbrochen würde, werden sie im Anhang dargestellt.

Lemma 2

Sei $w_{max} = \max\{d_i(x,y) - d_j(x,y) \mid (x,y) \in G,\ i,j = 1,\ldots,n\}$ *und sei* $\mathcal{C} = \{w \in \mathbb{R}^n \mid 0 \leq w_i \leq w_{max},\ i = 1,\ldots,n\}$. *Ferner seien* $u, v \in \mathbb{R}^n$ *mit* $u_i, v_i \geq 0$ *für alle* $i = 1,\ldots,n$.

(a) Ist $v \notin \mathcal{C}$, *dann gibt es ein* $\tilde{v} \in \mathcal{C}$, *so dass gilt*

$$L(u,\tilde{v}) \geq L(u,v)\,.$$

(b) Ist $u \notin \mathcal{C}$, *dann gibt es ein* $\tilde{u} \in \mathcal{C}$, *so dass gilt*

$$L(\tilde{u},v) \geq L(u,v)\,.$$

Der Beweis für dieses Lemma ist dem Anhang A zu entnehmen. Wegen Lemma 2 genügt es zur Lösung des Lagrange-Duals (D), die Funktion L über der Menge $\mathcal{C} \times \mathcal{C}$ zu maximieren. Da L stetig und $\mathcal{C} \times \mathcal{C}$ kompakt ist, nimmt L auf $\mathcal{C} \times \mathcal{C}$ sein Maximum an, d.h. es existiert ein $(u^*, v^*) \in \mathcal{C} \times \mathcal{C}$ mit

$$L(u^*,v^*) = \max_{(u,v)\in\mathcal{C}\times\mathcal{C}} L(u,v) = \max_{(u,v)\geq 0} L(u,v)\,.$$

Diese optimale Lösung des Lagrange-Duals ist insbesondere ein lokales Minimum der Funktion $-L(u,v)$ unter den Nebenbedingungen:

$$\begin{aligned} -u_i &\leq 0 \quad (i = 1,\ldots,n) \\ -v_i &\leq 0 \quad (i = 1,\ldots,n) \end{aligned}$$

Die Funktion $-L(u,v)$ ist stetig differenzierbar und die Nebenbedingungen sind sogar linear. Aufgrund dessen sind die folgenden Karush-Kuhn-Tucker-Bedingungen erfüllt (vgl. [Flo1995, 3.2.6.3]).

Es gibt $\lambda, \mu \in \mathbb{R}^n_+$, so dass mit $w^* = v^* - u^*$ gilt:

(i) $u_i^* \geq 0 \quad (i = 1,\ldots,n)$

(ii) $v_i^* \geq 0 \quad (i = 1,\ldots,n)$

(iii) $\lambda_i u_i^* = 0 \quad (i = 1,\ldots,n)$

(iv) $\mu_i v_i^* = 0 \quad (i = 1,\ldots,n)$

(v) $$\iint_{\mathrm{Vor}_i^G(w^*)} \Phi(x,y)\,dx\,dy - B_i - \lambda_i = 0 \quad (i = 1,\ldots,n)$$

$$C_i - \iint_{\mathrm{Vor}_i^G(w^*)} \Phi(x,y)\,dx\,dy - \mu_i = 0 \quad (i = 1,\ldots,n)$$

Aus den Karush-Kuhn-Tucker-Bedingungen (iii), (iv) und (v) erhält man für $i = 1,\ldots,n$ die folgenden Komplementaritätsbedingungen:

$$\Big(\iint_{\mathrm{Vor}_i^G(w^*)} \Phi(x,y)\,dx\,dy - B_i\Big)u_i^* = 0$$

$$\Big(\iint_{\mathrm{Vor}_i^G(w^*)} \Phi(x,y)\,dx\,dy - C_i\Big)v_i^* = 0$$

Daraus resultiert das folgende Theorem.

Theorem 1
Ist (u^*, v^*) eine optimale Lösung für das Lagrange-Dual des GSTP bezüglich der Nebenbedingungen (2) und (3) und $w^* = v^* - u^*$, dann ist ein $\rho^* \in \Theta$ mit

$$\rho_i^*(x,y) = \begin{cases} \Phi(x,y) & \textit{fast überall auf } \mathrm{Vor}_i^G(w^*), \\ 0 & \textit{fast überall auf } G \setminus \mathrm{Vor}_i^G(w^*) \end{cases}$$

eine optimale Lösung des GSTP. Der optimale Wert des GSTP beträgt

$$\sum_{i=1}^{n} \iint_{\mathrm{Vor}_i^G(w^*)} d_i(x,y)\Phi(x,y)\,dx\,dy\,.$$

Beweis:
Aus den Karush-Kuhn-Tucker-Bedingungen (v) und da $\lambda_i, \mu_i \geq 0$ für alle $i = 1,\ldots,n$ folgt:

$$\iint_{\mathrm{Vor}_i^G(w^*)} \Phi(x,y)\,dx\,dy \geq B_i$$

$$\iint_{\mathrm{Vor}_i^G(w^*)} \Phi(x,y)\,dx\,dy \leq C_i$$

Deshalb erfüllen die Funktionen ρ_i^* $(i = 1, \ldots, n)$ die Nebenbedingungen (1), (2) und (3) des GSTP und auch die Nichtnegativitätsbedingungen (4). Zudem gilt wegen den Komplementaritätsbedingungen auch:

$$\begin{aligned} L(u^*, v^*) &= \sum_{i=1}^{n} \iint\limits_{\mathrm{Vor}_i^G(w^*)} (d_i(x,y) + w_i^*)\Phi(x,y)\,dx\,dy + \sum_{i=1}^{n} u_i^* B_i - v_i^* C_i \\ &= \sum_{i=1}^{n} \iint\limits_{\mathrm{Vor}_i^G(w^*)} d_i(x,y)\Phi(x,y)\,dx\,dy \end{aligned}$$

Der optimale Wert des Lagrange-Duals des GSTP ist folglich gleich dem Wert der Zielfunktion des GSTP für die zulässige Lösung ρ^*. Da der optimale Wert des Lagrange-Duals eine untere Schranke für den optimalen Wert des GSTP ist, muss ρ^* auch eine optimale Lösung für das verallgemeinerte semi-infinite Transportproblem sein. □

Ist die Voraussetzung $(*)$ (vgl. S. 35) erfüllt, so kann man eine optimale Lösung für das verallgemeinerte semi-infinite Transportproblem finden, indem man dessen Lagrange-Dual (D) oder das dazu äquivalente Optimierungsproblem

$$\min_{(u,v)\geq 0} -L(u,v)$$

löst. Das infinite Optimierungsproblem GSTP lässt sich so reduzieren auf ein konvexes nichtlineares Optimierungsproblem mit einfachen Beschränkungen an die Variablen (Simple Bound Constraints). Die zu minimierende Funktion $-L$ ist nichtlinear und stetig differenzierbar. Die Konvexität von $-L$ garantiert, dass jedes lokale Minimum von $-L$ auch ein globales Minimum ist (vgl. [Hir1993a, VII Lemma 1.0.1]). Zur Bestimmung der optimalen Lösung reicht folglich ein lokales Standardsuchverfahren (vgl. [Zhu1994], [Con1992] oder [Gil1981]) aus.

3.2.2 Resultate für das semi-infinite Transportproblem

Sind $z_i = B_i = C_i$ $(i = 1, \ldots, n)$, dann reduziert sich das GSTP auf ein einfaches semi-infinites Transportproblem (vgl. Abschnitt 3.1.1). Für diesen Spezialfall werden die Ergebnisse aus dem vorangegangenen Abschnitt nochmals zusammengefasst. Darauf aufbauend wird dieses Problem in Abhängigkeit des Parameters z untersucht. Dazu wird u.a. auf Resultate aus der Konvexen Analysis zurückgegriffen. Die Zielfunktion des Lagrange-Duals (D) vereinfacht sich für das $STP(z)$, da gilt

$$\begin{aligned} L(u,v) &= H(v-u) + \sum_{i=1}^{n} u_i B_i - v_i C_i \\ &= H(v-u) - \sum_{i=1}^{n} (v_i - u_i) z_i \end{aligned}$$

mit der in Kapitel 3.2.1 definierten Funktion $H : \mathbb{R}^n \to \mathbb{R}$,

$$H(w) = \iint_G \min_{1 \le k \le n} (d_k(x,y) + w_k)\Phi(x,y)\, dx\, dy\,.$$

Damit vereinfacht sich das Lagrange-Dual (D)

$$\max_{(u,v) \ge 0} L(u,v)$$

und lässt sich in diesem Fall formulieren als das Problem

$$\max_{w \in \mathbb{R}^n} H(w) - \sum_{i=1}^{n} w_i z_i \ ,$$

indem man $w = v - u$ setzt. Das Lagrange-Dual (D) besitzt eine optimale Lösung w^*, so dass eine optimale Lösung ρ^* für $STP(z)$ existiert mit

$$\rho_i^*(x,y) = \begin{cases} \Phi(x,y) & \text{fast überall auf } \mathrm{Vor}_i^G(w^*)\,, \\ 0 & \text{fast überall auf } G \setminus \mathrm{Vor}_i^G(w^*)\,. \end{cases}$$

Der optimale Wert von $STP(z)$ ist

$$H(w^*) - \sum_{i=1}^{n} w_i^* z_i$$

(vgl. Theorem 1). Im semi-infiniten Transportproblem lässt sich folglich stets ein optimaler Distributionsplan finden, in dem sich die Distributionsgebiete der einzelnen Betriebsstätten (Anbieter) nicht überschneiden.

Jeder Kunde wird demzufolge nur von einer Betriebsstätte bedient. Dieser Distributionsplan wird auch als eine optimale Gebietsaufteilung von G zwischen den Betriebsstätten an den Standorten S_i $(i = 1, \ldots, n)$ bezeichnet.

Die erweiterte Funktion $T : \mathbb{R}^n \to [-\infty, +\infty]$ wird definiert durch

$$T(z) = \sup_{w \in \mathbb{R}^n} \sum_{i=1}^{n} w_i z_i + H(-w)\,.$$

Satz 4
Für die Funktion T gilt:

$$T(z) = \begin{cases} \textit{Optimaler Wert von } STP(z) & \textit{falls } z \in \{z \in \mathbb{R}^n_+ \mid \sum_{i=1}^{n} z_i = D\}, \\ \infty & \textit{sonst} \end{cases}$$

Beweis:
Für $z \in \{z \in \mathbb{R}^n_+ \mid \sum_{i=1}^{n} z_i = D\}$ ist

$$T(z) = \sup_{w \in \mathbb{R}^n} \sum_{i=1}^{n} w_i z_i + H(-w) = \max_{w \in \mathbb{R}^n} H(w) - \sum_{i=1}^{n} w_i z_i$$

und $T(z)$ ist somit der optimale Zielfunktionswert des semi-infiniten Transportproblems $STP(z)$.

Für $z \notin \{z \in \mathbb{R}^n_+ \mid \sum_{i=1}^{n} z_i = D\}$ ist

(i) $\sum_{i=1}^{n} z_i \neq D$, oder

(ii) $\sum_{i=1}^{n} z_i = D$ und $z_j < 0$ für ein $j \in \{1, \ldots, n\}$.

Im Fall (i) gilt für $w \in \mathbb{R}^n$ mit $w_i = c$ für alle $i = 1, \ldots, n$, dass

$$\begin{aligned}\sum_{i=1}^{n} w_i z_i + H(-w) &= \sum_{i=1}^{n} w_i z_i + \iint\limits_G \min_{1 \le k \le n} (d_k(x,y) - w_k)\, \Phi(x,y)\, dx\, dy \\ &= c \sum_{i=1}^{n} z_i + \iint\limits_G \min_{1 \le k \le n} (d_k(x,y))\, \Phi(x,y)\, dx\, dy - cD \\ &= c\,(\sum_{i=1}^{n} z_i - D) + \iint\limits_G \min_{1 \le k \le n} (d_k(x,y))\, \Phi(x,y)\, dx\, dy\,.\end{aligned}$$

Ist $D < \sum_{i=1}^{n} z_i$ bzw. $D > \sum_{i=1}^{n} z_i$, dann gilt folglich

$$\lim_{c \to +\infty} c\,(\sum_{i=1}^{n} z_i - D) = \infty \quad \text{bzw.} \quad \lim_{c \to -\infty} c\,(\sum_{i=1}^{n} z_i - D) = \infty$$

und somit strebt jeweils

$$\sum_{i=1}^{n} w_i z_i + H(-w)$$

für $c \to +\infty$ bzw. $c \to -\infty$ gegen $+\infty$.
Im Fall (ii) betrachtet man $w \in \mathbb{R}^n$ mit $w_j = c$ und $w_k = 0$ für alle $k \neq j$. Für $c \to -\infty$ bleibt $H(-w)$ beschränkt und $\sum_{i=1}^{n} w_i z_i = c z_j$ geht gegen $+\infty$.

□

Die Funktion H ist konkav (vgl. Satz 3) und somit ist die Funktion $-H$ konvex (vgl. [Flo1995, 2.2.1 Remark 2]). Die Konjugierte der konvexen Funktion $(-H)$ ist nach [Hir1993b, X.1.1.1] definiert als die erweiterte Funktion $(-H)^* : \mathbb{R}^n \to [-\infty, +\infty]$ mit

$$(-H)^*(z) = \sup_{w \in dom(-H)} \sum_{i=1}^{n} w_i z_i - (-H)(w)\,,$$

wobei $dom(-H)$ die Menge $\{w \in \mathbb{R}^n \mid (-H)(w) < +\infty\}$ bezeichnet, die in diesem Fall ganz $\mathbb{R}^n$ ist. Somit ist $(-H)^*(-z) = T(z)$.

Satz 5
(a) T ist konvex.

(b) Die Funktion T ist auf der Menge dom(T) $= \{z \in \mathbb{R}^n \mid T(z) < +\infty\}$ *stetig.*

Beweis:
Zu (a): Da die Konjugierte $(-H)^*$ der konvexen Funktion $(-H)$ konvex ist (vgl. [Hir1993a, IV Ex. 2.1.3]), ist auch $T(z) = (-H)^*(-z)$ konvex.

Zu (b): Wegen $T(z) = (-H)^*(-z)$ ist T folglich eine abgeschlossene, konvexe Funktion (vgl. [Hir1993b, X.1.1.2]). Abgeschlossen bedeutet, dass T überall von unten halbstetig[14] ist (vgl. [Hir1993a, IV.1.2.3]). Da zudem

$$dom(T) = \{z \in \mathbb{R}^n_+ \mid \sum_{i=1}^{n} z_i = D\}$$

einen Polyeder im $\mathbb{R}^n$ bildet, ist T nach [Tuy1998, Prop. 2.17] stetig auf $dom(T)$. □

3.3 Das semi-infinite Produktions-Transportproblem mit linearen Produktionskostenfunktionen

Das semi-infinite Produktions-Transportproblem mit linearen Produktionskostenfunktionen besitzt Produktionskostenfunktionen f_i $(i = 1, \ldots, n)$ mit der speziellen Form

$$f_i : [B_i, C_i] \to \mathbb{R}, \quad f_i(z_i) = \alpha_i z_i$$

[14] Eine Funktion $g : X \to \mathbb{R}$, $X \subset \mathbb{R}^n$, heißt von unten (oben) halbstetig im Punkt $x \in X$, wenn gilt $\lim_{n\to\infty} g(x_n) \geq g(x)$ $(\lim_{n\to\infty} g(x_n) \leq g(x))$, für jede Folge $(x_n)_{n\in\mathbb{N}}$, die gegen x konvergiert und für die der Limes der Folge $(g(x_n))_{n\in\mathbb{N}}$ existiert (vgl. [Roc1970, S. 51]).

mit $\alpha_i \geq 0$. Mit Hilfe der Nebenbedingungen (2) des SPTP kann man die Zielfunktion des SPTP folgendermaßen umformulieren:

$$\sum_{i=1}^{n} \iint_G d_i(x,y)\rho_i(x,y)\,dx\,dy + \sum_{i=1}^{n} \alpha_i z_i =$$

$$= \sum_{i=1}^{n} \iint_G d_i(x,y)\rho_i(x,y)\,dx\,dy + \sum_{i=1}^{n} \alpha_i \iint_G \rho_i(x,y)\,dx\,dy$$

$$= \sum_{i=1}^{n} \iint_G (d_i(x,y) + \alpha_i)\rho_i(x,y)\,dx\,dy$$

Im Fall von affinen Produktionskostenfunktionen

$$f_i : [B_i, C_i] \to \mathbb{R}, \quad f_i(z_i) = \alpha_i z_i + \gamma_i$$

mit $\alpha_i, \gamma_i \geq 0$, lässt sich die Zielfunktion des SPTP analog in die Form

$$\sum_{i=1}^{n} \iint_G (d_i(x,y) + \alpha_i)\rho_i(x,y)\,dx\,dy + \sum_{i=1}^{n} \gamma_i$$

bringen. Da $\sum_{i=1}^{n} \gamma_i$ stets konstant ist, reicht es in beiden Fällen zur Bestimmung der optimalen ρ_i und z_i $(i = 1,\ldots,n)$ aus, das folgende verallgemeinerte semi-infinite Produktions-Transportproblem mit den additiv gewichteten Distanzfunktionen $d_i(x,y) + \alpha_i$ $(i = 1,\ldots,n)$ (vgl. Abschnitt 3.2) zu lösen.

$$\min \quad \sum_{i=1}^{n} \iint_G (d_i(x,y) + \alpha_i)\rho_i(x,y)\,dx\,dy \tag{0}$$

u.d.B.:

$$\sum_{i=1}^{n} \rho_i(x,y) = \Phi(x,y) \qquad (x,y) \in G \tag{1}$$

$$\iint\limits_G \rho_i(x,y)\,dx\,dy = z_i \qquad i = 1,\ldots,n \tag{2}$$

$$z_i \geq B_i \qquad i = 1,\ldots,n \tag{3}$$

$$z_i \leq C_i \qquad i = 1,\ldots,n \tag{4}$$

$$\rho_i(x,y) \geq 0 \qquad (x,y) \in G, \quad i = 1,\ldots,n \tag{5}$$

$$z_i \geq 0 \qquad i = 1,\ldots,n \tag{6}$$

Falls keine Kapazitätsrestriktionen vorhanden sind, reduziert sich das semi-infinite Produktions-Transportproblem auf das Problem $USTP(\alpha)$ mit $\alpha = (\alpha_1, \ldots, \alpha_n)$.

3.4 Das semi-infinite Produktions-Transportproblem mit allgemeinen konkaven Produktionskostenfunktionen

Mit Ω wird die Menge

$$\Omega = \{z \in \mathbb{R}^n \mid \sum_{i=1}^{n} z_i = D,\ B_i \leq z_i \leq C_i,\ i = 1,\ldots,n\}$$

bezeichnet. Die Funktion T aus Abschnitt 3.2.2 besitzt für jedes $z \in \Omega$ den optimalen Wert des $STP(z)$ als Funktionswert. Das semi-infinite Produktions-Transportproblem ist deshalb äquivalent zu dem Problem (P):

$$\min\{\mathrm{T}(z) + f(z) \mid z \in \Omega\}.$$

Äquivalent bedeutet, dass zum einen die beiden Probleme dieselben optimalen Werte besitzen und dass gilt: Löst (ρ^*, z^*) das semi-infinite

Produktions-Transportproblem, dann ist auch z^* für das Problem (P) eine optimale Lösung. Löst umgekehrt z^* das Problem (P), dann ist (ρ^*, z^*) mit einer optimalen Lösung ρ^* für $STP(z^*)$ eine optimale Lösung für das semi-infinite Produktions-Transportproblem.
Das semi-infinite Produktions-Transportproblem lässt sich so auf ein finites Optimierungsproblem reduzieren. In dieser Form kann man das Problem einfacher analysieren und auf verschiedene Ergebnisse aus dem Bereich der Nichtlinearen Globalen Optimierung zurückgreifen. Die Zielfunktion von (P) ist die Summe einer konvexen Funktion (der Gesamttransportkostenfunktion $T(z)$) und einer konkaven Funktion (der Gesamtproduktionskostenfunktion $f(z)$) und gehört damit zu den d.c. Funktionen, die genau durch diese Eigenschaft charakterisiert sind. Das Problem (P) ist folglich den d.c.-Optimierungsproblemen zuzuordnen. Diese Optimierungsprobleme gehören zu den globalen Optimierungsproblemen. Die Zielfunktion eines d.c.-Optimierungsproblems kann mehrere lokale Minima mit sehr unterschiedlichen Werten besitzen, so dass lokale Optimierungsverfahren zur Lösungsfindung nicht geeignet sind und das Problem nur schwer zu lösen ist. Einen aktuellen Überblick über diesen Bereich geben Horst und Thoai [Hor1999] sowie Tuy [Tuy2000].

Satz 6 (Existenz einer optimalen Lösung)
Es existiert ein $z^* \in \Omega$ *mit*

$$T(z^*) + f(z^*) = \min_{z \in \Omega} T(z) + f(z)\,.$$

Beweis:
Nach [Tuy1998, 2.17] ist die Funktion $(-f)$ von oben halbstetig auf Ω und somit ist auch f von unten halbstetig auf Ω. Da zudem T von unten halbstetig auf Ω ist (vgl. Satz 5) und Ω kompakt ist, nimmt die Funktion $T + f$ auf Ω ihr Minimum an (vgl. [Hor1995, 1.13]). □

Für das SPTP werden die optimalen Produktionsmengen der Betriebsstätten an den Standorten S_i $(i = 1, \ldots, n)$ durch eine optimale Lösung z^* für (P) direkt festgelegt. Eine optimale Lösung ρ^* des semi-infiniten Transportproblems $STP(z^*)$ (vgl. Abschnitt 3.2.2) stellt einen dazugehörigen optimalen Distributionsplan dar. Ein solcher Distributionsplan lässt sich auch realisieren in Form einer optimalen Gebietsaufteilung von G zwischen den Betriebsstätten an den Standorten S_i $(i = 1, \ldots, n)$.

In Kapitel 5 wird für (P) ein Branch-and-Bound-Algorithmus entwickelt. Falls keine Mindestauslastungsmengen und Kapazitätsoberschranken vorhanden sind, lässt sich das semi-infinite Produktions-Transportproblem auch auf das finite Optimierungsproblem (P')

$$\min_{w \in \mathbb{R}^n} \sum_{i=1}^{n} \iint\limits_{\mathrm{Vor}_i^G(w)} d_i(x,y)\Phi(x,y)\,dx\,dy + \sum_{i=1}^{n} f_i\Big(\iint\limits_{\mathrm{Vor}_i^G(w)} \Phi(x,y)\,dx\,dy\Big)$$

zurückführen, denn für jedes $w \in \mathbb{R}^n$ lässt sich einerseits ein Distributionsplan ρ mit

$$\rho_i(x,y) = \begin{cases} \Phi(x,y) & \text{fast überall auf } \mathrm{Vor}_i^G(w), \\ 0 & \text{fast überall auf } G \setminus \mathrm{Vor}_i^G(w) \end{cases}$$

konstruieren, so dass das Paar (ρ, z) mit

$$z_i = \iint\limits_{\mathrm{Vor}_i^G(w)} \Phi(x,y)\,dx\,dy$$

eine zulässige Lösung für das semi-infinite Produktions-Transportproblem darstellt. Der Wert der Zielfunktion des semi-infiniten Produktions-Transportproblems für diese Lösung lautet

$$\sum_{i=1}^{n} \iint\limits_{\mathrm{Vor}_i^G(w)} d_i(x,y)\Phi(x,y)\,dx\,dy + \sum_{i=1}^{n} f_i\Big(\iint\limits_{\mathrm{Vor}_i^G(w)} \Phi(x,y)\,dx\,dy\Big)\,.$$

Ist andererseits (ρ^*, z^*) eine optimalen Lösung des semi-infiniten Produktions-Transportproblems, dann ist ρ^* ein optimaler Distributionsplan für das semi-infinite Transportproblem $STP(z^*)$ und es gibt Lagrange-Multiplikatoren w_i^* $(i = 1, \ldots, n)$, so dass gilt

$$\rho_i^*(x,y) = \begin{cases} \Phi(x,y) & \text{fast überall auf } (x,y) \in \mathrm{Vor}_i^G(w^*), \\ 0 & \text{fast überall auf } (x,y) \in G \setminus \mathrm{Vor}_i^G(w^*)\,. \end{cases}$$

Für die optimalen Produktionsmengen z_i^* $(i = 1, \ldots, n)$ gilt

$$z_i^* = \iint\limits_{\mathrm{Vor}_i^G(w^*)} \Phi(x,y)\,dx\,dy$$

und der optimale Wert des semi-infiniten Transportproblems lautet demnach

$$\sum_{i=1}^{n} \iint\limits_{\mathrm{Vor}_i^G(w^*)} d_i(x,y)\Phi(x,y)\,dx\,dy + \sum_{i=1}^{n} f_i\Big(\iint\limits_{\mathrm{Vor}_i^G(w^*)} \Phi(x,y)\,dx\,dy\Big)\,.$$

Damit ist w^* eine optimale Lösung für (P'). Umgekehrt definiert eine optimale Lösung für (P') auch eine optimale Lösung für (P).

Kapitel 4

Konzepte aus der Algorithmischen Geometrie

Die Algorithmische Geometrie (Computational Geometry) ist ein Teilgebiet der Informatik, das sich mit der Entwicklung von effizienten und praktikablen Algorithmen zur Lösung geometrischer Probleme beschäftigt. Seine stürmische Entwicklung setzte mit der Arbeit von Shamos und Hoey [Sha1975] ein. Obwohl die Algorithmische Geometrie noch relativ jung ist, finden ihre Konzepte und Algorithmen in den verschiedensten wissenschaftlichen Bereichen Anwendung, wie z.B. in der Computergraphik, bei der Bahnplanung für Roboter, in Geographischen Informationssystemen, beim Computer-Aided-Design (CAD), aber auch in der Biologie, Chemie und Medizin. Einen Überblick über die Algorithmische Geometrie erhält man z.B. in [Sac2000], [Goo1997] oder [Ber1997].

4.1 Grundlagen

Im Folgenden werden grundlegende Metriken und Distanzmaße vorgestellt, die sowohl in der Algorithmischen Geometrie als auch in der planaren Standorttheorie eine wichtige Rolle spielen.

4.1.1 Metriken

In der Mathematik ist eine Distanzmetrik oder Metrik für Punkte im $\mathbb{R}^2$ definiert als eine Abbildung $d : \mathbb{R}^2 \times \mathbb{R}^2 \to \mathbb{R}$, die folgende vier Axiome erfüllt (vgl. [Roc1970]). Für Punkte $p, q, r \in \mathbb{R}^2$ gilt:

(i) $d(p, p) = 0$ (Definitheit)

(ii) $d(p, q) > 0$ für $p \neq q$ (Positivität)

(iii) $d(p, q) = d(q, p)$ (Symmetrie)

(iv) $d(p, q) \leq d(p, r) + d(r, q)$ (Dreiecksungleichung)

4.1.1.1 Euklidischer Abstand

Der euklidische Abstand der Punkte $p = (p_1, p_2) \in \mathbb{R}^2$ und $q = (q_1, q_2) \in \mathbb{R}^2$ ist definiert als

$$d(p, q) = \sqrt{(p_1 - q_1)^2 + (p_2 - q_2)^2}\,.$$

Dieser Abstand ist der geradlinige Abstand bzw. die Luftlinienentfernung zwischen den Punkten p und q (vgl. Abbildung 4.1).

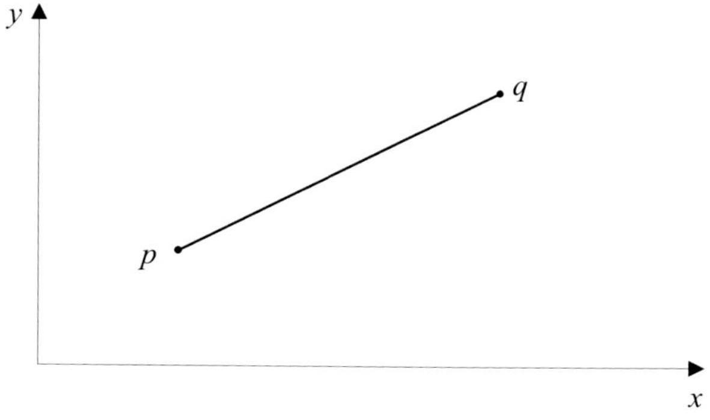

Abbildung 4.1: Euklidischer Abstand

4.1.1.2 Manhattan-Metrik

Kann man sich nur in einem orthogonalen Straßengitter bewegen (wie z.B. in Manhattan), so ist die Entfernung zwischen zwei Punkten $p = (p_1, p_2)$ und $q = (q_1, q_2)$ durch

$$d_{man}(p, q) = |q_1 - p_1| + |q_2 - p_2|$$

gegeben. Diese Metrik wird Manhattan-Metrik genannt.

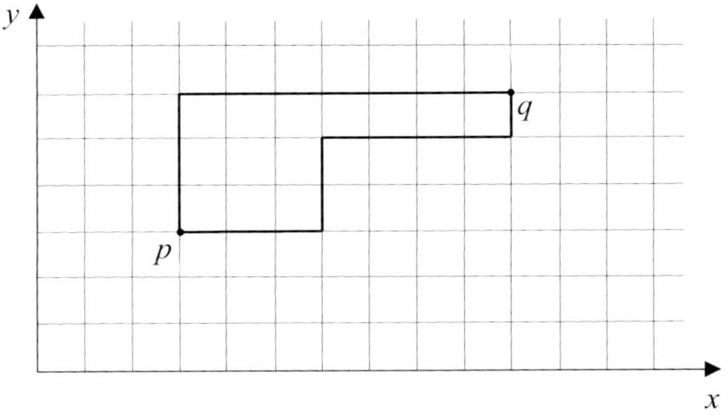

Abbildung 4.2: Manhattan-Abstand

Zwischen zwei Punkten kann es mehrere kürzeste Wege bezüglich dieser Metrik geben. Die beiden in Abbildung 4.2 eingezeichneten Verbindungen zwischen den Punkten p und q sind z.B. kürzeste Wege zwischen diesen Punkten.

4.1.1.3 L_k-Metriken

Die vorangegangenen Metriken gehören zur Familie der Minkowski-Metriken L_k $(1 \leq k \leq \infty)$. Der Abstand zwischen zwei Punkten $p = (p_1, p_2)$ und $q = (q_1, q_2)$ bezüglich einer dieser Metriken ist definiert durch

$$d_{L_k}(p, q) = \sqrt[k]{|p_1 - q_1|^k + |p_2 - q_2|^k}$$

für $k < \infty$ bzw.

$$d_{L_\infty}(p, q) = \max(|p_1 - q_1|, |p_2 - q_2|)$$

für $k = \infty$. Die Manhattan-Metrik entspricht der L_1-Metrik und der euklidische Abstand der L_2-Metrik.

4.1.1.4 Geodätische Distanzmetrik

Eine Geodätische vom Punkt p zum Punkt q ist ein Weg von p nach q mit minimaler Länge unter allen Wegen von p nach q. Der geodätische Abstand zwischen zwei Punkten ist die Länge einer Geodätischen. In Abbildung 4.3 stellen die grauen Flächen unüberwindbare Hindernisse dar, die umgangen werden müssen. Die eingezeichnete Verbindungslinie zwischen den Punkten p und q ist in diesem Fall der kürzeste Weg von p nach q.

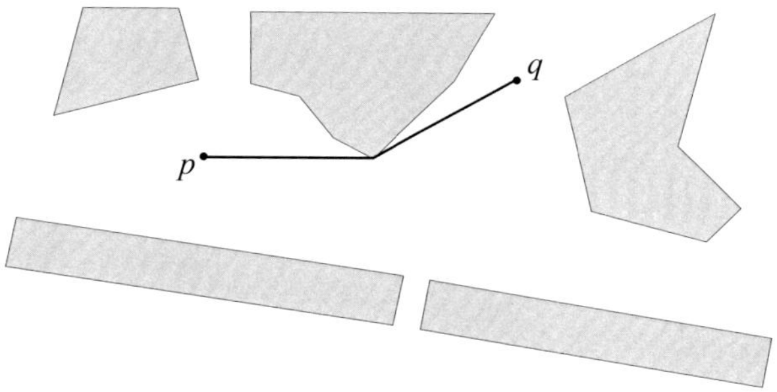

Abbildung 4.3: Geodätischer Abstand

Ein Verfahren zur Bestimmung des kürzesten Weges bei polygonalen Hindernissen ist in [Oka2000, 3.4.1] beschrieben.

4.1.2 Allgemeine Distanzfunktionen

Die einem semi-infiniten Produktions-Transportproblem zugrunde liegenden Distanzen $d_i(x, y)$ $(i = 1, \ldots, n)$ müssen nicht notwendigerweise mit einer auf ganz $G \times G$ definierten Metrik gemessen werden. Standortspezifische Distanzfunktionen sind zulässig und für gewisse Modelle geeigneter. Nachfolgend werden einige ausgewählte Distanzfunktionen vorgestellt.

4.1.2.1 Additiv gewichtete euklidische Distanzfunktionen

Fallen beim Transport von $S_i = (x_i, y_i)$ nach $(x, y) \in \mathbb{R}^2$ neben entfernungsabhängigen Kosten auch entfernungsunabhängige standortspezifische Fixkosten w_i an, so lassen sich diese mit additiv gewichteten euklidischen Distanzfunktionen

$$d_{aw,i}(x, y) = \sqrt{(x_i - x)^2 + (y_i - y)^2} - w_i$$

$(i = 1, \ldots, n)$ in das Modell integrieren.

4.1.2.2 Multiplikativ gewichtete euklidische Distanzfunktionen

Sind die Distanzen proportional zum euklidischen Abstand, so lässt sich diese Tatsache mit den multiplikativ gewichteten euklidischen Distanzfunktionen

$$d_{mw,i}(x, y) = w_i \sqrt{(x_i - x)^2 + (y_i - y)^2}$$

$(i = 1, \ldots, n)$ abbilden. Zum Beispiel kann man unterschiedliche Fuhrparks an den Standorten eventuell mit verschiedenen Proportionalitätskonstanten w_i modellieren.

4.1.2.3 Zusammengesetzt gewichtete euklidische Distanzfunktionen

Eine Kombination aus den additiv und den multiplikativ gewichteten euklidischen Distanzfunktionen ergibt die zusammengesetzt gewichteten euklidischen Distanzfunktionen $d_{cw,i}$ $(i = 1, \ldots, n)$ mit

$$d_{cw,i}(x, y) = w_i' \sqrt{(x_i - x)^2 + (y_i - y)^2} + w_i \, .$$

4.1.2.4 Transformierte euklidische Distanzfunktionen

Sei $f : \mathbb{R}_+ \longrightarrow \mathbb{R}$ eine streng monoton steigende Funktion. Durch f lässt sich der euklidische Abstand zwischen $S_i = (x_i, y_i)$ und $(x, y) \in \mathbb{R}^2$ in den Abstand

$$d_{f,i}(x, y) = f\left(\sqrt{(x_i - x)^2 + (y_i - y)^2} \right)$$

transformieren. Mit $f(t) = e^t$ entsteht so der exponentielle Abstand, mit $f(t) = \log(t)$ der logarithmische Abstand[1] und mit $f(t) = t^\alpha$ $(\alpha > 1)$ der Potenzabstand zwischen S_i und $(x, y) \in \mathbb{R}^2$. Der exponentielle Abstand und der Potenzabstand lassen sich zwar auf ganz $\mathbb{R}^2 \times \mathbb{R}^2$ definieren, erfüllen aber die Dreiecksungleichung nicht und stellen somit keine Metriken dar.

Genauso wie es hier exemplarisch für den euklidischen Abstand aufgezeigt wird, lassen sich auch andere Metriken oder Distanzfunktionen mit additiven und multiplikativen Gewichten versehen oder transformieren. Eine weitere erwähnenswerte Klasse von Distanzfunktionen in der Algorithmischen Geometrie stellen die konvexen Distanzfunktionen dar (vgl. [Kle1997, S.240 ff]), auf die in dieser Arbeit allerdings nicht näher eingegangen wird.

4.2 Voronoi-Diagramme

Zunächst wird zum leichteren Verständnis kurz beschrieben, was man unter einem Voronoi-Diagramm in der Ebene versteht. Kapitel 4.2.1.1 reicht eine exakte mathematische Definition nach. Sei eine Menge $\mathcal{S}$ von endlich vielen verschiedenen Punkten in der Ebene gegeben. Jeder Ort der Ebene wird dem ihm nächstliegenden Punkt aus $\mathcal{S}$ zugeordnet. In Abbildung 4.4 ist z.B. der graue Bereich dem Punkt S_1 zugeordnet.

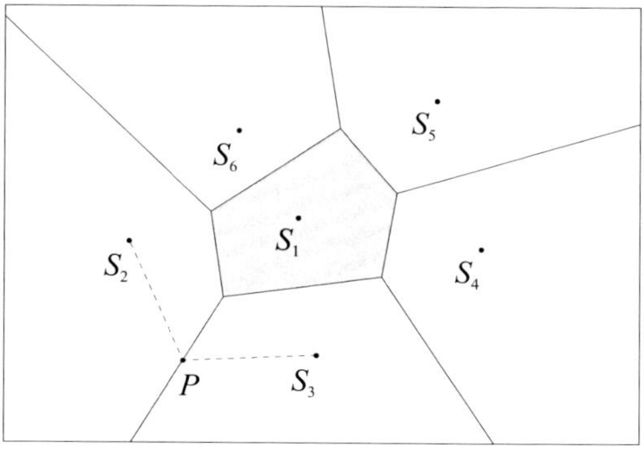

Abbildung 4.4: Gewöhnliches Voronoi-Diagramm

[1] In diesem Fall wird $f(0) = -\infty$ gesetzt.

Gibt es zu einem Ort mehrere nächstliegende Punkte aus $\mathcal{S}$, so wird dieser Ort jedem dieser Punkte zugeordnet. Der Ort P in Abbildung 4.4 ist z.B. sowohl dem Punkt S_2 als auch dem Punkt S_3 zugeteilt. Das Resultat ist eine Aufteilung der Ebene in mehrere Regionen. Diese Regionen überdecken die Ebene, da jeder Ort der Ebene mindestens einem Punkt aus $\mathcal{S}$ zugeordnet ist. Die Orte, die mehreren Punkten aus $\mathcal{S}$ zugeordnet sind, bilden die Grenzen der Regionen. Man bezeichnet diese Menge als Voronoi-Diagramm der Punkte aus $\mathcal{S}$.

Wahrscheinlich reicht das Konzept der Voronoi-Diagramme weit zurück. Descartes [Des1664] benutzte z.B. in seinem Buch *Principia Philosophiae* ähnliche Diagramme um die Anordnung von Materie im Sonnensystem und seiner Umgebung darzustellen. In der Mathematik betrachteten zuerst Dirichlet [Dir1850] und später Voronoi [Vor1908] in ihren Arbeiten über quadratische Formen spezielle Voronoi-Diagramme. Von daher rührt auch der Name Dirichlet-Zerlegung oder Voronoi-Diagramm. Die letzte Bezeichnung hat sich größtenteils durchgesetzt und wird auch in dieser Arbeit verwendet.

Voronoi-Diagramme finden in vielen wissenschaftlichen Disziplinen Anwendung, z.B. wird damit in der Astronomie die Struktur des Universums untersucht, in der Biologie unter anderem das Zellwachstum analysiert und in der Kristallographie das Wachstum von Kristallen simuliert. Voronoi-Diagramme spielen auch in der Meteorologie eine wichtige Rolle. Thiessen benutzte sie zur Schätzung von durchschnittlichen regionalen Niederschlagsmengen. Deshalb werden sie in diesem Zusammenhang Thiessen-Polygone genannt.

In der planaren Standorttheorie wurden teilweise erst mit dem Einsatz von Voronoi-Diagrammen größere Fortschritte erzielt. Okabe et al (vgl. [Oka2000, Chapter 9] oder [Oka1997]) geben einen Überblick über die Probleme auf diesem Gebiet, die mit Hilfe von Voronoi-Diagrammen effizient gelöst werden können. Darunter fallen z.B. folgende Probleme:

(i) Finde innerhalb eines begrenzten Gebiets den Ort, von dem aus die Distanz zum nächsten Standort am größten ist.

(ii) Finde den Ort, von dem aus der Abstand zum weitest entfernten Standort am geringsten ist.

(iii) Ordne n Betriebe so an, dass der maximale Abstand eines Kunden zum nächstliegenden Betrieb minimiert wird.

(iv) Ordne n Betriebe so an, dass der durchschnittliche Abstand eines Kunden zum nächstliegenden Betrieb minimiert wird.

Mehr über die Geschichte des Voronoi-Diagramms und seine vielfältigen Anwendungen in den verschiedenen wissenschaftlichen Bereichen sind dem Buch von Okabe et al [Oka2000], sowie den Übersichtsartikeln von Aurenhammer [Aur1991], von Aurenhammer und Klein [Aur2000] und von Fortune [For1997] zu entnehmen.

4.2.1 Das gewöhnliche Voronoi-Diagramm

4.2.1.1 Definition und Eigenschaften

Sei $\mathcal{S}$ eine Menge von endlich vielen verschiedenen Punkten $S_i = (x_i, y_i)$ $(i = 1, \ldots, n)$ im $\mathbb{R}^2$. Für $(x, y) \in \mathbb{R}^2$ bezeichnet

$$d_i(x, y) = \sqrt{(x - x_i)^2 + (y - y_i)^2}$$

den euklidischen Abstand von S_i zu $(x, y) \in \mathbb{R}^2$. Für zwei Punkte S_i und S_j $(i \neq j)$ ist die Dominanzregion von S_i über S_j definiert als die Menge der Punkte der Ebene, die näher bei S_i als bei S_j liegen oder die von beiden Punkten gleich weit entfernt sind:

$$Dom(S_i, S_j) = \{(x, y) \in \mathbb{R}^2 \mid d_i(x, y) \leq d_j(x, y)\}$$

Die Menge $Dom(S_i, S_j)$ ist eine abgeschlossene Halbebene, die durch die Mittelsenkrechte der Verbindungsstrecke der Punkte S_i und S_j begrenzt wird. Als Bisektor von S_i und S_j wird die Menge

$$B(S_i, S_j) = \{(x, y) \in \mathbb{R}^2 \mid d_i(x, y) = d_j(x, y)\}$$

bezeichnet. Dieser Bisektor trennt alle Punkte der Ebene, die näher bei S_i als bei S_j liegen, von denen, die näher bei S_j als bei S_i liegen. Die Voronoi-Region $\mathrm{Vor}_i(\mathcal{S})$ eines Punktes S_i ist die Menge aller Punkte, die in sämtlichen Dominanzregionen dieses Punktes liegen:

$$\mathrm{Vor}_i(\mathcal{S}) = \{(x, y) \in \mathbb{R}^2 \mid d_i(x, y) \leq d_j(x, y),\ j = 1, \ldots, n\}$$

Der Punkt S_i wird auch Generator der Voronoi-Region $\text{Vor}_i(\mathcal{S})$ genannt. Die Voronoi-Region von S_i besteht aus allen Punkten der Ebene, für die S_i einer der nächstliegenden Punkte aus $\mathcal{S}$ ist. Die Menge aller Punkte im $\mathbb{R}^2$, die in mehr als einer Voronoi-Region liegen, nennt man das (euklidische) Voronoi-Diagramm der Menge $\mathcal{S}$ ($\text{Vor}(\mathcal{S})$) oder auch das gewöhnliche Voronoi-Diagramm der Menge $\mathcal{S}$. Das Voronoi-Diagramm zerlegt die

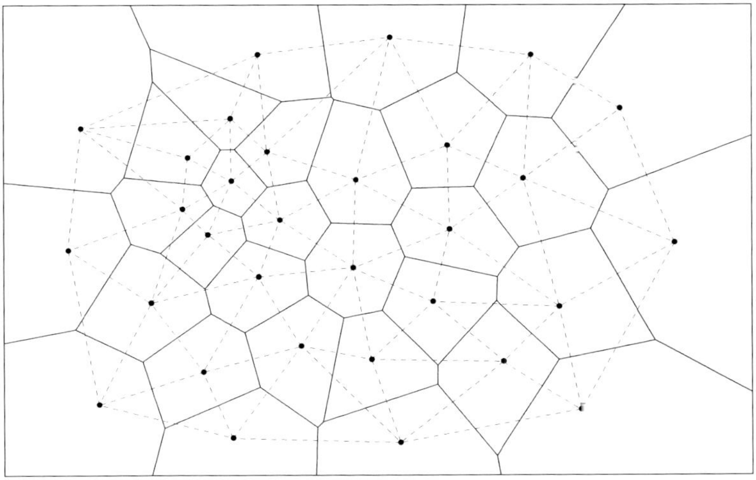

Abbildung 4.5: Euklidisches Voronoi-Diagramm einer Punktmenge und dessen Delaunay-Triangulation

Ebene in konvexe polygonale Gebiete. Die Grenze zweier benachbarter Voronoi-Regionen $\text{Vor}_i(\mathcal{S})$ und $\text{Vor}_j(\mathcal{S})$ ist ein Teil des Bisektors $B(S_i, S_j)$. Da die Voronoi-Regionen konvex sind, kann für je zwei Punkte S_i und S_j aber höchstens ein einziges zusammenhängendes Stück des Bisektors zur gemeinsamen Grenze gehören. Ein solches gemeinsames Randstück wird Voronoi-Kante genannt. Die Endpunkte einer Voronoi-Kante heißen Voronoi-Knoten.

Eng im Zusammenhang mit dem Voronoi-Diagramm steht die Delaunay-Zerlegung von $\mathcal{S}$. Zwei Punkte aus $\mathcal{S}$ werden genau dann geradlinig miteinander verbunden, wenn ihre Voronoi-Regionen eine gemeinsame Kante besitzen (vgl. Abbildung 4.5). Der so entstehende Graph heißt Delaunay-Zerlegung der Punktmenge $\mathcal{S}$. Besitzen alle Flächen dieses Graphen genau drei Kanten, dann nennt man den Graph eine Delaunay-Triangulation der Punktmenge $\mathcal{S}$. Die Delaunay-Zerlegung ist ein dualer Graph zum Voronoi-Diagramm (vgl. [Kle1997, 5.4]). Beide lassen sich leicht ineinander transformieren. Diese Tatsache macht man sich bei der inkrementellen Konstruktion des Voronoi-Diagramms zunutze.

4.2.1.2 Berechnung von Voronoi-Diagrammen

Es werden drei Konstruktionsverfahren für euklidische Voronoi-Diagramme von Punktmengen kurz skizziert. Diese Verfahren basieren auf grundlegenden Konstruktionsmechanismen, die sich oft auch zur Konstruktion von Voronoi-Diagrammen bezüglich anderer Metriken oder Distanzfunktionen einsetzen lassen.
Zur Vereinfachung der Darstellung werden degenerierte Fälle ausgeschlossen und es wird angenommen, dass keine drei Punkte aus $\mathcal{S}$ auf einer Geraden und keine vier Punkte aus $\mathcal{S}$ auf einem Kreis liegen. Als Folge ist das Voronoi-Diagramm zusammenhängend und die Delaunay-Zerlegung ist eine Triangulation.

Der randomisierte inkrementelle Algorithmus

Mit diesem Algorithmus wird die Delaunay-Triangulation und damit das Voronoi-Diagramm durch sukzessive Hinzunahme der Punkte aus $\mathcal{S}$ inkrementell konstruiert.
Zunächst wählt man sich drei weit auseinander liegende, nicht in $\mathcal{S}$ enthaltene Punkte S_{-1}, S_{-2} und S_{-3}, so dass das Dreieck $S_{-1}S_{-2}S_{-3}$ alle

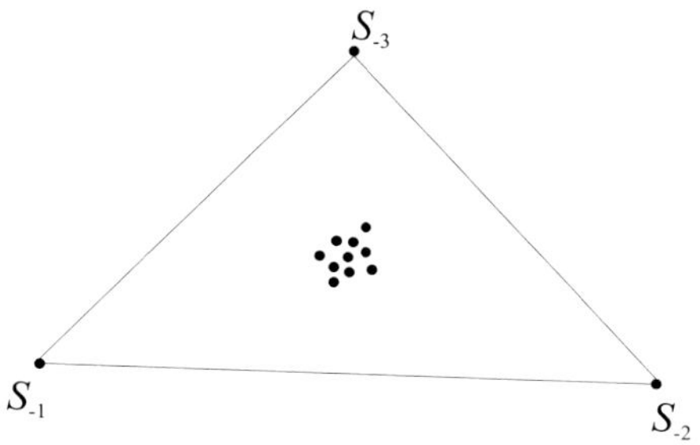

Abbildung 4.6: Dreieck $S_{-1}S_{-2}S_{-3}$ mit der Punktmenge $\mathcal{S}$

Punkte aus $\mathcal{S}$ enthält (vgl. Abbildung 4.6). Der Algorithmus berechnet die Delaunay-Triangulation von $\mathcal{S} \cup \{S_{-1}, S_{-2}, S_{-3}\}$ und löscht später die Punkte S_{-1}, S_{-2}, S_{-3} und alle daran angrenzenden Kanten.

Die Delaunay-Triangulation der Menge $\mathcal{S}_0 = \{S_{-1}, S_{-2}, S_{-3}\}$ besteht trivialerweise aus dem Dreieck $S_{-1}S_{-2}S_{-3}$ und bildet die Ausgangssituation für die weiteren Iterationen. Die Punkte aus $\mathcal{S}$ werden in einer zufälligen Reihenfolge angeordnet. Mit $\mathcal{S}_i$ wird die Menge $\{S_{-1}, S_{-2}, S_{-3}, S_1, \ldots, S_i\}$ bezeichnet. Im i-ten Iterationsschritt wird in die Delaunay-Triangulation von $\mathcal{S}_{i-1}$ der Punkt S_i eingefügt und diese wird, wie nachfolgend beschrieben, zur Delaunay-Triangulation von $\mathcal{S}_i$ modifiziert. Aufgrund der besonderen Wahl der Punkte S_{-1}, S_{-2} und S_{-3} existiert stets ein Dreieck $S_rS_sS_t$ der Delaunay-Triangulation von $\mathcal{S}_{i-1}$, das S_i enthält.[2] Dieses Dreieck wird gesucht und es werden sowohl S_i als auch die Liniensegmente S_iS_r, S_iS_s und S_iS_t eingefügt (vgl. Abbildung 4.7). Diese Liniensegmente sind Kanten in der Delaunay-Triangulation von $\mathcal{S}_i$. Es ist eine neue Triangulation ent-

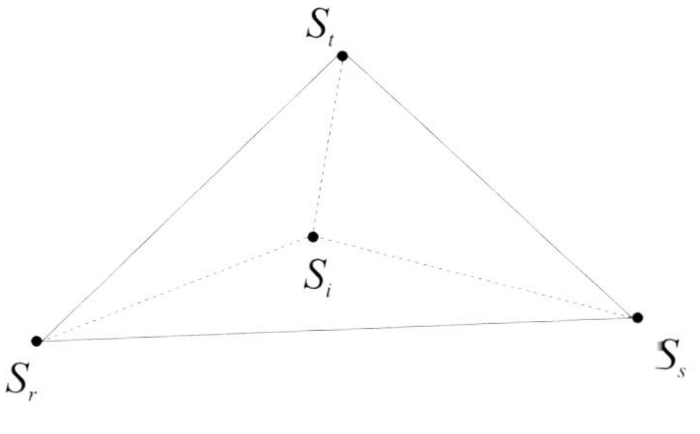

Abbildung 4.7: Dreieck $S_rS_sS_t$ mit dem Punkt S_i

standen, die allerdings im Allgemeinen noch keine Delaunay-Triangulation ist. Für jedes in dieser Iteration neu entstehende Dreieck $S_iS_jS_k$ muss noch getestet werden, ob die Kante S_jS_k auch zu den Kanten der Delaunay-Triangulation der Punktmenge $\mathcal{S}_i$ gehört. Dieser Test ist der zentrale Teil des Algorithmus und läuft folgendermaßen ab: Sei $S_iS_jS_k$ das Dreieck mit der zu testenden Kante S_jS_k. Sind $S_j, S_k \in \{S_{-1}, S_{-2}, S_{-3}\}$ und grenzt somit entlang der Kante S_jS_k kein Dreieck an, dann ist diese Kante Teil der Delaunay-Triangulation von $\mathcal{S}_i$. Im anderen Fall sei $S_lS_kS_j$ das Drei-

[2] Aus diesem Grund werden die Punkte S_{-1}, S_{-2} und S_{-3} mit hinzugenommen.

eck, das in der aktuellen Triangulation entlang der Kante $S_j S_k$ angrenzt (vgl. Abbildung 4.8). Ist S_l im Kreis durch die Punkte S_i, S_j und S_k ent-

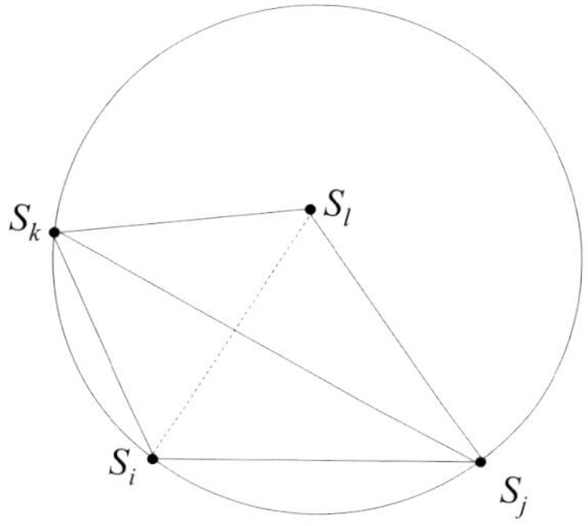

Abbildung 4.8: Kreistest

halten, so sagt man, dass S_l mit dem Dreieck $S_i S_j S_k$ in Konflikt steht und die Kante $S_j S_k$ wird „geflipt“, d.h. sie wird gelöscht und durch die Kante $S_i S_l$ ersetzt, denn in diesem Fall besitzen die Voronoi-Regionen von S_k und S_j keine gemeinsamen Punkte mehr. Die Kanten $S_j S_l$ und $S_l S_k$ der neu entstandenen Dreiecke $S_i S_j S_l$ und $S_i S_l S_k$ müssen dann wiederum getestet werden. Im anderen Fall, wenn S_l nicht im Kreis liegt, ist $S_j S_k$ eine Kante in der Delaunay-Triangulation von $\mathcal{S}_i$. Sind in einer Iteration alle Konflikte beseitigt, dann hat man die Delaunay-Triangulation von $\mathcal{S}_i$ konstruiert. In

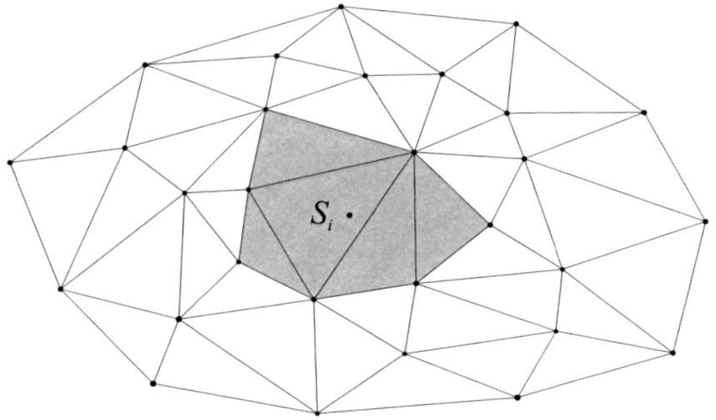

Abbildung 4.9: Delaunay-Triangulation von $\mathcal{S}_{i-1}$ mit dem Punkt S_i

Abbildung 4.9 wird der Punkt S_i in die Delaunay-Triangulation der Menge $\mathcal{S}_{i-1}$ eingefügt. Die Abbildung 4.10 zeigt dann die in diesem Schritt neu entstandene Delaunay-Triangulation der Menge $\mathcal{S}_i$.

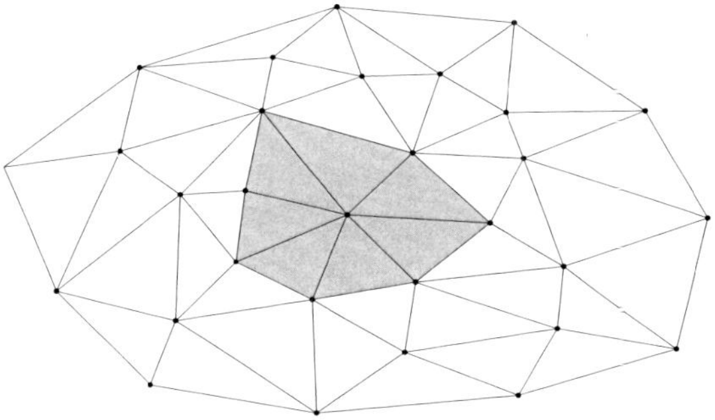

Abbildung 4.10: Delaunay-Triangulation von $\mathcal{S}_i$

Dieser randomisierte inkrementelle Algorithmus wurde von Guibas [Gui1992] entwickelt. Er besitzt einen erwarteten Zeitbedarf $O(n \log n)$ und einen erwarteten Speicherbedarf $O(n)$ (vgl. [Ber1997, 9.4]).[3] In [Ber1997] wird der Algorithmus ausführlich und sehr anschaulich beschrieben. Weitere inkrementelle Algorithmen zur Konstruktion von Voronoi-Diagrammen stammen von Boissonat et al [Boi1992], [Boi1993] und Clarkson und Shor [Cla1989].

Der Divide-and-Conquer-Algorithmus

Der Divide-and-Conquer-Algorithmus zur Konstruktion des gewöhnlichen Voronoi-Diagramms geht auf Shamos und Hoey [Sha1975] zurück. Er war der Auslöser für die Entwicklung des Fachs Algorithmische Geometrie. Divide-and-Conquer ist ein fundamentales Prinzip in der Algorithmischen Geometrie. Dabei wird ein Problem in zwei gleich große Teilprobleme zerlegt, die rekursiv gelöst werden. Die Lösungen dieser beiden Teilprobleme werden anschließend zu einer Lösung des Problems zusammengesetzt.
Zu Beginn des Divide-and-Conquer-Verfahrens zur Konstruktion von Voronoi-Diagrammen werden alle Punkte aus $\mathcal{S}$ nach ihrer x-Koordinate sor-

[3] Ein erwarteter Zeitbedarf von $O(n \log n)$ bedeutet, dass die erwartete Laufzeit des Algorithmus in Abhängigkeit von der Problemgröße n (Anzahl der Generatoren) in der Größenordnung $n \log n$ ansteigt. Analoges gilt für den erwarteten Speicherbedarf (vgl. z.B. [Kle1997, 1.2.4]).

tiert. Die Menge $\mathcal{S}$ wird dann durch eine senkrechte Splitgerade in zwei etwa gleich große Teilmengen zerlegt. Die Voronoi-Diagramme der beiden Teilmengen von $\mathcal{S}$ werden rekursiv berechnet und zu dem Voronoi-Diagramm von $\mathcal{S}$ zusammengesetzt. Dieser sogenannte Merge-Schritt ist der Hauptbestandteil des Algorithmus. Er soll im Folgenden veranschaulicht werden: Seien L und R zwei Teilmengen von $\mathcal{S}$ ($\mathcal{S} = L \cup R$), wobei alle Punkte von L links von einer senkrechten Splitgeraden und alle Punkte aus R rechts davon liegen. Angenommen die Voronoi-Diagramme der Punktmengen L und R sind bereits berechnet. Im Merge-Schritt wird die Menge

$$B(L,R) = \{(x,y) \in \mathbb{R}^2 \mid \min_{i|S_i \in L} d_i(x,y) = \min_{j|S_j \in R} d_j(x,y)\}$$

gebildet. Diese Menge besteht aus den Voronoi-Kanten von $\mathrm{Vor}(\mathcal{S})$, die zwischen den Voronoi-Regionen von Punkten $S_i \in L$ und $S_j \in R$ verlaufen. Die Menge $B(L,R)$ ist eine polygonale Kette, die auch als Bisektor der Punktmengen L und R bezeichnet wird.

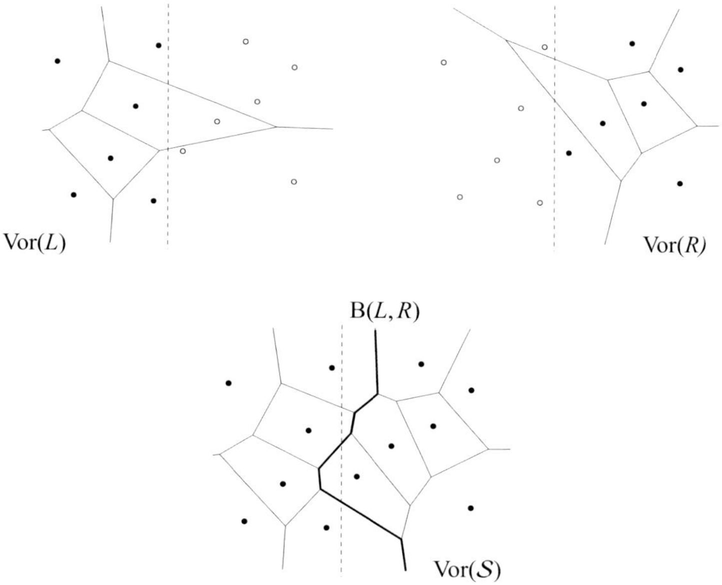

Abbildung 4.11: Merge-Schritt im Divide-and-Conquer-Algorithmus

Zur Konstruktion von $B(L, R)$ wird zunächst eines der beiden unbeschränkten Endstücke von $B(L, R)$ gesucht. Anschließend verfolgt man den Verlauf des Bisektors durch die Diagramme von L und R bis man am anderen unbeschränkten Endstück ankommt. Die Voronoi-Diagramme Vor(L) und Vor(R) werden entlang $B(L, R)$ jeweils in zwei Teile zertrennt. Der linke Teil von Vor(L), $B(L, R)$ und der rechte Teil von Vor(R) werden zum Voronoi-Diagramm der Menge $\mathcal{S}$ zusammengesetzt. In Abbildung 4.11 wird dieser Merge-Schritt veranschaulicht.

In dieser Arbeit soll nur die Funktionsweise dieses Algorithmentyps aufgezeigt werden. Eine detaillierte Beschreibung des Divide-and-Conquer-Algorithmus findet man in [Kle1997]. Das Divide-and-Conquer-Verfahren ist zwar optimal hinsichtlich des Zeitbedarfs $O(n \log n)$ und hinsichtlich des Speicherbedarfs $O(n)$ (vgl. [Kle1997, 6.4]), lässt sich aber nicht so einfach implementieren wie das inkrementelle Verfahren [4] Das Divide-and-Conquer-Prinzip ist häufig auch zur Konstruktion von Voronoi-Diagrammen bezüglich anderer Metriken einsetzbar. Falls $B(L, R)$ dabei allerdings geschlossene Ketten enthält, liegt die Schwierigkeit darin, ein „Endstück“ von $B(L, R)$ zu finden.

Der Sweepline-Algorithmus

Das Sweepline-Verfahren zur Konstruktion von Voronoi-Diagrammen geht auf Fortune [For1987] zurück. Da dieses Verfahren relativ einfach auf additiv gewichtete Voronoi-Diagramme zu verallgemeinern ist, wird der Sweepline-Algorithmus in Abschnitt 4.2.2.2 für additiv gewichtete Voronoi-Diagramme präsentiert. Das Sweepline-Verfahren für gewöhnliche Voronoi-Diagramme findet man auch in [Kle1997, 6.3] oder [Oka2000, 4.5].

4.2.2 Additiv gewichtetes Voronoi-Diagramm

Das Konzept der Voronoi-Diagramme lässt sich für andere Metriken oder Distanzfunktionen verallgemeinern, insbesondere auch für additiv gewichtete euklidische Distanzfunktionen (vgl. Abschnitt 4.1.2.1). Das Voronoi-Diagramm bezüglich dieser Distanzfunktionen nennt man additiv gewich-

[4] Ein Zeitbedarf von $O(n \log n)$ bedeutet, dass im schlechtesten Fall die Laufzeit des Algorithmus in Abhängigkeit von der Problemgröße n (Anzahl der Generatoren) in der Größenordnung $n \log n$ ansteigt. Analoges gilt für den Speicherbedarf (vgl. z.B. [Kle1997, 1.2.4]).

tetes Voronoi-Diagramm. Werden in einem semi-infiniten Produktions-Transportproblem die Distanzen mit der euklidischen Metrik gemessen, so gibt es stets ein additiv gewichtetes Voronoi-Diagramm, das eine optimale Gebietsaufteilung bildet. Aus diesem Grund werden die additiv gewichteten Voronoi-Diagramme in diesem Abschnitt ausführlich behandelt.

4.2.2.1 Definition und Eigenschaften

Sei $\mathcal{S}$ eine Menge von endlich vielen verschiedenen Punkten $S_i = (x_i, y_i)$ $(i = 1, \ldots, n)$ im $\mathbb{R}^2$, denen jeweils ein Gewicht $w_i \in \mathbb{R}$ zugeordnet ist. Mit $d_i(x, y)$ wird im Folgenden stets der euklidische Abstand von S_i zu $(x, y) \in \mathbb{R}^2$ bezeichnet. Der Abstand von S_i zu $(x, y) \in \mathbb{R}^2$ wird allerdings nicht mit dem euklidische Abstand, sondern mit dem additiv gewichteten euklidischen Abstand

$$d_{aw,i}(x, y) = d_i(x, y) + w_i$$

(vgl. Abschnitt 4.1.2.1) gemessen. Die Dominanzregion von S_i über S_j ist für $i \neq j$ die Menge

$$Dom(S_i, S_j) = \{(x, y) \in \mathbb{R}^2 \mid d_i(x, y) + w_i \leq d_j(x, y) + w_j\}.$$

Ist $d_i(S_j) + w_i < w_j$, dann ist $Dom(S_i, S_j)$ ganz $\mathbb{R}^2$ und $Dom(S_j, S_i) = \emptyset$. Alle Punkte der Ebene liegen bezüglich der additiv gewichteten euklidischen Distanz näher bei S_i als bei S_j. Man sagt in diesem Fall, dass S_i über S_j dominiert. Dominiert weder S_i über S_j, noch S_j über S_i, dann ist die Schnittmenge der beiden Dominanzregionen $Dom(S_i, S_j)$ und $Dom(S_j, S_i)$ die nichtleere Menge

$$B(S_i, S_j) = \{(x, y) \in \mathbb{R}^2 \mid d_i(x, y) - d_j(x, y) = w_j - w_i\}.$$

Sie wird als der Bisektor von S_i und S_j bezeichnet. Haben die beiden Generatoren S_i und S_j die gleichen Gewichte, dann ist der Bisektor $B(S_i, S_j)$ die Mittelsenkrechte der Verbindungsstrecke zwischen S_i und S_j. Ist das Gewicht von S_j größer als das Gewicht von S_i, dann ist der Bisektor zwischen S_i und S_j ein um S_j gekrümmter Hyperbelast[5]. Je größer man w_j

[5] Eine Hyperbel ist die Menge aller Punkte $(x, y) \in \mathbb{R}^2$ für die der Betrag der Differenz zu zwei festen Punkten F_1 und F_2 (Brennpunkte) konstant ist (vgl. [Bro1989, S.224]).

im Vergleich zu w_i wählt, umso stärker krümmt sich $B(S_i, S_j)$ um S_j (vgl. Abbildung 4.12). Falls gilt $w_j = d_i(S_j)+w_i$, dann ist der Bisektor $B(S_i, S_j)$ nur noch die Halbgerade, die vom Punkt S_j in die zu S_i entgegengesetzte Richtung läuft. In diesem Fall besteht auch $Dom(S_j, S_i)$ nur aus dieser Halbgeraden. In Abbildung 4.12 sind mehrere Bisektoren von S_i und S_j für ein konstantes Gewicht $w_i = 0$ und verschiedene Gewichte w_j dargestellt. Die Dominanzregion $Dom(S_i, S_j)$ beinhaltet jeweils den Bereich links des Bisektors und die Dominanzregion $Dom(S_j, S_i)$ den Bereich rechts des Bisektors.

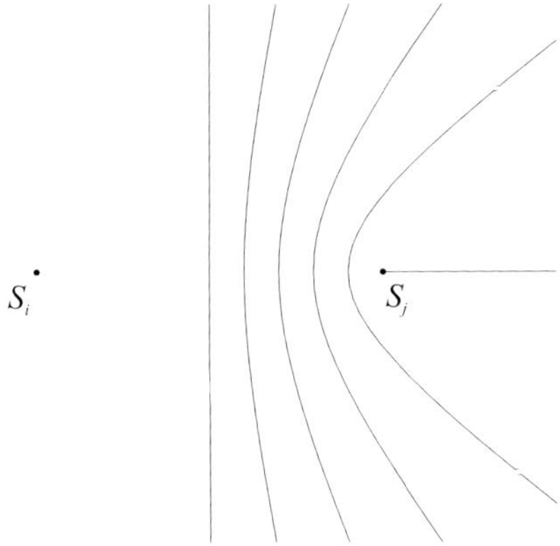

Abbildung 4.12: Bisektoren bezüglich der additiv gewichteten euklidischen Distanz

Die Bisektoren lassen sich mathematisch auf verschiedene Arten als Funktionen darstellen. Es bezeichne

$$a = \frac{1}{2}(w_j - w_i)\,,\; b = \sqrt{\frac{1}{4}d_i(S_j)^2 - a^2} \;\text{ und }\; e = \frac{1}{2}d_i(S_j)\,.$$

Ein Bisektor, dessen Generatoren symmetrisch zum Ursprung auf der x-Achse liegen (vgl. Abbildung 4.13), lässt sich in Parameterform in Abhängigkeit des Parameters t $(-\frac{\pi}{2} < t < \frac{\pi}{2})$ durch

$$x = \frac{a}{\cos t}$$
$$y = b \tan t$$

darstellen (vgl. [Bar1990, S.42]). Eine weitere Möglichkeit ist die Darstellung des Bisektors in Polarkoordinaten mit S_i als Pol und der Geraden durch S_i und S_j als Polachse. Diese wird im Folgenden hergeleitet. Dazu

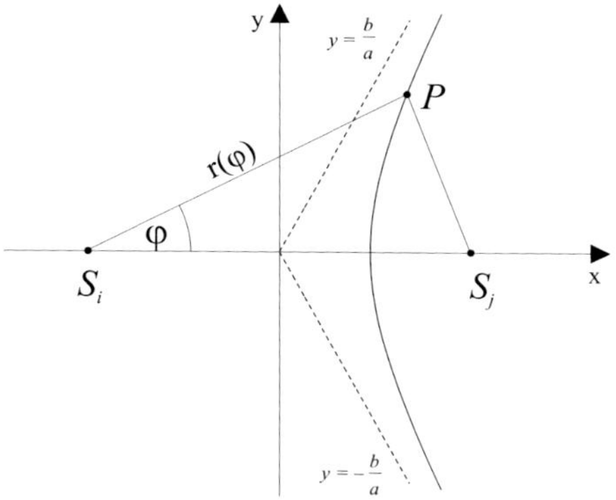

Abbildung 4.13: Herleitung der Polarkoordinaten eines Bisektors

sei P ein beliebiger Punkt auf dem Bisektor (Hyperbelast). Als Bisektorpunkt erfüllt P die Bedingung $d_i(P) - d_j(P) = w_j - w_i = 2a$ und damit auch

$$d_j(P) = d_i(P) - 2a\,.$$

Nach dem Kosinussatz für Dreiecke gilt ferner

$$d_j(P)^2 = d_i(P)^2 + 4e^2 - 4ed_i(P)\cos\varphi\,.$$

Aus diesen beiden Gleichungen erhält man nach Umformungen und wegen $a^2 + b^2 = e^2$ den Term

$$d_i(P) = \frac{b^2}{e\cos\varphi - a}$$

und somit lautet die Polarform des Bisektors mit S_i als Pol und der Geraden durch S_i und S_j als Polachse

$$r(\varphi) = \frac{b^2}{e\cos\varphi - a}\,.$$

Der Definitionsbereich von φ wird durch die Asymptoten des Hyperbelastes begrenzt. Für $a > 0$ ist der Ast wie in Abbildung 4.13 um S_j gekrümmt. Der Hyperbelast nähert sich für $y \to \infty$ der Geraden $y = \frac{b}{a}$ und für $y \to -\infty$ der Geraden $y = -\frac{b}{a}$ an. Daher ist $r(\varphi)$ für $a > 0$ für alle Werte von φ zwischen $\arctan -\frac{b}{a}$ und $\arctan \frac{b}{a}$ definiert. Diese mathematische Form des Bisektors erweist sich bei der Berechnung von Schnittpunkten und von Flächen- und Raumintegralen in Abschnitt 4 2.3.2 als sehr geeignet.

Die additiv gewichtete Voronoi-Region eines Punktes S_i ist definiert als der Schnitt aller Dominanzregionen von S_i

$$\mathrm{Vor}_i(\mathcal{S}, w) = \{(x, y) \in \mathbb{R}^2 \mid d_i(x, y) + w_i \leq d_j(x, y) + w_j,\ j = 1, \ldots, n\}\,.$$

Den Punkt S_i nennt man den Generator von $\mathrm{Vor}_i(\mathcal{S}, w)$. Die Punkte die zugleich in mehr als einer gewichteten Voronoi-Region liegen, bilden das additiv gewichtete oder additive Voronoi-Diagramm $\mathrm{Vor}(\mathcal{S}, w)$ der Punktmenge $\mathcal{S}$. Falls die Punktmenge aus dem Kontext eindeutig hervorgeht, werden das additiv gewichtete Voronoi-Diagramm $\mathrm{Vor}(\mathcal{S}, w)$ bzw. eine additiv gewichtete Voronoi-Region $\mathrm{Vor}_i(\mathcal{S}, w)$ nur in Abhängigkeit des Gewichtsvektors w kurz mit $\mathrm{Vor}(w)$ bzw. $\mathrm{Vor}_i(w)$ bezeichnet. Vereinzelt wird in der Literatur auch der Name Hyperbolische Dirichlet-Zerlegung verwendet. Wählt man die Gewichte $w_i = 0$ $(i = 1, \ldots, n)$ so entsteht das gewöhnliche Voronoi-Diagramm. Das additiv gewichtete Voronoi-Diagramm ist somit eine Verallgemeinerung des gewöhnlichen Voronoi-Diagramms. Die Grenzen einer additiv gewichteten Voronoi-Region bestehen aus Bisektorstücken, den sogenannten Voronoi-Kanten. Im Gegensatz zum gewöhnlichen Voronoi-Diagramm kann sich die gemeinsame Grenze zweier Voronoi-Regionen eines additiv gewichteten Voronoi-Diagramms allerdings aus mehr als einer Voronoi-Kante zusammensetzen (vgl. z.B. die Grenze zwischen $\mathrm{Vor}_1(w)$ und $\mathrm{Vor}_3(w)$ in Abbildung 4.14). Die Endstücke dieser Voronoi-Kanten nennt man Voronoi-Knoten.

Eigenschaften

(i) Die Menge $\mathrm{Vor}_i(w)$ hat genau dann einen positiven Flächeninhalt, wenn

$$\min_{1 \leq j \leq n} (d_j(S_j) + w_j) > w_i$$

(vgl. [Oka2000, S.126]).

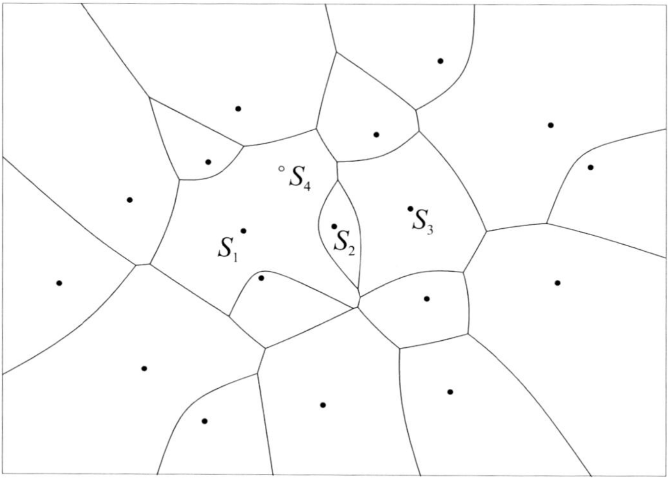

Abbildung 4.14: Additiv gewichtetes Voronoi-Diagramm

(ii) Die Menge $\mathrm{Vor}_i(w)$ ist genau dann leer, wenn

$$\min_{1 \leq j \leq n} (d_j(S_i) + w_j) < w_i$$

(vgl. [Oka2000, S.125]). Der Punkt S_4 in Abbildung 4.14 besitzt z.B. eine leere additiv gewichtete Voronoi-Region.[6]

(iii) Jede nichtleere additiv gewichtete Voronoi-Region ist hinsichtlich seines Generators sternförmig (vgl. [Sha1985, S.453]).[7]

(iv) Die Schnittmenge dreier additiv gewichteter Voronoi-Regionen enthält höchstens zwei Punkte (vgl. [Sha1985, S.453]). Die Schnittmenge dreier additiv gewichteter Voronoi-Regionen besteht aus genau zwei Punkten, falls eine der drei Regionen von den anderen beiden Regionen umschlossen wird. In Abbildung 4.14 wird z.B. die additiv gewichtete Voronoi-Region von S_2 von den additiv gewichteten Voronoi-Regionen von S_1 und S_3 umschlossen.

[6] Ein Punkt mit einer leeren Voronoi-Region wird allgemein in den Abbildungen durch einen nicht ausgefüllten Kreis gekennzeichnet.

[7] Eine Menge $X \subset \mathbb{R}^2$ heißt sternförmig hinsichtlich $p \in X$, wenn für alle $q \in X$ die Verbindungsstrecke von p und q ganz in der Menge X enthalten ist.

(v) Das additiv gewichtete Voronoi-Diagramm besitzt $O(n)$ Kanten, d.h. die Anzahl der Kanten hängt linear von n ab (vgl. [Sha1985, S.454]).

(vi) Das additiv gewichtete Voronoi-Diagramm muss nicht zusammenhängend sein, sondern kann aus bis zu $O(n)$ Zusammenhangskomponenten bestehen (vgl. [Sha1985, S.455]).

(vii) Addiert oder subtrahiert man zu allen Gewichten eine Konstante, so ändert sich das additiv gewichtete Voronoi-Diagramm nicht.

Das additiv gewichtete Voronoi-Diagramm lässt sich auch noch auf eine andere anschauliche Art und Weise gewinnen. Auf jeden Punkt S_i stellt man einen um w_i angehobenen Kegel

$$Kegel(S_i, w_i) = \{(x, y, z) \in \mathbb{R}^3 \mid z = d_i(x, y) + w_i\}\,.$$

Wird die Menge aller Punkte der unteren Einhüllenden der Kegel[8], die auf mehr als einem Kegel liegen, senkrecht nach unten projeziert, so erhält man als Projektionsfigur das additiv gewichtete Voronoi-Diagramm der Punkte S_i ($i = 1, \ldots, n$) (vgl. Abbildung 4.15).

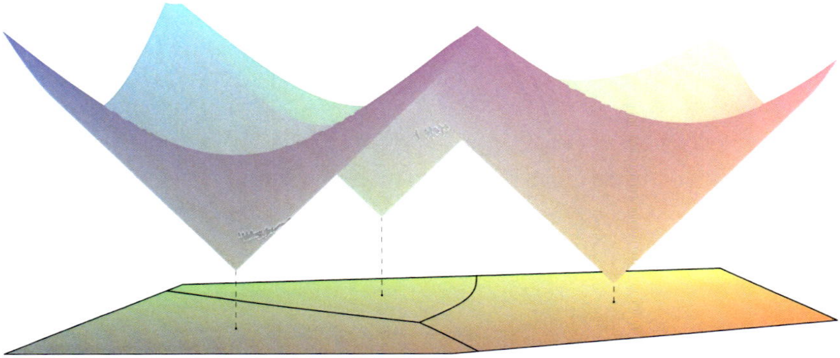

Abbildung 4.15: Untere Einhüllende einer Menge von Kegeln

[8] Die untere Einhüllende der Kegel besteht aus genau den Punkten der Kegel, die von unten sichtbar sind.

Ein additiv gewichtetes Voronoi-Diagramm ist zugleich auch das Voronoi-Diagramm einer Menge von Kreisen. Mit $K(S_i, r)$ wird der Kreis um S_i mit Radius r bezeichnet. Der Abstand eines Punktes $(x, y) \in \mathbb{R}^2$ zur Kreislinie von $K(S_i, r)$ beträgt $d_i(x, y) - r$. Analog zum Voronoi-Diagramm von Punkten, lässt sich auch das Voronoi-Diagramm von Kreisen definieren. Ohne Einschränkung kann man wegen Eigenschaft (vii) nichtpositive Gewichte w_i voraussetzen. Das additiv gewichtete Voronoi-Diagramm der Punkte S_i $(i = 1, \ldots, n)$ ist dann identisch mit dem Voronoi-Diagramm der Kreise $K(S_i, |w_i|)$ $(i = 1, \ldots, n)$. Schneiden sich die Kreise zweier be-

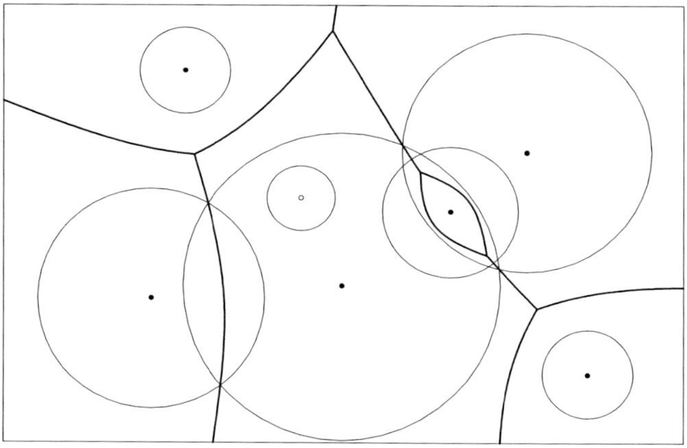

Abbildung 4.16: Voronoi-Diagramm einer Menge von Kreisen

nachbarter Voronoi-Regionen, dann verläuft diese Voronoi-Kante durch die beiden Schnittpunkte der Kreise. Ist ein Kreis $K(S_i, |w_i|)$ ganz in einem anderen Kreis $K(S_j, |w_j|)$ $(j \neq i)$ enthalten, so ist die additiv gewichtete Voronoi-Region des Punktes S_i leer.

Das additiv gewichtete Voronoi-Diagramm wird oft auch Johnson-Mehl-Modell genannt. Dieses Modell bildet das Wachstum von Zellen nach, die zu verschiedenen Zeitpunkten beginnen zu wachsen und sich dabei gleichmäßig in alle Richtungen ausdehnen, bis sie auf eine andere Zelle stoßen. Die so erhaltene Zerlegung der Ebene ist ebenfalls ein additiv gewichtetes Voronoi-Diagramm. Dieses Modell wurde ursprünglich entwickelt, um das Wachstum von Kristallen (Johnson und Mehl [Joh1939]) und von Oberflächenfilmen auf Metallen (Evans [Eva1945]) zu untersuchen. In Abbildung 4.17 sind die Zustände eines Johnson-Mehl-Modells zu verschiedene Zeitpunkten t dargestellt.

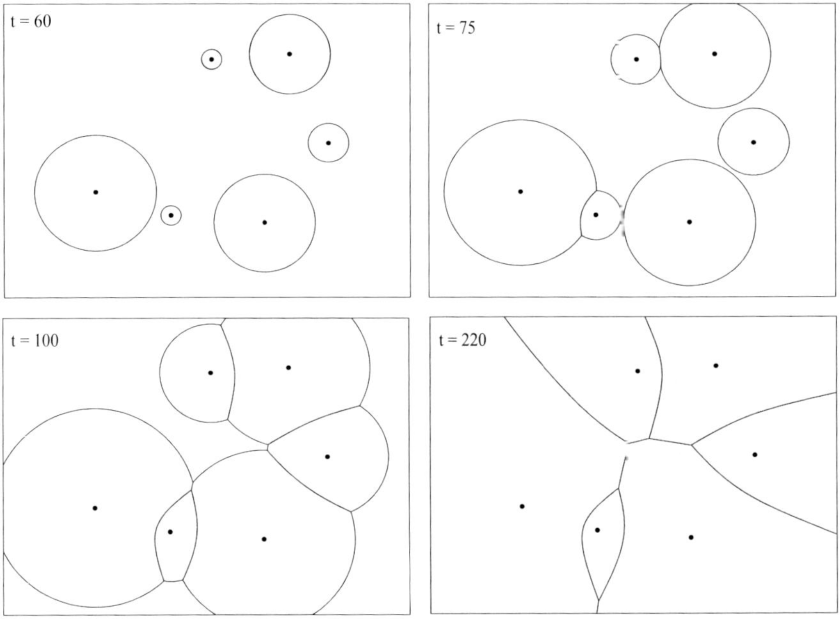

Abbildung 4.17: Johnson-Mehl-Modell

4.2.2.2 Berechnung von additiv gewichteten Voronoi-Diagrammen

Der Sweepline-Algorithmus von Fortune

Das Sweepline-Verfahren, oder auch Scan-Verfahren genannt, ist eine grundlegende Technik in der Algorithmischen Geometrie (vgl. [Oka2000, 4.5]). Dabei läuft eine horizontale Linie von unten nach oben oder eine vertikale Linie von links nach rechts über die Ebene und registriert zu jedem Zeitpunkt die jeweils geschnittenen geometrischen Objekte. Diese werden so regelrecht eingescant. Aus einem statischen zweidimensionalen Problem wird so ein dynamisches eindimensionales Problem. Die Berechnung eines Voronoi-Diagramms direkt mit der Sweepline-Technik ist schwierig, da

Voronoi-Regionen und Voronoi-Kanten eines Generators geschnitten werden können, lange bevor der Generator selbst von der Linie erfasst wird. Dieses Problem wurde von Fortune [For1987] gelöst. Er entwickelte einen Sweepline-Algorithmus für gewöhnliche Voronoi-Diagramme und erläuterte, wie sich dieses Verfahren auf additiv gewichtete Voronoi-Diagramme verallgemeinern lässt. Da der konzeptionelle Unterschied der beiden Verfahren gering ist, wird in dieser Arbeit nur der Sweepline-Algorithmus für additiv gewichtete Voronoi-Diagramme dargestellt. Fortune berechnete anstatt dem additiv gewichteten Voronoi-Diagramm eine geometrische Transformation davon. Dieses transformierte Voronoi-Diagramm besitzt die Eigenschaft, dass der unterste Punkt einer transformierten Voronoi-Region stets dessen transformierter Generator ist. Die horizontale Sweepline schneidet so die transformierte Voronoi-Region eines Generators erst nachdem dieser von der Linie erfasst wurde. Die von Fortune verwendete Transformation lautet formal:

$$Tr : \mathbb{R}^2 \rightarrow \mathbb{R}^2, \quad Tr(x, y) = (x, y + \min_{1 \leq i \leq n} d_i(x, y) + w_i)$$

Geometrisch lässt sich Tr folgendermaßen beschreiben: Man kann annehmen, dass die Generatoren S_i $(i = 1, \ldots, n)$ nichtnegative Gewichte besitzen. Die Menge der Punkte der unteren Einhüllenden der über S_i um w_i angehobenen Kegel, die zugleich auf mehr als einem Kegel liegen, werden nicht senkrecht nach unten projeziert wie in Abbildung 4.15, sondern im 45° Winkel in Richtung der positiven y-Achse.

In Abbildung 4.18 ist zu einem Voronoi-Diagramm (Abbildung 4.18 links) das transformierte Voronoi-Diagramm (Abbildung 4.18 rechts) dargestellt. Die topologischen Eigenschaften des Diagramms werden durch die Transformation nicht verändert. Eine horizontale Sweepline läuft nun von unten nach oben über die Ebene und registriert, wie die transformierten Voronoi-Regionen von der Sweepline geschnitten werden, indem die von der Sweepline geschnittenen Voronoi-Kanten sortiert nach ihrer x-Koordinate von der sogenannten Sweep-Status-Struktur gespeichert werden. Jedesmal wenn die Sweepline einen neuen Generator erreicht oder wenn sie auf einen Schnittpunkt von zwei benachbarten Voronoi-Kanten trifft, wird die Sweep-Status-Struktur erneuert. Die Rücktransformation wird vom Algorithmus sofort mit ausgeführt. Der Sweepline-Algorithmus berechnet das additiv gewichtete Voronoi-Diagramm in optimaler Zeit $O(n \log n)$ und mit optimalem Platzbedarf $O(n)$ (vgl. [For1987]). Der

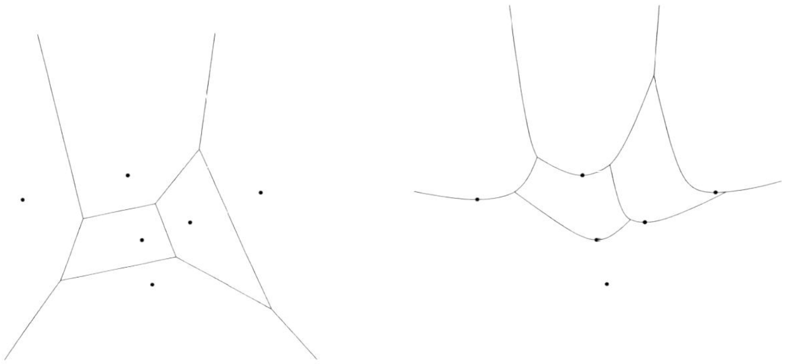

Abbildung 4.18: Voronoi-Diagramm (links) und dessen Transformation (rechts)

Seepline-Algorithmus von Fortune wurde für additiv gewichtete Voronoi-Diagramme von Schmidt [Sch1999a] implementiert.

Weitere Algorithmen

Ein weiteres Verfahren zur Berechnung von additiv gewichteten Voronoi-Diagrammen bzw. von Voronoi-Diagrammen von Kreisen ist der Divide-and-Conquer-Algorithmus von Sharir [Sha1985], der $O(n \log^2 n)$ Zeit benötigt und damit hinsichtlich der Zeit nicht optimal ist. Im Vergleich zum Sweepline-Verfahren von Fortune ist der Algorithmus zudem erheblich schwieriger zu implementieren. Es existieren auch neuere inkrementelle Ansätze zur Konstruktion von additiv gewichteten Voronoi-Diagrammen (vgl. [Ant1998] und [Sch1999b]).

4.2.2.3 Verallgemeinerte additiv gewichtete Voronoi-Diagramme

Analog zum additiv gewichteten (euklidischen) Voronoi-Diagramm lassen sich auch Voronoi-Diagramme bezüglich anderer additiv gewichteter Distanzfunktionen bilden.
Liegen einem semi-infiniten Produktions-Transportproblem nicht euklidische Distanzfunktionen, sondern andere Distanzfunktionen zugrunde, dann gibt es unter gewissen Voraussetzungen eine optimale Gebietsaufteilung in Form eines additiv gewichteten Voronoi-Diagramms bezüglich dieser

Distanzfunktionen (vgl. Kapitel 3). Für ausgewählte additiv gewichtete Distanzfunktionen werden deshalb im Folgenden die Voronoi-Diagramme dargestellt.

Multiplikativ gewichtetes Voronoi-Diagramm

Sei $\mathcal{S}$ eine Menge von endlich vielen verschiedenen Punkten $S_i = (x_i, y_i)$ $(i = 1, \ldots, n)$ im $\mathbb{R}^2$, denen jeweils ein Gewicht $w'_i > 0$ zugeordnet ist.
Das additiv gewichtete Voronoi-Diagramm lässt sich verallgemeinern, wenn man anstatt der additiv gewichteten euklidischen Distanzfunktionen die additiv gewichteten transformierten Distanzfunktionen (vgl. Abschnitt 4.1.2.4)

$$f(d_i(x, y)) + w'_i$$

$(i = 1, \ldots, n)$ wählt, wobei $f : \mathbb{R}_+ \to \mathbb{R}$ eine streng monoton steigende Funktion ist. Die Funktion $f(t) = t$ liefert das gewöhnliche additiv gewichtete Voronoi-Diagramm. Mit $f(t) = \log(t)$ gilt für die additiv gewichteten transformierten Distanzfunktionen jeweils

$$f(d_i(x, y)) + w'_i = \log e^{w'_i} d_i(x, y) \,.$$

Setzt man $w_i = e^{w'_i}$, dann ergibt sich für diese Distanzfunktionen das gleiche Voronoi-Diagramm wie für die multiplikativ gewichteten Distanzfunktionen

$$d_{mw,i}(x, y) = w_i d_i(x, y)$$

$(i = 1, \ldots, n)$ (vgl. Abschnitt 4.1.2.2). Das multiplikativ gewichtete Voronoi-Diagramm ist folglich auch ein verallgemeinertes additiv gewichtetes Voronoi-Diagramm.
Wird der Abstand eines Punktes $(x, y) \in \mathbb{R}^2$ zu S_i mit der multiplikativ gewichteten Distanzfunktion $d_{mw,i}$ gemessen, so ist die Dominanzregion von S_i über S_j für $i \neq j$ die Menge

$$Dom(S_i, S_j) = \{(x, y) \in \mathbb{R}^2 \mid w_i d_i(x, y) \leq w_j d_j(x, y)\} \,.$$

Der Bisektor zwischen zwei Punkten S_i und S_j

$$B(S_i, S_j) = \{(x, y) \in \mathbb{R}^2 \mid w_i d_i(x, y) = w_j d_j(x, y)\}$$

ist dann die Mittelsenkrechte der Verbindungsstrecke zwischen S_i und S_j, falls gilt $w_i = w_j$. Ansonsten ist der Bisektor der Kreis mit dem Mittelpunkt

$$M = \left(\frac{w_j^2 x_j - w_i^2 x_i}{w_j^2 - w_i^2}, \frac{w_j^2 y_j - w_i^2 y_i}{w_j^2 - w_i^2}\right)$$

und dem Radius

$$r = \left|\frac{w_i w_j d_i(S_j)}{w_j^2 - w_i^2}\right| .$$

Dieser Kreis wird auch als der Kreis von Appolonius bezeichnet. In Abbildung 4.19 sind die Bisektoren zweier Punkte S_i und S_j für $w_i = 1$ und verschiedene Werte $w_j \geq 1$ dargestellt. Je größer w_j im Vergleich zu w_i gewählt wird, umso kleiner wird der Kreis von Appolonius. Die

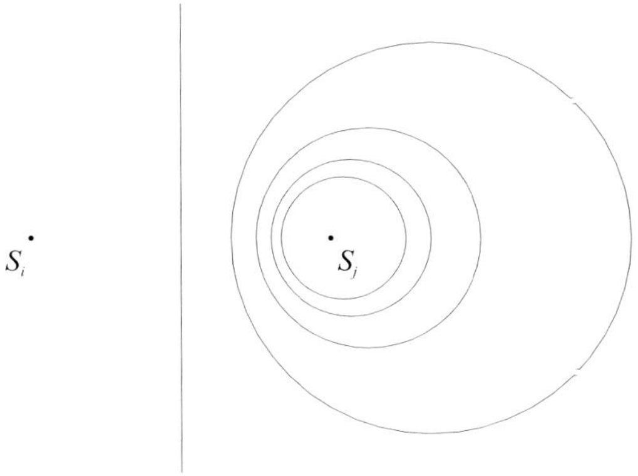

Abbildung 4.19: Bisektoren bezüglich der multiplikativ gewichteten euklidischen Distanz

multiplikativ gewichteten Voronoi-Regionen und das multiplikativ gewichtete Voronoi-Diagramm der Menge $\mathcal{S}$ sind analog zu den additiv gewichteten Voronoi-Regionen und dem additiv gewichteten Voronoi-Diagramm der Menge $\mathcal{S}$ definiert. Das multiplikativ gewichtete Voronoi-Diagramm besitzt folgende Eigenschaften (vgl. [Oka2000, 3.1.1]):

(i) Jede multiplikativ gewichtete Voronoi-Region ist eine nichtleere Menge, die im allgemeinen weder konvex noch zusammenhängend ist und sogar Löcher enthalten kann (vgl. Abbildung 4.20).

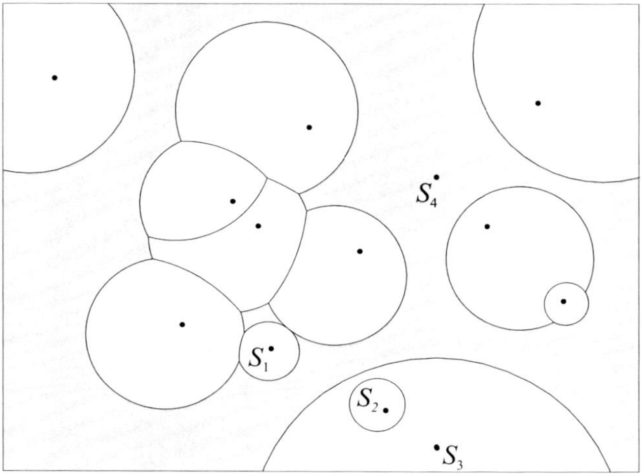

Abbildung 4.20: Multiplikativ gewichtetes Voronoi-Diagramm

(ii) Eine multiplikativ gewichtete Voronoi-Region kann vollständig von einer anderen multiplikativ gewichteten Voronoi-Region umschlossen werden, wie z.B. die multiplikativ gewichtete Voronoi-Region von S_2 in Abbildung 4.20.

(iii) Die multiplikativ gewichtete Voronoi-Region eines Punktes S_i ist konvex, wenn die Gewichte der angrenzenden multiplikativ gewichteten Voronoi-Regionen nicht größer sind als w_i.

(iv) Mit $\mathcal{S}_{min}$ wird die Menge aller S_i mit minimalen Gewichten

$$w_i = \min_{1 \leq j \leq n} w_j$$

bezeichnet. Die multiplikativ gewichtete Voronoi-Region von S_i ist genau dann unbeschränkt, wenn $S_i \in \mathcal{S}_{min}$ und S_i auf dem Rand der konvexen Hülle der Punktmenge $\mathcal{S}_{min}$ liegt. In Abbildung 4.20 ist nur S_4 in der Menge $\mathcal{S}_{min}$ enthalten.

(v) Die Grenze zweier multiplikativ gewichteter Voronoi-Regionen muss nicht zusammenhängend sein, wie z.B. diejenige der multiplikativ gewichteten Voronoi-Regionen von S_1 und S_4 in Abbildung 4.20.

Aurenhammer [Aur1984] entwickelte einen optimalen Algorithmus zur Konstruktion von multiplikativ gewichteten Voronoi-Diagrammen mit einem Zeitbedarf $O(n^2)$ und einem Speicheraufwand $O(n^2)$.

Power-Diagramm

Sei $\mathcal{S}$ eine Menge von endlich vielen verschiedenen Punkten S_i ($i = 1, \ldots, n$) im $\mathbb{R}^2$, denen jeweils ein Gewicht $w_i \in \mathbb{R}$ zugeordnet ist. Die Distanz

$$d_{p,i}(x,y) = d_i(x,y)^2 + w_i$$

nennt man die (additiv gewichtete) Power-Distanz von S_i zu $(x,y) \in \mathbb{R}^2$. Die Dominanzregion von S_i über S_j bezüglich der Power-Distanzen ist die Menge

$$Dom(S_i, S_j) = \{(x,y) \in \mathbb{R}^2 \mid d_i(x,y)^2 + w_i \leq d_j(x,y)^2 + w_j\}\,.$$

Der Bisektor zwischen zwei Punkten S_i und S_j ist die Menge aller Punkte, die zu S_i und S_j dieselbe Power-Distanz besitzen:

$$B(S_i, S_j) = \{(x,y) \in \mathbb{R}^2 \mid d_i(x,y)^2 + w_i = d_j(x,y)^2 + w_j\}$$

Mit Hilfe einiger Umformungen sieht man, dass der Bisektor die Gerade

$$(x_j - x_i)x + (y_j - y_i)y = \frac{1}{2}((x_j^2 + y_j^2) - (x_i^2 + y_i^2) - w_i + w_j)$$

ist, die senkrecht auf der Verbindungsstrecke von S_i und S_j steht und durch den Punkt

$$P = \frac{(x_j^2 + y_j^2) - (x_i^2 + y_i^2) - w_i + w_j}{2((x_j - x_i)^2 + (y_j - y_i)^2)}(x_j - x_i \;\; y_j - y_i)$$

verläuft. In Abbildung 4.21 sind verschiedene Bisektoren von S_i und S_j für ein konstantes Gewicht $w_i = 1$ und für verschiedene Werte w_j dargestellt. Je größer w_j wird, umso mehr verschiebt sich der Bisektor nach rechts. Ist $d_i(S_j)^2 + w_i < w_j$, dann liegt der Bisektor sogar rechts von S_j. Die Voronoi-Regionen und das Voronoi-Diagramm bezüglich der additiv gewichteten Power-Distanzen, die als Power-Diagramm bzw. Power-Voronoi-Polygone bezeichnet werden, sind analog zu den Voronoi-Regionen und dem Voronoi-Diagramm bezüglich der additiv gewichteten euklidischen Distanzfunktionen definiert.

Abbildung 4.21: Bisektoren bezüglich der Power-Distanzen

Das Power-Diagramm besitzt die folgenden Eigenschaften (vgl. [Oka2000, 3.1.4]):

(i) Das Power-Voronoi-Polygon von S_i ist eine nichtleere Menge und unbeschränkt, wenn S_i ein Knoten (Eckpunkt) der konvexen Hülle von $\mathcal{S}$ ist.

(ii) Das Power-Voronoi-Polygon von S_i ist entweder unbeschränkt oder leer, falls S_i am Rand der konvexen Hülle von $\mathcal{S}$ liegt, aber kein Knoten dieser konvexen Hülle ist.

(iii) Ist das Power-Voronoi-Polygon nicht leer, dann ist es als Schnitt von abgeschlossenen Halbebenen ein konvexes polygonales Gebiet.

(iv) Ein Generator muss nicht unbedingt in seinem Power-Voronoi-Polygon liegen.

(v) Addiert oder subtrahiert man zu den Gewichten eine Konstante, so ändert sich das Power-Diagramm nicht.

Man kann ohne Einschränkung wegen (v) annehmen, dass die Gewichte w_i $(i = 1, \ldots, n)$ alle nichtpositiv sind. Schneiden sich der Kreis um S_i mit Radius $\sqrt{|w_i|}$ und der Kreis um S_j mit Radius $\sqrt{|w_j|}$, dann ist der Bisektor von S_i und S_j die Gerade, die durch die beiden Schnittpunkte

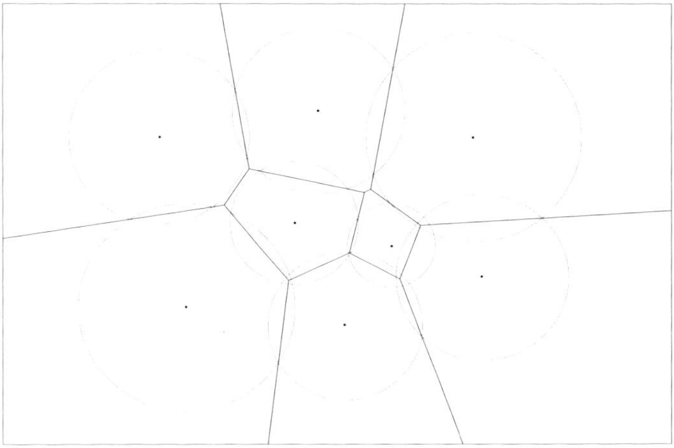

Abbildung 4.22: Power-Diagramm

der Kreise verläuft (vgl. Abbildung 4.22). Diese Linie wird auch Power-Linie oder Chardale der beiden Kreise genannt (vgl. [Aur1991, 3.1]). Die Abbildung 4.22 zeigt das Power-Diagramm einer Menge von Punkten S_i ($i = 1, \ldots, n$) und die dazugehörigen Kreise $K(S_i, \sqrt{|w_i|})$ ($i = 1, \ldots, n$).

Aurenhammmer [Aur1984] hat einen optimalen Algorithmus zur Konstruktion von Power-Diagrammen mit einem Zeitbedarf von $O(n \log n)$ entwickelt.

Zusammengesetzt gewichtetes Voronoi-Diagramm

Sei $\mathcal{S}$ eine Menge von endlich vielen verschiedenen Punkten S_i ($i = 1, \ldots, n$) im $\mathbb{R}^2$, denen jeweils ein additives Gewicht $w_i \in \mathbb{R}$ und ein multiplikatives Gewicht $w_i' > 0$ zugeordnet sind. Der Abstand von $(x, y) \in \mathbb{R}^2$ zu S_i wird mit der zusammengesetzt gewichteten Distanz

$$d_{cw,i}(x, y) = w_i' d_i(x, y) + w_i$$

(vgl. Abschnitt 4.1.2.3) gemessen. In diesem Fall besteht der Bisektor von S_i und S_j aus der Menge

$$B(S_i, S_j) = \{(x, y) \in \mathbb{R}^2 \mid w_i' d_i(x, y) + w_i = w_j' d_j(x, y) + w_j\}.$$

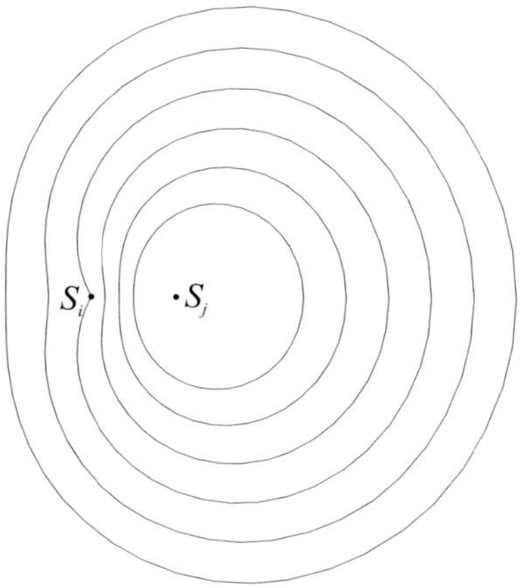

Abbildung 4.23: Bisektoren bezüglich der zusammengesetzt gewichteten euklidischen Distanzen

Ist diese Menge nicht leer, dann ist der Bisektor für $w_i \neq w_j$ und $w'_i \neq w'_j$ eine polynomiale Funktion vierter Ordung (vgl. [Oka2000, 3.1.3]) und besitzt eine komplexe Form. Für $w_i = w_j$ und $w'_i \neq w'_j$ ist der Bisektor, wie bei multiplikativ gewichteten euklidischen Distanzen, ein Kreis, für $w_i \neq w_j$ und $w'_i = w'_j$ ist der Bisektor, wie bei additiv gewichteten euklidischen Distanzen, der Ast einer Hyperbel und für $w_i = w_j$ und $w'_i = w'_j$ ist der Bisektor die Mittelsenkrechte der Verbindungsstrecke von S_i und S_j. In Abbildung 4.23 sind zu unterschiedlichen Gewichten von S_i und S_j die Bisektoren dargestellt. Die Voronoi-Regionen und das Voronoi-Diagramm bezüglich der zusammengesetzt gewichteten Distanzen sind analog zu den additiv gewichteten Voronoi-Regionen und dem additiv gewichteten Voronoi-Diagramm definiert. Die Abbildung 4.24 zeigt ein zusammengesetzt gewichtetes Voronoi-Diagramm. Obwohl S_1 in der zusammengesetzt gewichteten Voronoi-Region von S_2 liegt, besitzt S_1 eine unbeschränkte zusammengesetzt gewichtete Voronoi-Region (die dunkelgraue Region in Abbildung 4.24). Die zusammengesetzt gewichtete Voronoi-Region von S_3 besteht aus den zwei nichtzusammenhängenden hellgrauen Teilregionen.

Für diesen Diagrammtyp existiert für den Allgemeinfall noch kein effizienter Konstruktions-Algorithmus.

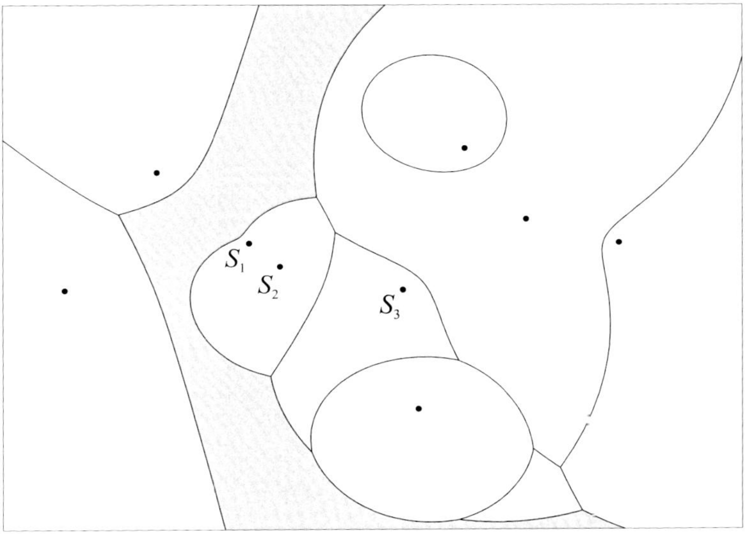

Abbildung 4.24: Zusammengesetzt gewichtetes Voronoi-Diagramm

Zusammengesetzt gewichtete Voronoi-Diagramme bilden auch die Grenzen der Marktgebiete von konkurrierenden Anbietern und wurden in dieser Form schon früh untersucht. Launhardt [Lau1885] geht in seinem Modell von zwei konkurrierenden Anbietern aus, die an den Orten S_i $(i = 1, 2)$ jeweils ein vergleichbares Gut zu Stückkosten w_i produzieren und die zu Kostenpreisen zuzüglich Transportkosten ihre Ware verkaufen. Die Abnehmer sind gleichmäßig über die Fläche verteilt und die Frachtkosten für eine Mengeneinheit des Guts betragen pro Kilometer w_i' und sind in alle Richtungen gleich.[9] Der Markt jedes Anbieters umfasst jenes Gebiet, in dem er billiger liefern kann als sein Konkurrent. Die von Launhardt errechnete Grenze der beiden Marktgebiete bildet ein zusammengesetzt gewichtetes Voronoi-Diagramm. Sein Ergebnis wurde unabhängig auch von Fetter [Fet1924] entdeckt. Es wird das „Gesetz der Marktgebiete" genannt. Die Abbildung 4.25 stellt den von Launhardt untersuchten Fall im Eindimensionalen dar. Die sogenannten „Launhardtschen Trichter" in S_1 und S_2

[9] Die Transportkosten sind proportional zu der transportierten Menge und der zurückgelegten Entfernung.

geben zu jedem Ort an, wieviel für das jeweilige Produkt dort aufzuwenden ist. Der Stil eines Trichters besitzt die Länge w_i, während die „Steigung“ des daraufstehenden Kegels w'_i beträgt. Der fettgedruckte Bereich um S_1

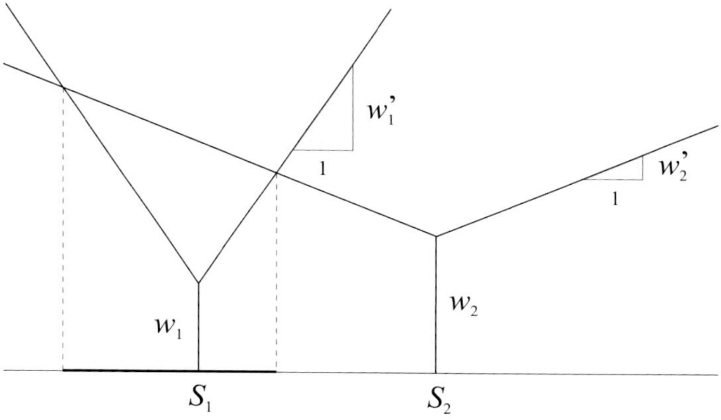

Abbildung 4.25: Launhardtsche Trichter

stellt das Marktgebiet des Anbieters in S_1 dar, in dem dessen Ware insgesamt billiger ist als die seines Konkurrenten. Das „Gesetz der Marktgebiete“ findet großen Einsatz in der Raumwirtschaft. Einen Überblick darüber findet man in [Shi1985]. Neuere Arbeiten zu diesem Thema stammen von Erlenkotter [Erl1989] und von Webster und Gupta [Web1995].

Voronoi-Diagramm bezüglich der additiv gewichteten Manhattan-Distanzen

Sei $\mathcal{S}$ eine Menge von endlich vielen verschiedenen Punkten S_i ($i = 1, \ldots, n$) im $\mathbb{R}^2$, denen jeweils ein additives Gewicht w_i zugeordnet ist. Die additiv gewichtete Manhattan-Distanz von (x, y) zu S_i ist die Distanz

$$d_{wman,i}(x, y) = |x_i - x| + |y_i - y| + w_i \, .$$

Der Bisektor zweier Punkte S_i und S_j bezüglich der additiv gewichteten Manhattan-Distanzen besteht aus der Menge $B(S_i, S_j)$:

$$\{(x, y) \in \mathbb{R}^2 \mid |x_i - x| + |y_i - y| + w_i = |x_j - x| + |y_j - y| + w_j\}$$

In Abbildung 4.26 sind zwei Bisektoren von senkrecht übereinander liegenden Punkten S_i und S_j dargestellt. Für $w_j > w_i$ und $|y_j - y_i| + w_i > w_j$ ist

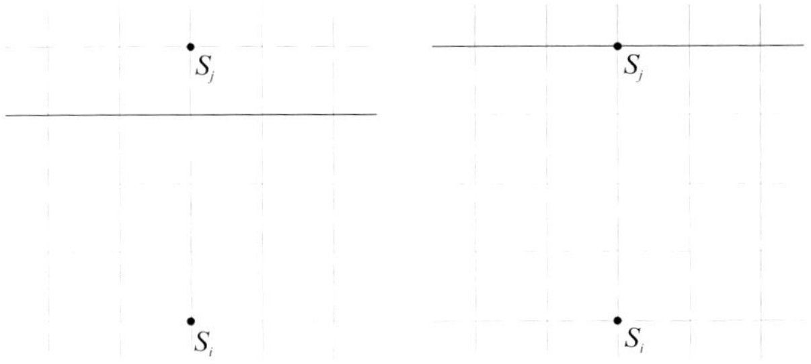

Abbildung 4.26: Bisektoren von übereinander liegenden Punkten bezüglich der additiv gewichteten Manhattan-Distanzen

der Bisektor eine horizontale Gerade (vgl. Abbildung 4.26 links). Ist allerdings $|y_j - y_i| + w_i = w_j$, dann besteht der Bisektor aus der abgeschlossenen Halbebene, die durch die horizontale Gerade durch S_j begrenzt wird (vgl. Abbildung 4.26 rechts). Sind sowohl die beiden x-Koordinaten als auch die beiden y-Koordinaten der Punkte S_i und S_j unterschiedlich, so lassen sich zwei weitere Fälle unterscheiden. Für $|x_i - x_j| + w_i \neq |y_i - y_j| + w_j$

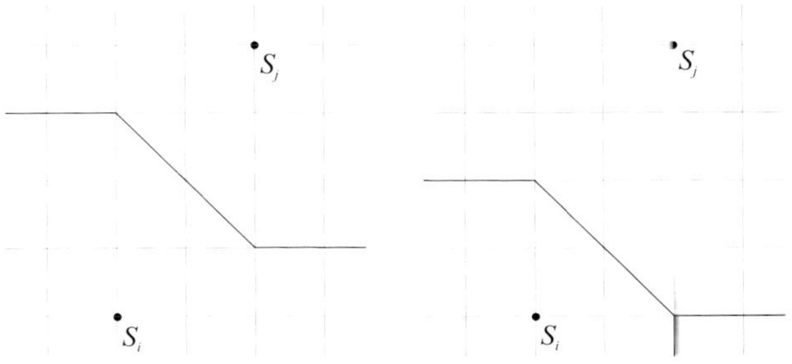

Abbildung 4.27: Bisektoren von Punkten in allgemeiner Lage bezüglich der additiv gewichteten Manhattan-Distanzen

und $|x_i - x_j| + w_j \neq |y_i - y_j| + w_i$ ist der Bisektor ein Polygonzug (vgl. Abbildung 4.27 links). Im anderen Fall beinhaltet der Bisektor sogar ein Flächensegment (vgl. Abbildung 4.27 rechts). Die Voronoi-Regionen und das Voronoi-Diagramm bezüglich der additiv gewichteten Manhattan-

Metrik sind analog zu den additiv gewichteten Voronoi-Regionen und dem additiv gewichteten Voronoi-Diagramm definiert. In Abbildung 4.28 ist ein Voronoi-Diagramm bezüglich der additiv gewichteten Manhattan-Metrik dargestellt. Sowohl die „Grenzen“ der Voronoi-Regionen von S_1 und S_2 als auch von S_3 und S_4 beinhalten Flächensegmente. Aus diesem Grund verletzen mit der Manhattan-Metrik gemessene Distanzfunktionen die Voraussetzung $(*)$ (vgl. S. 35).

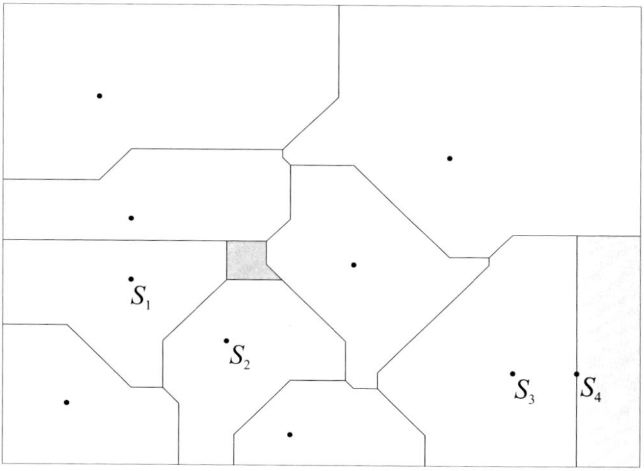

Abbildung 4.28: Voronoi-Diagramm bezüglich der additiv gewichteten Manhattan-Distanzen

Das Voronoi-Diagramm bezüglich der additiv gewichteten geodätischen Distanzen

Sei $\mathcal{S}$ eine Menge von endlich vielen verschiedenen Punkten S_i $(i = 1, \ldots, n)$ im $\mathbb{R}^2$, denen jeweils ein additives Gewicht $w_i \in \mathbb{R}$ zugeordnet ist. Die additiv gewichtete geodätische Distanz von $(x, y) \in \mathbb{R}^2$ zu S_i ist die Summe aus der geodätischen Distanz von (x, y) zu S_i (vgl. Abschnitt 4.1.1.4) und dem Gewicht w_i. Die Dominanzregion von S_i über S_j ist die Menge der Punkte, die bezüglich der additiv gewichteten geodätischen Distanzen näher zu S_i liegen als zu S_j oder von beiden Punkten gleich weit entfernt sind. Der Bisektor von S_i und S_j ist die Menge aller Punkte, die dieselbe additiv gewichtete geodätische Distanz zu S_i und S_j

besitzen. Dieser Bisektor setzt sich aus Abschnitten von unterschiedlichen Hyperbelästen zusammen. Die additiv gewichteten geodätischen Voronoi-Regionen und das additiv gewichtete geodätische Voronoi-Diagramm sind analog zu den additiv gewichteten Voronoi-Regionen und dem additiv gewichteten Voronoi-Diagramm definiert. In Abbildung 4.29 ist das additiv gewichtete geodätische Voronoi-Diagramm der drei Punkte S_1, S_2 und S_3 dargestellt. Obwohl die beiden Gewichte der Punkte S_2 und S_3 gleich sind, setzt sich die Grenze der beiden Voronoi-Regionen aus den Abschnitten von Hyperbelästen zusammen.

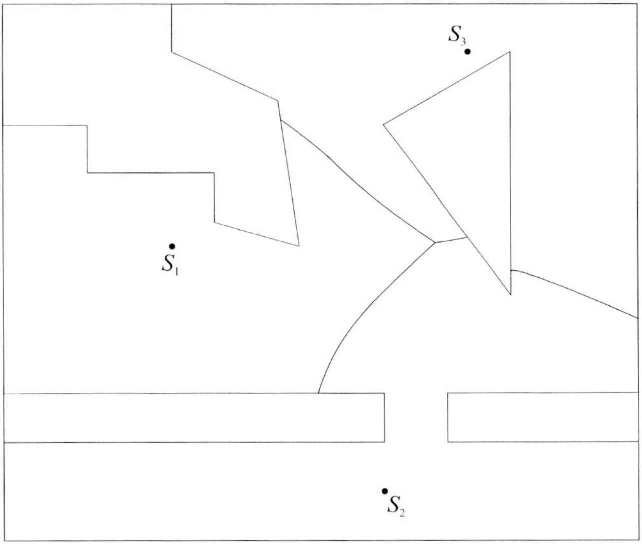

Abbildung 4.29: Voronoi-Diagramm bezüglich der additiv gewichteten geodätischen Distanzen

4.2.3 Das begrenzte additiv gewichtete Voronoi-Diagramm

In Abschnitt 4.2.2 wird das additiv gewichtete Voronoi-Diagramm in der unbeschränkten euklidischen Ebene definiert. Zur Bestimmung einer optimalen Gebietsaufteilung für ein euklidisches semi-infinites Produktions-

Transportproblem ist es jedoch nötig additiv gewichtete Voronoi-Diagramme in einem begrenzten Gebiet G zu berechnen.

Sei $\mathcal{S}$ eine Menge endlich vieler verschiedener Punkte S_i $(i = 1, \ldots, n)$ im $\mathbb{R}^2$, denen jeweils ein Gewicht $w_i \in \mathbb{R}$ zugeordnet ist. Mit $\mathrm{Vor}_i(w)$ wird die additiv gewichtete Voronoi-Region eines Punktes S_i bezeichnet (vgl. Abschnitt 4.2.2.1). Die begrenzte additiv gewichtete Voronoi-Region von S_i in G wird definiert als

$$\mathrm{Vor}_i^G(\mathcal{S}, w) = \mathrm{Vor}_i(\mathcal{S}, w) \cap G\,.$$

Die Punkte, die in mehreren Voronoi-Regionen liegen, bilden das begrenzte additiv gewichtete Voronoi-Diagramm in G ($\mathrm{Vor}^G(\mathcal{S}, w)$). Falls die Menge der Punkte $\mathcal{S}$ aus dem Kontext eindeutig hervorgeht, werden das begrenzte additiv gewichtete Voronoi-Diagramm $\mathrm{Vor}^G(\mathcal{S}, w)$ und eine begrenzte additiv gewichtete Voronoi-Region $\mathrm{Vor}_i^G(\mathcal{S}, w)$ nur in Abhängigkeit des Gewichtsvektors w kurz mit $\mathrm{Vor}^G(w)$ und $\mathrm{Vor}_i^G(w)$ bezeichnet. Im Ge-

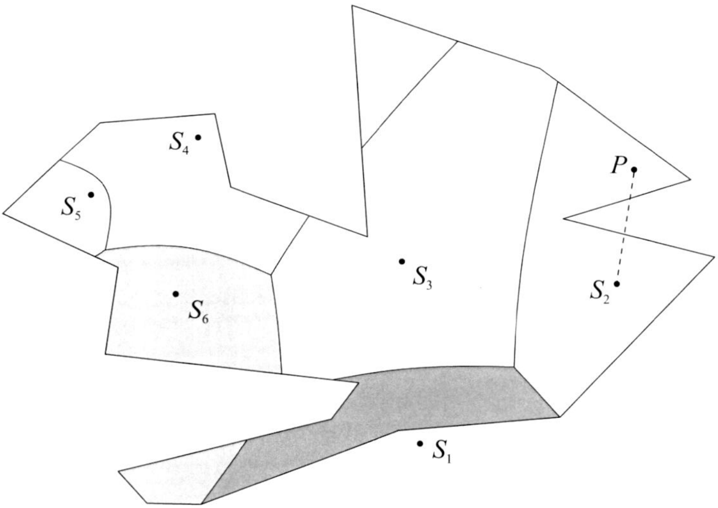

Abbildung 4.30: Begrenztes additiv gewichtetes Voronoi-Diagramm

gensatz zu einer gewöhnlichen additiv gewichteten Voronoi-Region ist eine begrenzte additiv gewichtete Voronoi-Region $\mathrm{Vor}_i^G(w)$ im allgemeinen weder sternförmig bezüglich S_i noch zusammenhängend, falls G nicht konvex ist. Eine begrenzte additiv gewichtete Voronoi-Region kann aus mehreren nicht zusammenhängenden Teilregionen bestehen. In Abbildung 4.30 ist z.B. die begrenzte additiv gewichtete Voronoi-Region von S_6 weder sternförmig noch zusammmenhängend. Sie setzt sich aus den hellgrauen Teilregionen zusammen. Die Region von S_2 ist zwar zusammenhängend, aber bezüglich S_2 nicht sternförmig, da die Strecke, die den Punkt P und den Punkt S_2 verbindet, nicht vollständig in $\text{Vor}_2^G(w)$ enthalten ist. Der Generator S_1 liegt sogar außerhalb seiner begrenzten additiv gewichteten Voronoi-Region.

4.2.3.1 Ein Algorithmus zur Berechnung polygonal begrenzter additiv gewichteter Voronoi-Diagramme

In Abschnitt 4.2.2.1 wird der Sweepline-Algorithmus von Fortune zur Konstruktion additiv gewichteter Voronoi-Diagramme beschrieben. Dieser liefert die Kanten und Knoten eines additiv gewichteten Voronoi-Diagramms, die sich in Form der Winged-Edge-Datenstruktur speichern lassen, um eine Weiterverarbeitung zu ermöglichen (z.B zur Iteration der Ränder einer Voronoi-Region).

Winged-Edge-Datenstruktur

Die Winged-Edge-Datenstruktur ist eine Möglichkeit einen geometrischen Graphen[10] in der Ebene darzustellen. Jedoch ist das additiv gewichtete Voronoi-Diagramm streng nach Definition kein geometrischer Graph, da einige Voronoi-Kanten ins Unendliche laufen. Um das additiv gewichtete Voronoi-Diagramm als geometrischen Graph auffassen zu können, zeichnet man einen großen Kreis, der alle Voronoi-Kanten umschließt, und schneidet die ins Unendliche laufenden Kanten des additiv gewichteten Voronoi-Diagramms außerhalb dieses Kreises ab. Das additiv gewichtete Voronoi-Diagramm in Abbildung 4.31 (links) wird so in das Diagramm in Abbildung 4.31 (rechts) überführt. Für ein additiv gewichtetes Voronoi-Diagramm mit n Generatoren wird die Ebene dadurch in n beschränkte Regionen, die den jeweiligen Voronoi-Regionen entsprechen, und eine äußere Region aufgeteilt. Die äußere Region wird als Voronoi-Region eines

[10] Bildet man die Knoten eines Graphen $G = (V, E)$ auf paarweise verschiedene Punkte im $\mathbb{R}^2$ und seine Kanten auf einfache Wege ab, die die entsprechenden Punkte verbinden, so nennt man das Ergebnis einen geometrischen Graphen (vgl. [Kle1997, 1.2]).

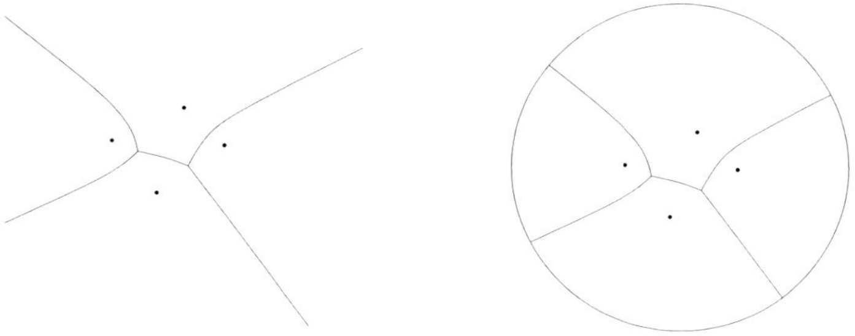

Abbildung 4.31: Additiv gewichtetes Voronoi-Diagramm (links) mit dem zugehörigen geometrischen Graphen (rechts)

fiktiven Punktes S_∞ betrachtet. Die Schnittpunkte der Voronoi-Kanten mit der Kreislinie werden als Voronoi-Knoten und die dazwischen liegenden Kreisbögen als Voronoi-Kanten aufgefasst. Der entstandene geometrische Graph lässt sich in der Winged-Edge-Datenstruktur darstellen. Zum Aufbau der Datenstruktur werden sowohl die Voronoi-Knoten als auch die Voronoi-Kanten durchnummeriert und man legt für jede Kan-

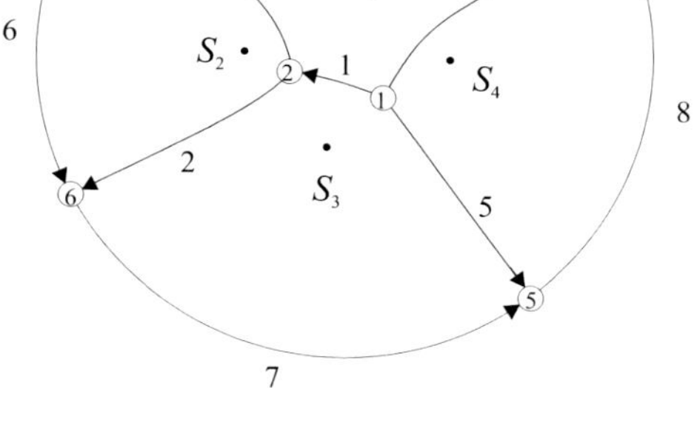

Abbildung 4.32: Gerichteter geometrischer Graph eines additiven Voronoi-Diagramms

te eine beliebige Richtung fest. Der geometrische Graph wird so zu einem gerichteten geometrischen Graphen (vgl. Abbildung 4.32). In der Winged-Edge-Struktur werden die Inzidenzbeziehungen zwischen Voronoi-Regionen, Knoten und Kanten folgendermaßen gespeichert:

1. Für jede additiv gewichtete Voronoi-Region bzw. für dessen Generator S_i wird ein Verweis auf eine diese Region begrenzende Voronoi-Kante gespeichert.

2. Für jeden Voronoi-Knoten wird eine beliebige inzidente Kante gespeichert.

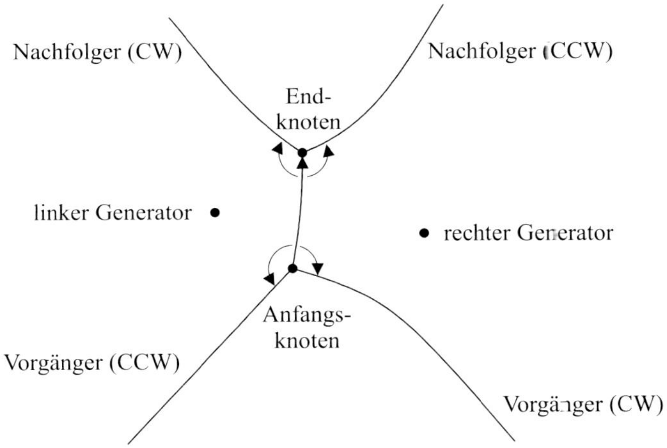

Abbildung 4.33: Veranschaulichung der Verweise einer Kante auf die Objekte nach der Winged-Edge-Datenstruktur

3. Jede Voronoi-Kante enthält Verweise auf die rechts und links liegenden additiv gewichteten Voronoi-Regionen bzw. dessen Generatoren und auf Start- und Endknoten. Zusätzlich werden die beiden Vorgänger- bzw. Nachfolgerkanten gespeichert, die um den Anfangsknoten bzw. Endknoten im und gegen den Uhrzeigersinn liegen (vgl. Abbildung 4.33). In der Abbildung bedeutet CW (clockwise) im Uhrzeigersinn und CCW (counterclockwise) gegen den Uhrzeigersinn.

Begrenzungspolygon

Das additiv gewichtete Voronoi-Diagramm soll in einem Gebiet G in Form eines einfachen Polygons berechnet werden.[11] Dieses Polygon sei gegeben durch den das Polygon begrenzenden geschlossenen Polygonzug $\mathcal{P}$, bestehend aus einer Menge von gegen den Uhrzeigersinn angeordneten Polygon-Eckpunkten $(P_1, \ldots, P_m)$, wobei ein beliebiger Polygon-Eckpunkt als Anfangspunkt P_1 gesetzt werden kann.

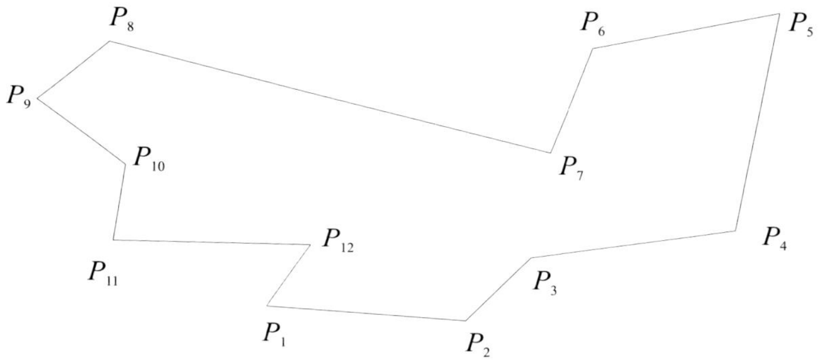

Abbildung 4.34: Polygon

Aufbau des Algorithmus

Zunächst teilt man jede additiv gewichtete Voronoi-Region $\text{Vor}_i(w)$ in Sektoren ein. Dazu verbindet man S_i mit jedem Voronoi-Knoten seiner Region. Existieren unbeschränkte Kanten in $\text{Vor}_i(w)$, dann wird für jede dieser Kanten eine von S_i ausgehende Halbgerade konstruiert, die in Richtung der Asymptote dieser Voronoi-Kante verläuft (vgl. Abbildung 4.35). So erhält man eine Aufteilung jeder Voronoi-Region in Sektoren. Das begrenzte additiv gewichtete Voronoi-Diagramm in G lässt sich aus der Winged-Edge-Datenstruktur des additiv gewichteten Voronoi-Diagramms und dem Polygonzug $\mathcal{P}$ mit dem folgenden Verfahren berechnen. Der Polygonzug $\mathcal{P}$ wird von P_1 aus gegen den Uhrzeigersinn umlaufen. Zu dem Graphen des additiv gewichteten Voronoi-Diagramms werden Schritt für Schritt die Kan-

[11] Als ein einfaches Polygon wird ein Gebiet bezeichnet, das von einer endlichen Folge von überschneidungsfreien Liniensegmenten $P_1P_2, P_2P_3, \ldots, P_{m-1}P_m, P_mP_1$ begrenzt wird und das keine Löcher enthält (vgl. [Kle1997, S.19]).

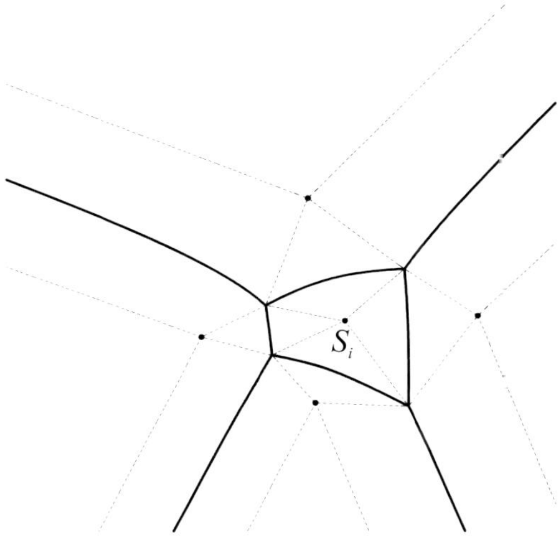

Abbildung 4.35: Aufteilung einer Voronoi-Region in Sektoren

ten des Polygonzugs hinzugefügt. In der Datenstruktur $\mathcal{D}$ werden dabei während des Verfahrens ständig sämtliche aktuelle Kanten des neu entstehenden Graphen in Form der Winged-Edge-Datenstruktur gespeichert (u.a. auch die Polygonkanten). Die nicht zusammenhängenden Teilregionen einer begrenzten additiv gewichteten Voronoi-Region $\mathrm{Vor}_i^G(w)$ werden während des Durchlaufs erzeugt und schließlich in Form von Listen, bestehend aus aufeinanderfolgenden Polygoneckpunkten, Polygonkanten, Voronoi-Knoten und Voronoi-Kanten, in $\mathcal{V}_i$ ausgegeben.

Algorithmus

INPUT: Winged-Edge-Datenstruktur des additiv gewichteten Voronoi-Diagramms; Polygonzug $\mathcal{P}$

(1) Die Datenstruktur $\mathcal{D}$ besteht zu Beginn aus der Winged-Edge-Datenstruktur des additiv gewichteten Voronoi-Diagramms. Setze zudem die Menge $\mathcal{V}_i = \emptyset$ für alle $i = 1, \ldots, n$.

(2) Finde die Voronoi-Region $\mathrm{Vor}_i(w)$ in der sich der Punkt P_1 befindet.

(3) Durchlaufe von P_1 aus den Polygonzug $\mathcal{P}$ gegen den Uhrzeigersinn und

suche den Punkt $\overline{P}$ an dem die additiv gewichtete Voronoi-Region $\text{Vor}_i(w)$ verlassen und die angrenzende additiv gewichtete Voronoi-Region $\text{Vor}_j(w)$ betreten wird. Falls kein solcher Punkt existiert und man wieder bei P_1 angelangt ist, besitzt S_i das ganze von $\mathcal{P}$ begrenzte Gebiet als begrenzte additiv gewichtete Voronoi-Region. Alle anderen begrenzten additiv gewichteten Voronoi-Regionen sind leer. Es folgt (8). Anderenfalls setze $P = \overline{P}$, $i = j$, zerlege die Voronoi-Kante VV'

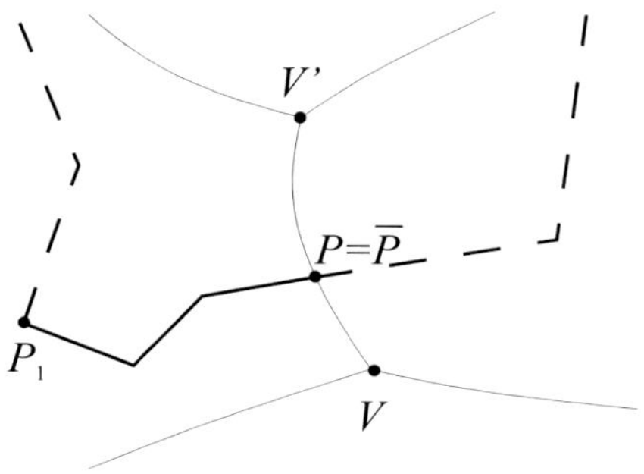

Abbildung 4.36: Zerlegung einer Voronoi-Kante in zwei Kanten

auf der P liegt in zwei Kanten VP und PV' (vgl. Abbildung 4.36) und aktualisiere $\mathcal{D}$.

(4) Von P aus wird der Polygonzug $\mathcal{P}$ weiter gegen den Uhrzeigersinn umlaufen bis die additiv gewichtete Voronoi-Region $\text{Vor}_i(w)$ an einem Punkt P' verlassen und die benachbarte additiv gewichtete Voronoi-Region $\text{Vor}_j(w)$ betreten wird (vgl. Abbildung 4.37). Zerlege die Kante VV' auf der P' liegt in zwei Kanten VP' und $P'V'$. Sind $P_k, \ldots, P_l$ die Polygoneckpunkte, die zwischen P und P' liegen, so werden die Kanten PP_k, P_kP_{k+1}, $\ldots$, $P_{l-1}P_l$ und P_lP' der Datenstruktur $\mathcal{D}$ hinzugefügt und $\mathcal{D}$ wird aktualisiert.[12]

(5) Ausgehend vom Abschnitt PP' des Polygonzugs $\mathcal{P}$ werden die Kanten von S_i in $\mathcal{D}$ entgegen dem Uhrzeigersinn iteriert bis wieder der Punkt

[12] Die Kanten PP_k, P_kP_{k+1}, $\ldots$, $P_{l-1}P_l$ und P_lP' besitzen jeweils Verweise auf S_i als linken und auf S_∞ als rechten Generator.

P erreicht wird (vgl. Abbildung 4.37). So erhält man eine Teilregion der begrenzten additiv gewichteten Voronoi-Region in Form einer Liste L, bestehend aus einer Abfolge von Polygoneckpunkten, Polygonkanten, Voronoi-Knoten und Voronoi-Kanten. Diese wird in die Liste $\mathcal{V}_i$ der bereits erfassten nicht zusammenhängenden Teilregionen der begrenzten additv gewichteten Voronoi-Region von S_i mitaufgenommen. Setze $\mathcal{V}_i = \mathcal{V}_i \cup \{L\}$. Ist die erzeugte Teilregion allerdings in einer be-

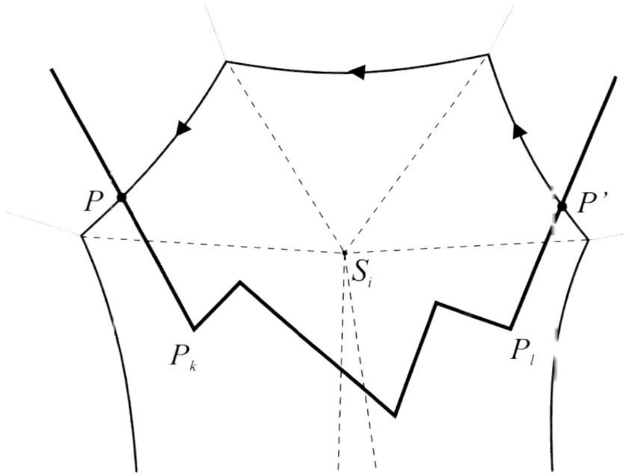

Abbildung 4.37: Verlauf des Polygonzugs $\mathcal{P}$ in $\text{Vor}_i(w)$

stehenden Teilregion der Liste $\mathcal{V}_i$ enthalten, so muss die entsprechende Liste L' aus $\mathcal{V}_i$ gelöscht werden ($\mathcal{V}_i = \mathcal{V}_i \setminus \{L'\}$).

(6) Ist $P' = \overline{P}$, so hat man den Polygonzug $\mathcal{P}$ bereits einmal umlaufen und es folgt (7), anderenfalls setze $P = P'$, $i = j$ und es folgt (4).

(7) Stelle für alle S_i mit $\mathcal{V}_i = \emptyset$ fest, ob sie außerhalb oder innerhalb von $\mathcal{P}$ liegen. Für diejenigen, die innerhalb liegen, ist $\text{Vor}_i^G(w) = \text{Vor}_i(w)$. Für sie werden die entsprechenden Listen erzeugt und zu $\mathcal{V}_i$ hinzugenommen.

(8) Ende.

Im Folgenden werden die einzelnen Schritte des Algorithmus anhand eines Beispiels erläutert. Die additiv gewichtete Voronoi-Region $\text{Vor}_i(w)$ in (2) lässt sich einfach finden, indem man ein $i \in \{1, \ldots n\}$ ermittelt mit

$$d_i(P_1) + w_i = \min_{1 \leq j \leq n} d_j(P_1) + w_j \ .$$

Die Suche in (4) nach dem Punkt P' in $\mathrm{Vor}_i(w)$ erfolgt mit Hilfe der Sektoraufteilung von $\mathrm{Vor}_i(w)$. Ausgehend vom Punkt P wird der Weg des Polygonzugs durch die Sektoren von $\mathrm{Vor}_i(w)$ verfolgt. Es wird stets festgestellt, an welchem Punkt ein Sektor verlassen wird und ob man anschließend über die Sektorbegrenzung in einen benachbarten Sektor oder über eine Voronoi-Kante in eine andere additiv gewichtete Voronoi-Region gelangt. Im letzten Fall ist P' gefunden (vgl. Abbildung 4.37). So lässt sich der Weg von $\mathcal{P}$ durch eine Voronoi-Region leicht bestimmen, da überwiegend nur geprüft werden muss, ob sich zwei Strecken schneiden.
Mit dem Verlassen der additiv gewichteten Voronoi-Region von S_i bei P' in Abbildung 4.38 erzeugt der Algorithmus im Schritt (5) vorläufig die

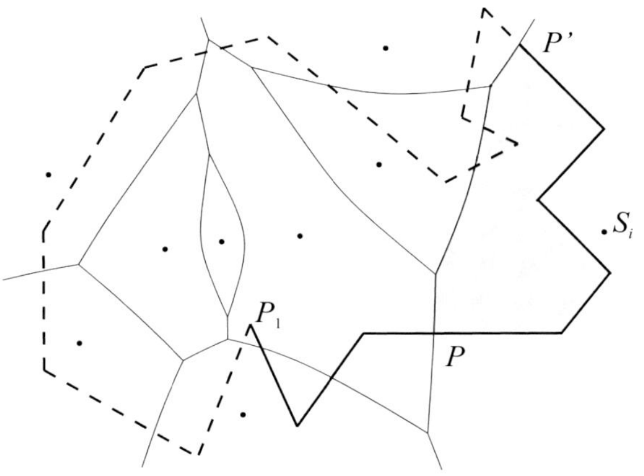

Abbildung 4.38: Durchlauf eines Polygonzugs, Teil 1

gesamte graue Region als begrenzte additiv gewichtete Voronoi-Teilregion und nimmt diese in die Liste $\mathcal{V}_i$ auf. Nachdem allerdings der Punkt P' in Abbildung 4.39 erreicht wird, ersetzt der Algorithmus diese „zu große" Region durch die tatsächliche begrenzte additiv gewichtete Voronoi-Region von S_i (die graue Region in Abbildung 4.39). Für S_k wird zunächst die rechte dunkelgraue Teilregion in Abbildung 4.40 und später die zweite, damit nicht zusammenhängende, dunkelgraue Teilregion erzeugt. Nachdem

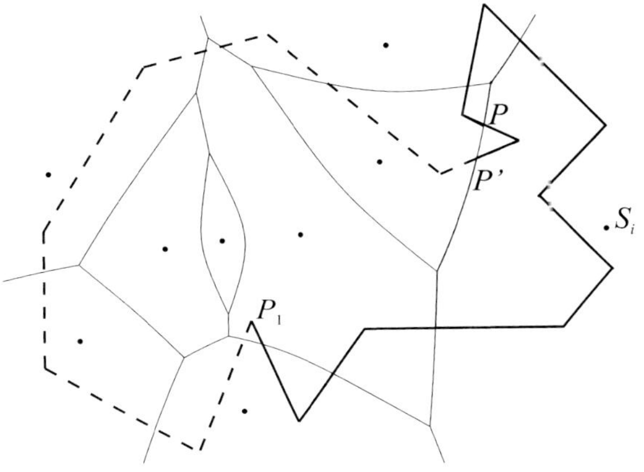

Abbildung 4.39: Durchlauf eines Polygonzugs, Teil 2

beim Durchlauf des Polygonzugs $\mathcal{P}$ das letzte Mal eine additiv gewichtete Voronoi-Teilregion verlassen wird, erzeugt der Algorithmus die korrekte Liste für diese Teilregion, so dass die Listen $\mathcal{V}_i$ $(i = 1, \ldots, n)$ schließlich sämtliche Teilregionen der begrenzten additiv gewichteten Voronoi-Regionen enthalten.

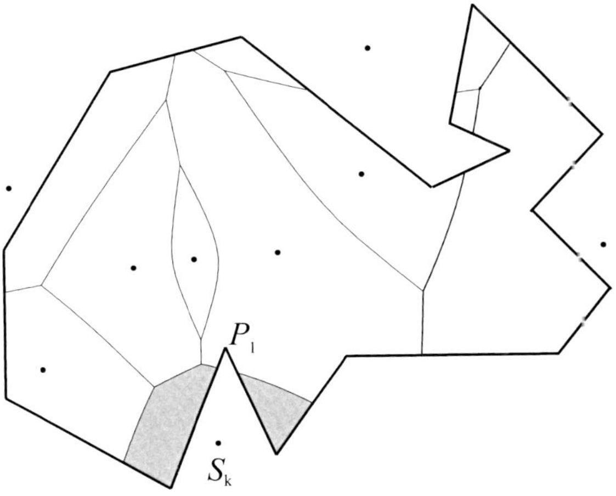

Abbildung 4.40: Durchlauf eines Polygonzugs, Teil 3

4.2.3.2 Formeln für Flächen- und Raumintegrale

Im Folgenden werden Formeln für Flächen- und Raumintegrale hergeleitet um damit Transportkosten und Distributionsmengen für einen gemäß Kapitel 3 konstruierten Distributionsplan für ein euklidisches semi-infinites Produktions-Transportproblem mit gleichverteilter Nachfrage zu berechnen.

Flächenintegrale

Zur Bestimmung der Distributions- bzw. Produktionsmengen müssen die Flächeninhalte der begrenzten additiv gewichteten Voronoi-Regionen

$$\int\limits_{\mathrm{Vor}_i^G(w)} dx\,dy$$

$(i = 1, \ldots, n)$ berechnet werden. Eine begrenzte additiv gewichtete Voronoi-Region setzt sich eventuell aus mehreren nicht zusammenhängenden Teilregionen zusammen (vgl. Abbildung 4.30). Jede dieser Teilregionen wird begrenzt durch einen „Polygonzug" mit geraden oder hyperbelförmigen Kanten. Verbindet man S_i mit den Eckpunkten dieses Polygonzugs,

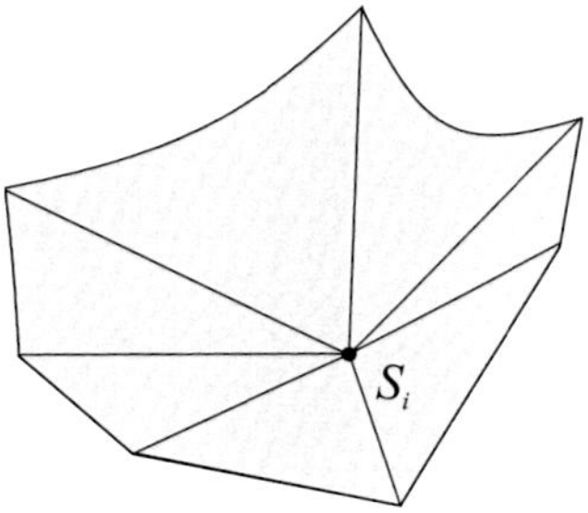

Abbildung 4.41: Aufteilung einer begrenzten additiv gewichteten Voronoi-Teilregion in Sektoren

so entstehen Sektoren (vgl. Abbildung 4.41). Diese Sektoren werden im Folgenden unterschieden durch die Art der S_i gegenüberliegenden „Polygonkante" V_1V_2 in Polygonsektoren und Hyperbelsektoren. Als Polygonsektoren (vgl. Abbildung 4.42) werden dabei Sektoren bezeichnet, bei denen V_1V_2 der Abschnitt einer geraden Polygonkante ist, während zu den

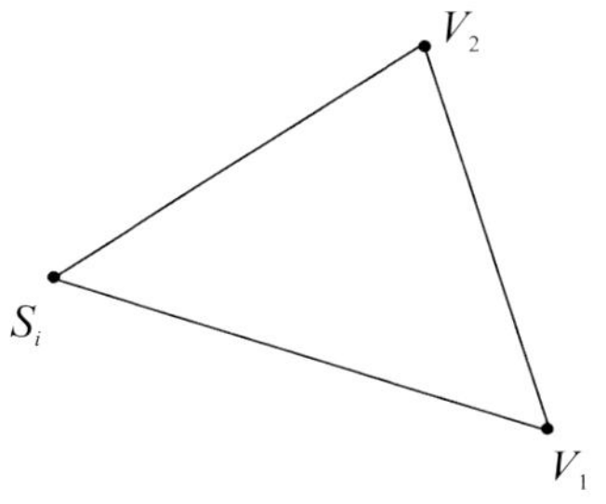

Abbildung 4.42: Polygonsektor

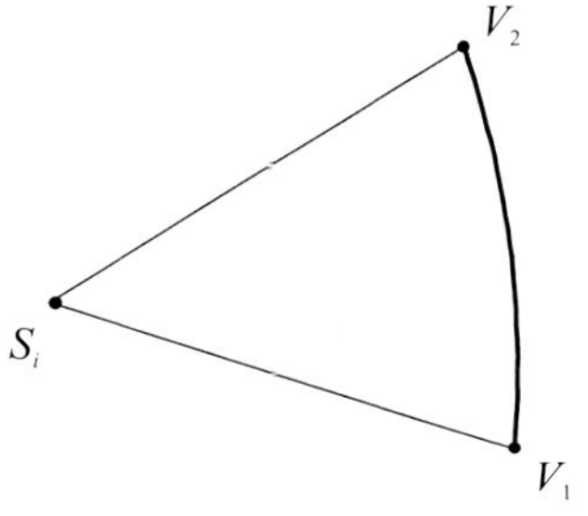

Abbildung 4.43: Hyperbelsektor

Hyperbelsektoren (vgl. Abbildung 4.43) die Sektoren zählen, die den Abschnitt eines Hyperbelastes als S_i gegenüberliegende Kante V_1V_2 besitzen. Der Flächeninhalt einer begrenzten additiv gewichteten Voronoi-Teilregion lässt sich aus den Flächeninhalten der einzelnen Sektoren berechnen. Dazu wird der die Teilregion begrenzende „Polygonzug" gegen den Uhrzeigersinn umlaufen. Die Flächeninhalte aller Sektorflächen, die links von ihrer „Polygonkante" liegen, werden summiert. Von dieser Summe subtrahiert man die Flächeninhalte aller Sektorflächen, die sich rechts von ihrer „Polygonkante" befinden. In Abbildung 4.44 werden bei der Berechnung des

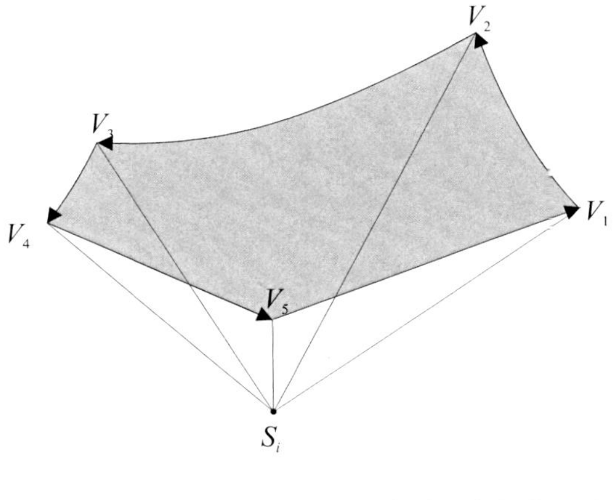

Abbildung 4.44: Berechnung des Flächeninhalts einer begrenzten additiv gewichteten Voronoi-Teilregion

Flächeninhalts der begrenzten additiv gewichteten Voronoi-Teilregion von S_i, die von einem „Polygonzug" mit den Eckpunkten V_1 bis V_5 begrenzt wird (das dunkelgraue Gebiet in Abbildung 4.44), zunächst die Sektorinhalte der drei Sektoren $S_iV_1V_2$, $S_iV_2V_3$ und $S_iV_3V_4$ summiert. Die Gesamtfläche dieser Sektoren, das hellgraue und dunkelgraue Gebiet, ist jedoch größer als die eigentliche begrenzte additiv gewichtete Voronoi-Teilregion. Um deren Flächeninhalt zu erhalten müssen noch die Flächeninhalte der beiden Sektoren $S_iV_5V_4$ und $S_iV_1V_5$ von der Summe subtrahiert werden.
Der Flächeninhalt eines einfachen Polygons, gegeben durch den begrenzenden geschlossenen Polygonzug $\mathcal{P} = (P_1, \ldots, P_m)$ mit $P_i = (x_{P_i}, y_{P_i})$ $(i = 1, \ldots, m)$, lässt sich mittels der Formel

$$A(\mathcal{P}) = \frac{1}{2} \mid \sum_{k=1}^{m} x_{P_k}(y_{P_{k+1}} - y_{P_{k-1}}) \mid$$

mit $y_{P_0} = y_{P_m}$ und $y_{P_{m+1}} = y_{P_1}$ berechnen (vgl. [Vol1967, 6.2]). So kann man sowohl die Gesamtfläche von dem von $\mathcal{P}$ begrenzten Gebiet G als auch den Flächeninhalt eines Polygonsektors bestimmen.
Die Flächenberechnung eines Hyperbelsektors gestaltet sich schwieriger. Der Abschnitt eines Hyperbelastes, der diesen Sektor begrenzt, ist ein Teil eines Bisektors zwischen S_i und einem weiteren Generator S_j. In Abschnitt 4.2.2.1 wurde eine Darstellung dieses Bisektors in Polarkoordinaten

$$r(\varphi) = \frac{b^2}{e \cos \varphi - a}$$

hergeleitet mit S_i als Pol und der Geraden durch die Punkte S_i und S_j als Polachse ($e = \frac{1}{2}d_i(S_j)$, $a = \frac{1}{2}(w_j - w_i)$ und $b = \sqrt{e^2 - a^2}$). Mit Hilfe dieser Form lässt sich relativ einfach der Flächeninhalt eines Hyperbelsektors S_H berechnen.
Seien V_1 und V_2 die auf dem Hyperbelast liegenden Eckpunkte des Sektors, so dass gilt $\varphi_1 < \varphi_2$ mit $\varphi_1 = \sphericalangle S_jS_iV_1$ und $\varphi_2 = \sphericalangle S_jS_iV_2$ (vgl. Abbildung 4.45). Das folgende Integral liefert die Fläche des Sektors S_H

$$\mathrm{A}(S_H) = \int_{\varphi_1}^{\varphi_2} \int_{0}^{r(\varphi)} r dr d\varphi = \int_{\varphi_1}^{\varphi_2} \left[\frac{r^2}{2}\right]_0^{r(\varphi)} d\varphi = \int_{\varphi_1}^{\varphi_2} \frac{b^4}{2(e \cos \varphi - a)^2} d\varphi\,.$$

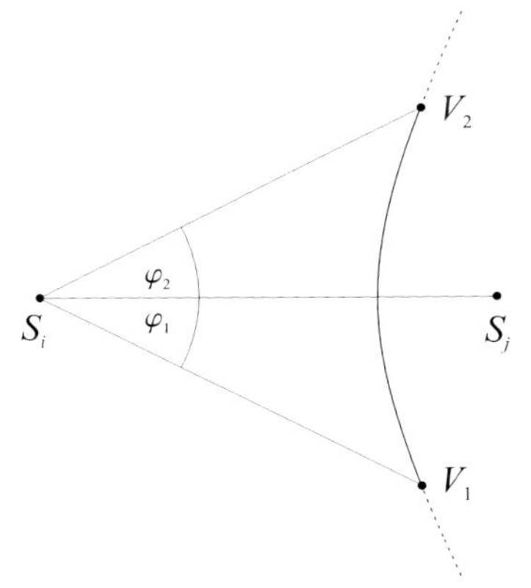

Abbildung 4.45: Flächeninhalt eines Hyperbelsektors

Mittels Substitution $t = \tan\frac{\varphi}{2}$ lässt sich dieses Integral auf ein Integral einer gebrochen-rationalen Funktion zurückführen, das mit Hilfe einer Partialbruchzerlegung gelöst werden kann. In Anhang B wird die Berechnung ausgeführt mit dem Ergebnis:

$$A(S_H) = \left[\frac{ab}{2}\log\left|\frac{\tan\frac{\varphi}{2}+\sqrt{\frac{e-a}{e+a}}}{\tan\frac{\varphi}{2}-\sqrt{\frac{e-a}{e+a}}}\right| + \frac{b^2 e\sin\varphi}{2(e\cos\varphi - a)}\right]_{\varphi_1}^{\varphi_2}$$

Raumintegrale

Zur Bestimmung der Transportkosten für einen gemäß Kapitel 3 konstruierten Distributionsplan für ein euklidisches semi-infinite Produktions-Transportproblem mit gleichverteilter Nachfrage müssen die Integrale

$$\int\limits_{\mathrm{Vor}_i^G(w)} d_i(x,y)\,dx\,dy$$

$(i = 1, \ldots, n)$ berechnet werden. Diese Integrale geben jeweils das Volumen des Körpers über der begrenzten additiv gewichteten Voronoi-Region $\mathrm{Vor}_i^G(w)$ an, der oben von dem in S_i stehenden Kegel begrenzt wird.
Wie bei der Berechnung der Flächeninhalte genügt es, die Raumintegrale über den einzelnen Sektoren zu berechnen und diese Ergebnisse geeignet zusammenzusetzen.

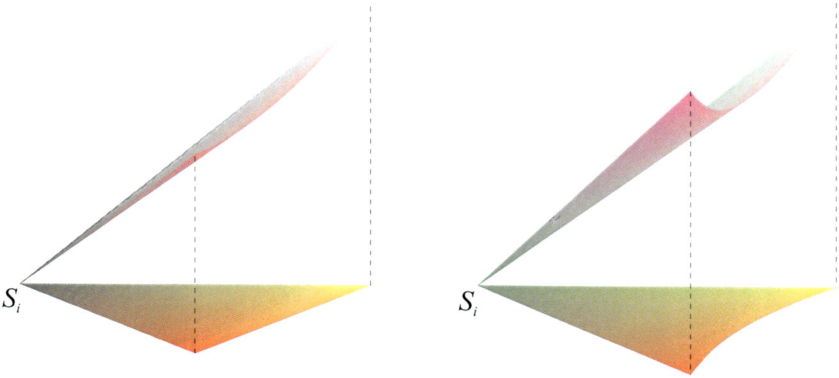

Abbildung 4.46: Körper über einem Polygonsektor (links) und über einem Hyperbelsektor (rechts)

Zunächst soll das Volumen des Körpers mit einem Dreieck als Grundfläche berechnet werden (vgl. Abbildung 4.46 links). Dazu ist es nötig das begrenzende Polygonstück V_1V_2 mittels Polarkoordinaten mit S_i als Pol und der Gerade S_iV_1 als Polachse darzustellen.

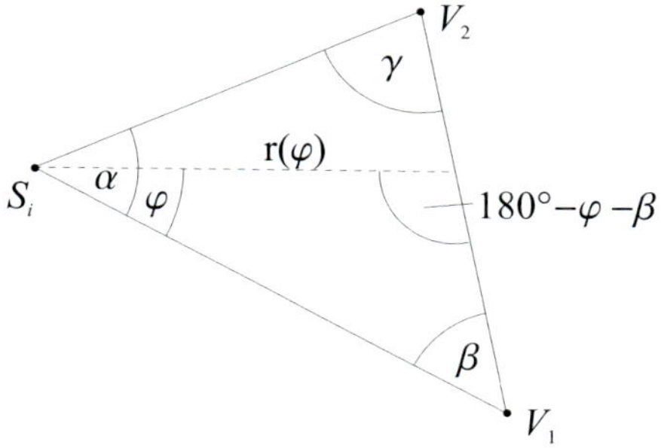

Abbildung 4.47: Polarform einer Strecke

Es bezeichne $c = \overline{S_iV_1}$. Mit dem Sinussatz folgt

$$r(\varphi) = \frac{c \sin \beta}{\sin(\pi - \varphi - \beta)}$$

für $0 \leq \varphi \leq \alpha$. Mit dieser Darstellung lässt sich das Volumen des Körpers über dem Dreieck ermitteln:

$$\mathrm{V}(S_P) = \int_0^{\alpha} \int_0^{r(\varphi)} r^2 dr d\varphi = \int_0^{\alpha} [\frac{r^3}{3}]_0^{r(\varphi)} d\varphi = \int_0^{\alpha} \frac{(c \sin \beta)^3}{3(\sin(\pi - \beta - \varphi)^3} d\varphi$$

Durch zweifache Substitution $x = \pi - \beta - \varphi$ und $t = \tan \frac{x}{2}$ wird dieses Integral auf das Integral einer gebrochen-rationalen Funktion zurückgeführt, das mittels Partialbruchzerlegung gelöst werden kann. In Anhang B wird diese Berechnung durchgeführt. Sie führt zu dem Ergebnis

$$\mathrm{V}(S_P) = \frac{(c \sin \beta)^3}{6} \left(\log \left| \frac{\tan \frac{\pi - \beta}{2}}{\tan \frac{\gamma}{2}} \right| + \frac{\cos \gamma}{\sin^2(\gamma)} + \frac{\cos \beta}{\sin^2(\beta)} \right) .$$

Zur Volumenberechnung des Körpers mit dem Hyperbelsektor als Grundfläche (vgl. Abbildung 4.46 rechts) wird wieder, wie bei der Flächenberechnung, auf die Darstellung des Hyperbelastes in Form von Polarkoordinaten (vgl. Abschnitt 4.2.2.1) zurückgegriffen. Das gesuchte Volumen entspricht dem Integral

$$\mathrm{V}(S_H) = \int_{\varphi_1}^{\varphi_2} \int_0^{r(\varphi)} r^2 dr d\varphi = \int_{\varphi_1}^{\varphi_2} [\frac{r^3}{3}]_0^{r(\varphi)} d\varphi = \int_{\varphi_1}^{\varphi_2} \frac{b^6}{3(e \cos \varphi - a)^3} d\varphi .$$

Dieses Integral lässt sich mittels Substitution $t = \tan \frac{\varphi}{2}$ und anschließender Partialbruchzerlegung lösen (vgl. Anhang B). Das Ergebnis nach Rücksubstitution lautet:

$$\mathrm{V}(S_H) =$$

$$\frac{b^2}{6} \left[\frac{2a^2 + e^2}{b} \log \left| \frac{\tan \frac{\varphi}{2} + \sqrt{\frac{e-a}{e+a}}}{\tan \frac{\varphi}{2} - \sqrt{\frac{e-a}{e+a}}} \right| + \frac{e \sin \varphi (e^2 - 4a^2 + 3ae \cos \varphi)}{(e \cos \varphi - a)^2} \right]_{\varphi_1}^{\varphi_2}$$

Kapitel 5

Ein Branch-and-Bound-Verfahren für das semi-infinite Produktions-Transportproblem

Diese Arbeit hat die Entwicklung eines Lösungsverfahrens für das semi-infinite Produktions-Transportproblem (vgl. Abschnitt 3.1.1) zum Ziel. In Abschnitt 3.2 wurde ein Lösungsansatz für verallgemeinerte semi-infinite Transportprobleme aufgezeigt, der auch auf semi-infinite Produktions-Transportprobleme mit linearen Produktionskostenfunktionen (vgl. Abschnitt 3.3) anwendbar ist. Das semi-infinite Produktions-Transportproblem mit allgemeinen konkaven Produktionskostenfunktionen wurde in Abschnitt 3.4 untersucht und konnte auf das folgende finite d.c.-Optimierungsproblem (P)

$$
\begin{aligned}
\min \quad & T(z) + f(z) && && (0)\\
\text{u.d.B.:} \quad & && && \\
& B_i \leq z_i \leq C_i && i = 1, \ldots, n && (1)\\
& \sum_{i=1}^{n} z_i = D && && (2)
\end{aligned}
$$

zurückgeführt werden. Es bezeichnet dabei $T(z)$ den optimalen Wert des semi-infiniten Transportproblems $STP(z)$:

$$\min \quad \sum_{i=1}^{n} \iint_G d_i(x,y)\rho_i(x,y)\,dx\,dy \tag{0}$$

u.d.B.:

$$\sum_{i=1}^{n} \rho_i(x,y) = \Phi(x,y) \qquad (x,y) \in G \tag{1}$$

$$\iint_G \rho_i(x,y)\,dx\,dy = z_i \qquad i = 1,\ldots,n \tag{2}$$

$$\rho_i(x,y) \geq 0 \qquad (x,y) \in G, \quad i = 1,\ldots,n \tag{3}$$

Ein d.c.-Optimierungsproblem mit linearen Nebenbedingungen ist im Allgemeinen NP-schwierig (vgl. [Par1987]) und nur sehr schwer zu lösen. Die Zielfunktion, bestehend aus der Summe einer konvexen und einer konkaven Funktion, kann viele verschiedene lokale Minima mit sehr unterschiedlichen Funktionswerten besitzen. Standardmethoden aus der Nichtlinearen Optimierung sind nicht geeignet, da diese meist nur nach lokalen Minima suchen. Auch allgemeine Lösungsverfahren für d.c.-Optimierungsprobleme können nur Probleme mit wenigen Variablen lösen. Das in dieser Arbeit vorgestellte Branch-and-Bound-Verfahren verwendet vorteilhaft die spezielle Struktur des semi-infiniten Produktions-Transportproblems, indem es darauf aufbaut, dass die Gesamtproduktionskostenfunktion

$$f(z) = \sum_{i=1}^{n} f_i(z_i)$$

eine separable Funktion ist und dass semi-infinite Produktions-Transportprobleme mit linearen Produktionskostenfunktionen mit dem in Abschnitt 3.2 entwickelten Lösungsansatz relativ einfach zu lösen sind. Das Verfahren ist damit speziell auf das semi-infinite Produktions-Transportproblem zugeschnitten und sogar direkt anwendbar auch für bei null nichtstetige Produktionskostenfunktionen.

Zu vorgegebenem $\epsilon > 0$ liefert das Verfahren eine ϵ-optimale Lösung, d.h. eine zulässige Lösung, deren Zielfunktionswert höchstens um ϵ schlechter ist als der optimale Wert des Problems. Damit lassen sich Lösungen mit beliebig nahe am Optimum liegenden Zielfunktionswerten finden.

5.1 Grundelemente

Zunächst wird ein kurzer Überblick über das entwickelte Branch-and-Bound-Verfahren zur Lösung des semi-infiniten Produktions-Transportproblems gegeben. Branch-and-Bound-Verfahren sind im Allgemeinen spezielle Enumerationsverfahren. Sie suchen systematisch eine optimale Lösung durch die Zerlegung des Lösungsraums eines Optimierungsproblems, die sich als Verzweigung (Branching) in einem Entscheidungsbaum, dem sogenannten Branch-and-Bound-Baum, darstellen lässt (vgl. [Ell1998, 5.2.2]).

Aufgrund der Nebenbedingungen (1) des Problems (P) liegt eine zulässige Lösung für (P) im n-dimensionalen Rechteck $[B, C]$:

$$[B, C] = [B_1, C_1] \times \cdots \times [B_n, C_n] = \{z \in \mathbb{R}^n \mid B_i \leq z_i \leq C_i, \, i = 1, \ldots, n\}$$

Dieses Rechteck spielt eine wichtige Rolle im nachfolgenden Algorithmus. In dessen Verlauf wird es immer weiter in Teilrechtecke zerlegt (vgl. Abbildung 5.1). Jedem Knoten des Branch-and-Bound-Baums ist eineindeutig ein solches Teilrechteck zugeordnet, mit dem der Knoten im Folgenden auch identifiziert wird. Zu Beginn jeder Iteration bilden die Rechtecke an

Abbildung 5.1: Zerlegung eines Rechtecks in Teilrechtecke

den Endknoten des aktuellen Baums eine Partition[1] von $[B, C]$ in Teilrechtecke (vgl. Abbildung 5.1 und Abbildung 5.2). In der ersten Iteration besteht diese Partition nur aus dem Rechteck $[B, C]$ des Wurzelknotens des Branch-and-Bound-Baums. Zu jedem Teilrechteck löst man ein speziel-

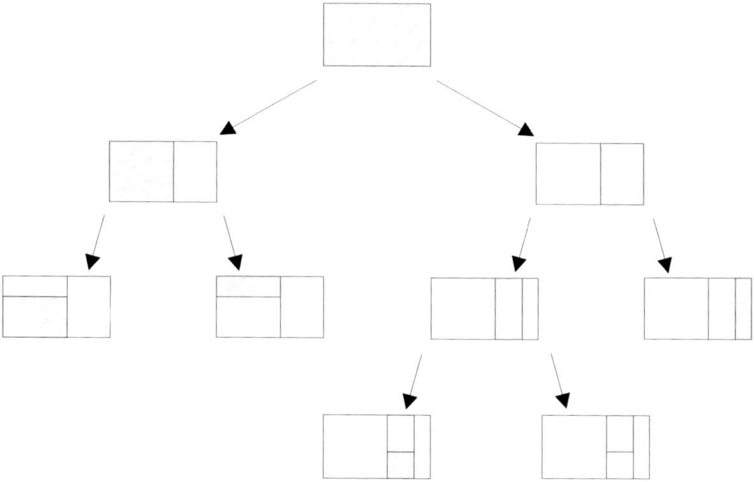

Abbildung 5.2: Branch-and-Bound-Baum

les semi-infinites Produktions-Transportproblem mit affinen Produktionskostenfunktionen. Der optimale Wert dieses Problems wird dem Rechteck bzw. dem entsprechenden Knoten des Branch-and-Bound-Baums als Schranke (Bound) zugewiesen. Falls der Lösungsraum des Problems leer ist, wird dem Knoten die Schranke ∞ zugeordnet. Die Kleinste aus der Menge aller Schranken an den Endknoten des Branch-and-Bound-Baums ist eine untere Schranke für den optimalen Wert von (P). In jeder Iteration wird eines der Rechtecke mit der kleinsten Schranke ausgewählt und aufgrund einer gewissen Zerlegungsregel wieder in zwei Teilrechtecke aufgespalten. In Abbildung 5.2 wird dieser Prozess veranschaulicht.

[1] Unter einer Partition eines Rechtecks M in Teilrechtecke wird eine Menge von Teilrechtecken von M verstanden, deren Vereinigungsmenge genau M ist und die paarweise, außer gemeinsamen Randpunkten, keine gemeinsamen Punkte besitzen (vgl. z.B. [Hor1990, Def. IV.1]).

5.1.1 Schranken (Bounds)

Für ein Rechteck $M = [a, b]$ an einem Knoten des Branch-and-Bound-Baums sei $L_{M,i} : [a_i, b_i] \to \mathbb{R}$ die affine Funktion mit den Werten

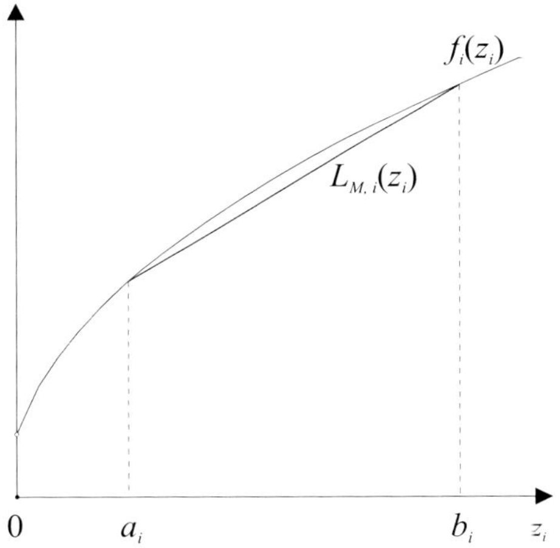

Abbildung 5.3: Affine Approximation

$L_{M,i}(a_i) = f_i(a_i)$ sowie $L_{M,i}(b_i) = f_i(b_i)$ (vgl. Abbildung 5.3) und $L_M : [a, b] \to \mathbb{R}$ die Funktion mit

$$L_M(z) = \sum_{i=1}^{n} L_{M,i}(z_i) \,.$$

Mit $LPTP(M)$ wird das folgende semi-infinite Produktions-Transportproblem mit affinen Produktionskostenfunktionen bezeichnet:

$$\min \quad T(z) + L_M(z) \tag{0}$$

u.d.B.:

$$a_i \leq z_i \leq b_i \qquad i = 1, \ldots, n \tag{1}$$

$$\sum_{i=1}^{n} z_i = D \tag{2}$$

Der Lösungsraum von $LPTP(M)$ ist genau dann nicht leer, wenn gilt

$$\sum_{i=1}^{n} a_i \leq D \leq \sum_{i=1}^{n} b_i \, .$$

Ist diese Bedingung erfüllt, so weist man dem Rechteck M den optimalen Wert von $LPTP(M)$ als Schranke (Bound) $\beta(M)$ zu. Im anderen Fall wird als Schranke $\beta(M) = \infty$ gewählt.
Vergleicht man die beiden Probleme $LPTP(M)$ und (P), so stellt man fest, dass zum einen der Lösungsraum von $LPTP(M)$ eine Teilmenge des Lösungsraums von (P) darstellt und dass zum anderen die konkaven Produktionskostenfunktionen f_i $(i = 1, \dots, n)$ in (P) durch deren untere affine Approximationen $L_{M,i}$ $(i = 1, \dots, n)$ in $LPTP(M)$ ersetzt werden. Für kleiner werdende Rechtecke $[a_i, b_i]$ $(i = 1, \dots, n)$ nähern diese stückweise linearen Funktionen im Verlauf des Verfahrens die Funktionen f_i $(i = 1, \dots, n)$ von unten an.
Das Optimierungsproblem $LPTP(M)$ lässt sich in ein verallgemeinertes semi-infinites Transportproblem transformieren und somit auf ein konvexes Optimierungsproblem reduzieren (vgl. Abschnitt 3.3). Für Distanzfunktionen, hinsichtlich der sich additiv gewichtete Voronoi-Diagramme effizient berechnen lassen (vgl. Kapitel 4), kann dieses Problem mit Standardmethoden der Konvexen Optimierung gelöst werden.

Satz 7
Sei $M \subset [B, C]$ ein n-dimensionales Rechteck.

(a) *Ist $\bar{z}(M)$ eine optimale Lösung des Optimierungsproblems $LPTP(M)$, dann gilt:*

$$T(\bar{z}(M)) + L_M(\bar{z}(M)) \leq \min\{T(z) + f(z) \mid \sum_{i=1}^{n} z_i = D, \; z \in M\}$$

(b) *Gilt $L_M(\bar{z}(M)) = f(\bar{z}(M))$ für eine optimale Lösung $\bar{z}(M)$ des Problems $LPTP(M)$, dann folgt:*

$$T(\bar{z}(M)) + L_M(\bar{z}(M)) = \min\{T(z) + f(z) \mid \sum_{i=1}^{n} z_i = D, \; z \in M\}$$

Beweis:
Zu (a): Da jede Funktion f_i konkav ist, gilt stets $L_{M,i}(z_i) \leq f_i(z_i)$ für alle $z_i \in [a_i, b_i]$ und somit $L_M(z) \leq f(z)$ für alle $z \in M$. Damit folgt

$$\begin{aligned} T(\bar{z}(M)) + L_M(\bar{z}(M)) &= \min\{T(z) + L_M(z) \mid \sum_{i=1}^{n} z_i = D,\ z \in M\} \\ &\leq \min\{T(z) + f(z) \mid \sum_{i=1}^{n} z_i = D,\ z \in M\}. \end{aligned}$$

Zu (b): Wegen (a) gilt:

$$\begin{aligned} T(\bar{z}(M)) + f(\bar{z}(M)) &= T(\bar{z}(M)) + L_M(\bar{z}(M)) \\ &\leq \min\{T(z) + f(z) \mid \sum_{i=1}^{n} z_i = D,\ z \in M\} \end{aligned}$$

Da $\bar{z}(M)$ insbesondere eine zulässige Lösung für $LPTF(M)$ ist, folgt (b).

□

Eine optimale Lösung $\bar{z}(M)$ für $LPTP(M)$ ist insbesondere eine zulässige Lösung für (P) und $T(\bar{z}(M)) + f(\bar{z}(M))$ ist somit eine obere Schranke (Upper Bound) für den Zielfunktionswert einer optimalen Lösung von (P). Wie der nachfolgende Satz zeigt, ist $T(\bar{z}(M)) + L_M(\bar{z}(M))$ unter gewissen Voraussetzungen sogar eine untere Schranke (Lower Bound) für den optimalen Wert von (P).

Satz 8
Sei $\mathcal{M}$ eine Partition von $[B, C]$ in Rechtecke und $\mathcal{M}'$ die Menge der Rechtecke $M \in \mathcal{M}$, für die der Lösungsraum von $LPTP(M)$ nicht leer ist. Für jedes $M \in \mathcal{M}'$ bezeichne $\bar{z}(M)$ eine optimale Lösung von $LPTP(M)$. Gilt

$$T(\bar{z}(M')) + L_{M'}(\bar{z}(M')) = \min_{M \in \mathcal{M}'} T(\bar{z}(M)) + L_M(\bar{z}(M))$$

für ein $M' \in \mathcal{M}'$, dann ist der optimale Wert von $LPTP(M')$ eine untere Schranke für den optimalen Wert von (P).

Beweis: Nach Satz 7(a) ist für ein Rechteck $M' \in \mathcal{M}'$

$$T(\bar{z}(M')) + L_{M'}(\bar{z}(M')) \leq \min\{T(z) + f(z) \mid \sum_{i=1}^{n} z_i = D,\ z \in M'\}.$$

Da $\mathcal{M}$ eine Partition des Rechtecks $[B, C]$ darstellt, ist

$$[B, C] = \bigcup_{M \in \mathcal{M}} M\,.$$

Aber für alle $z \in [B, C]$ mit $\sum\limits_{i=1}^{n} z_i = D$ liegt z in der Menge $\bigcup\limits_{M \in \mathcal{M}'} M$ und damit gilt wegen Satz 7(a)

$$\begin{aligned} T(\bar{z}(M')) + L_M(\bar{z}(M')) &= \min_{M \in \mathcal{M}'} T(\bar{z}(M)) + L_M(\bar{z}(M)) \\ &\leq \min_{M \in \mathcal{M}'} \min\{T(z) + f(z) \mid \sum_{i=1}^{n} z_i = D,\, z \in M\} \\ &= \min\{T(z) + f(z) \mid \sum_{i=1}^{n} z_i = D,\, z \in [B, C]\}\,, \end{aligned}$$

womit die Behauptung folgt. □

5.1.2 Verzweigung (Branching)

Nachdem erläutert wurde, wie die Schranken zu den Rechtecken bestimmt werden, muss noch festgelegt werden, welches Rechteck zerlegt und wie es zerlegt wird. Zu Beginn einer Iteration bilden die Rechtecke der Endknoten des Branch-and-Bound-Baums eine Partition von $[B, C]$. Unter diesen Rechtecken wird ein Rechteck M mit der kleinsten Schranke ausgewählt. Die Schranke $\beta(M)$ ist nach Satz 8 sogar eine untere Schranke für den optimalen Wert von (P). Ist diese Schranke nicht kleiner als die Differenz aus dem Wert der Zielfunktion von (P) für die bisher beste gefundene Lösung $\bar{z}$ und ϵ

$$T(\bar{z}) + f(\bar{z}) - \epsilon \leq \beta(M) \leq T(\bar{z}) + f(\bar{z})\,,$$

so ist $\bar{z}$ bereits eine ϵ-optimale Lösung für (P). Es lässt sich keine Lösung mehr finden deren Zielfunktionswert um mehr als ϵ besser ist, als der Zielfunktionswert von $\bar{z}$. Anderenfalls wird das ausgewählte Reckteck in zwei Teilrechtecke zerlegt. Der Mechanismus hierfür wird im Folgenden beschrieben.

Ist $M = [a, b]$ ein n−dimensionales Rechteck, i_0 ein Index aus der Menge $\{1, \ldots, n\}$ und $\xi \in]a_{i_0}, b_{i_0}[$, so bestimmt (ξ, i_0) eine Zerlegung von M in zwei Teilrechtecke M' und M'':

$$M' = \{z \in \mathbb{R}^n \mid a_{i_0} \leq z_{i_0} \leq \xi \,, \; a_i \leq z_i \leq b_i \text{ für alle } i \neq i_0\}$$
$$M'' = \{z \in \mathbb{R}^n \mid \xi \leq z_{i_0} \leq b_{i_0} \,, \; a_i \leq z_i \leq b_i \text{ für alle } i \neq i_0\}$$

Diese Aufteilung nennt man Zerlegung oder Subdivision des Rechtecks M via (ξ, i_0). In Abbildung 5.4 wird das Rechteck $[(1,1),(8,5)]$ via $(6,1)$ in die Teilrechtecke $[(1,1),(6,5)]$ und $[(6,1),(8,5)]$ zerlegt.

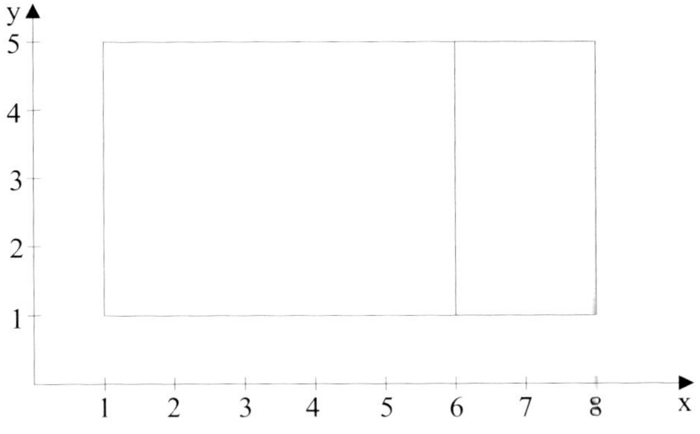

Abbildung 5.4: Rechteckszerlegung

Sei $M_k = [a^k, b^k]$ das Rechteck, das in der k-ten Iteration des Branch-and-Bound-Verfahrens zerlegt werden soll. Mit $\bar{z}^k$ wird eine optimale Lösung von $LPTP(M_k)$ bezeichnet. Die Schranke $\beta(M_k)$ ist eine untere Schranke für den optimalen Wert von (P). Falls gilt $L_{M_k}(\bar{z}^k) = f(\bar{z}^k)$, dann ist $\bar{z}^k$ nach Satz 8 eine optimale Lösung des Problems (P). Anderenfalls gibt es mindestens ein i mit $f_i(\bar{z}_i^k) - L_{M_k,i}(\bar{z}_i^k) > 0$. Sei $i_k \in \{1, \ldots, n\}$ mit

$$f_{i_k}(\bar{z}_{i_k}^k) - L_{M_k,i_k}(\bar{z}_{i_k}^k) = \max_{1 \leq i \leq n} f_i(\bar{z}_i^k) - L_{M_k\,i}(\bar{z}_i^k)\,. \qquad (*)$$

Man zerlegt das Rechteck M_k via (ξ^k, i_k) mit $a_{i_k}^k < \xi^k \leq \bar{z}_{i_k}^k$ und

$$f_{i_k}(\xi^k) - L_{M_k,i_k}(\xi^k) \geq f_{i_k}(\bar{z}_{i_k}^k) - L_{M_k,i_k}(\bar{z}_{i_k}^k)\,.$$

Gewöhnlich wird $\xi^k = \bar{z}^k_{i_k}$ gewählt. Bei manchen Problemen stellt sich aber heraus, dass ein etwas kleiner gewähltes ξ^k das Verfahren beschleunigt. Es wird sich zeigen, dass die maximale Differenz $(*)$ im Verlauf des Verfahrens gegen null strebt. Die Schranke von M_k (eine untere Schranke für den optimalen Wert von (P)) konvergiert dann gegen

$$\min\{T(z) + f(z) \mid z \in M_k\,, \sum_{i=1}^{n} z_i = D\}$$

und auf Grund der jeweiligen Wahl von M_k auch gegen den optimalen Wert von (P) auf dem gesamten Lösungsraum von (P).

5.2 *SPT*-Algorithmus

Initialisierung:
Sei ϵ eine kleine nichtnegative Konstante. Löse für $M_0 = [B, C]$ das Optimierungsproblem $LPTP(M_0)$. Sei $\bar{z}^0$ eine optimale Lösung von $LPTP(M_0)$. Setze $\beta(M_0) = T(\bar{z}^0) + L_{M_0}(\bar{z}^0)$, $\bar{z} = \bar{z}^0$ und $INV = T(\bar{z}) + f(\bar{z})$. (Im Verlauf des Verfahrens wird mit $\bar{z}$ stets die beste bekannte zulässige Lösung für (P) und mit INV deren Zielfunktionswert bezeichnet. Dieser stellt stets die kleinste ermittelte obere Schranke für den optimalen Wert von (P) dar.)

Setze $k = 1$ und $\mathcal{M}_1 = \{M_0\}$.

Iteration k:

(i) Lösche alle $M \in \mathcal{M}_k$ für die $\beta(M) \geq INV - \epsilon$. Die verbleibende Menge von Rechtecken wird wieder mit $\mathcal{M}_k$ bezeichnet. Ist $\mathcal{M}_k = \emptyset$, dann ist $\bar{z}$ eine ϵ-optimale Lösung für (P) und der Algorithmus endet. Anderenfalls wähle ein $M_k \in \mathcal{M}_k$ mit

$$\beta(M_k) = \min_{M \in \mathcal{M}_k} \beta(M)\,.$$

(ii) Wähle einen Index $i_k \in \{1, \ldots, n\}$ mit

$$f_{i_k}(\bar{z}^k_{i_k}) - L_{M_k, i_k}(\bar{z}^k_{i_k}) = \max_{1 \leq i \leq n} f_i(\bar{z}^k_i) - L_{M_k, i}(\bar{z}^k_i)\,,$$

wobei $\bar{z}^k$ eine optimale Lösung des Problems $LPTP(M_k)$ bezeichnet. Ist

$$f_{i_k}(\bar{z}^k_{i_k}) - L_{M,i_k}(\bar{z}^k_{i_k}) = 0\,,$$

dann ist $\bar{z}^k$ eine globale optimale Lösung für (P) und der Algorithmus endet. Sonst zerlege $M_k = [a^k, b^k]$ via (ξ^k, i_k) mit $a^k_{i_k} < \xi^k \le \bar{z}^k_{i_k}$ und

$$f_{i_k}(\xi^k) - L_{M_k,i_k}(\xi^k) \ge f_{i_k}(\bar{z}^k_{i_k}) - L_{M_k,i_k}(\bar{z}^k_{i_k})$$

in die beiden Teilrechtecke M_{k_1} und M_{k_2}.

(iii) Wiederhole für $i = 1$ bis 2:
Falls das Problem $LPTP(M_{k_i})$ keine zulässige Lösung besitzt, setze $\beta(M_{k_i}) = \infty$. Anderenfalls löse das Problem $LPTP(M_{k_i})$. Es bezeichne $\bar{z}^{k_i}$ eine optimale Lösung von $LPTP(M_{k_i})$. Ist

$$T(\bar{z}^{k_i}) + f(\bar{z}^{k_i}) < INV\,,$$

dann hat man eine bessere zulässige Lösung für (P) gefunden. Setze deshalb $\bar{z} = \bar{z}^{k_i}$ und $INV = T(\bar{z}^{k_i}) + f(\bar{z}^{k_i})$.

(iv) Streiche aus der Menge $\mathcal{M}_k$ das Rechteck M_k und füge stattdessen die Rechtecke M_{k_1} und M_{k_2} zur Menge $\mathcal{M}_k$ hinzu. Erhöhe k um eins und fahre mit (i) fort.

Die Rechtecke der Endknoten des Branch-and-Bound-Baums bilden eine Partition von $[B, C]$. Von diesen können die Rechtecke M mit $\beta(M) \ge INV - \epsilon$ nur noch zu zulässigen Lösungen für (P) führen, deren Zielfunktionswerte um höchstens ϵ besser sind als der Zielfunktionswert der besten bisher gefundenen Lösung $\bar{z}$. Darum wird an diesen Knoten des Branch-and-Bound-Baums nicht mehr weiter verzweigt. Diese Knoten werden „gesperrt“ und die entsprechenden Rechtecke werden in Schritt (i) des SPT-Algorithmus aus $\mathcal{M}_k$ gelöscht. Die Menge $\mathcal{M}_k$ enthält nur noch die Rechtecke, die unter Umständen weiter zerlegt werden müssen. Ist diese Menge leer, so ist $\bar{z}$ bereits eine globale ϵ-optimale Lösung. Sonst wird ein Rechteck $M_k \in \mathcal{M}_k$ mit der kleinsten Schranke $\beta(M_k)$ ausgewählt und in Schritt (ii) des SPT-Algorithmus in zwei Teilrechtecke zerlegt, für die in Schritt (iii) wieder die dazugehörigen Schranken berechnet werden.

5.3 Konvergenz

In diesem Abschnitt wird die Konvergenz des in Abschnitt 5.2 dargestellten Branch-and-Bound-Verfahrens für semi-infinite Produktions-Transportprobleme bewiesen.
Falls der *SPT*-Algorithmus nicht nach endlich vielen Schritten abbricht, gibt es im Branch-and-Bound-Baum mindestens einen Ast der unendlich weit nach unten weiterwächst. Die Rechtecke der Knoten dieses Astes bilden dann eine Folge von ineinander liegenden Rechtecken. Es gibt folglich eine unendliche Folge $(k_q)_{q\in\mathbb{N}}$ von aufsteigenden Iterationsschritten $(k_q < k_{q+1},\ q \in \mathbb{N})$, derart dass die Rechtecke $M_{k_q} = [a^{k_q}, b^{k_q}]$, die in der jeweiligen Iteration im Schritt (i) ausgewählt werden, eine ineinander verschachtelte Folge von Rechtecken

$$M_{k_1} \supset M_{k_2} \supset M_{k_3} \supset M_{k_4} \supset \dots$$

bilden. Die Probleme $LPTP(M_{k_q})$ $(q \in \mathbb{N})$ besitzen jeweils eine optimale Lösung $\bar{z}^{k_q} \in [a^{k_q}, b^{k_q}]$. Die Folge $(\bar{z}^{k_q})_{q\in\mathbb{N}}$ ist somit beschränkt und besitzt mindestens eine konvergente Teilfolge. Durch den Übergang zu einer solchen Teilfolge kann man annehmen, dass gilt

$$\lim_{q\to\infty} \bar{z}^{k_q} = \bar{z}\,.$$

Desweiteren kann man durch erneute Übergänge zu Teilfolgen annehmen, dass in allen Iterationen k_q $(q \in \mathbb{N})$ im Schritt (ii) des *SPT*-Algorithmus stets als Index $i_{k_q} = 1$ gewählt wird und die beschränkte Folge der in den Iterationen k_q gewählten Zerlegungspunkte $(\xi^{k_q})_{q\in\mathbb{N}}$ konvergiert, so dass gilt

$$\lim_{q\to\infty} \xi^{k_q} = \xi\,.$$

Lemma 3
Falls der SPT-Algorithmus nicht nach endlich vielen Schritten abbricht, sondern, wie beschrieben, eine unendliche Folge von ineinander geschachtelten Rechtecken $M_{k_q} = [a^{k_q}, b^{k_q}]$ erzeugt, dann gilt:

(a) $\bar{z}$ liegt in allen Rechtecken M_{k_q} $(q \in \mathbb{N})$.

(b) $\bar{z}$ ist eine zulässige Lösung für (P).

Beweis:
Zu (a): Für jedes $q \in \mathbb{N}$ ist $\bar{z}^{k_r} \in M_{k_r} \subset M_{k_q}$ für alle $r \geq q$, da die Rechtecke ineinander verschachtelt sind. Da zudem M_{k_q} kompakt ist, konvergiert die Folge $(\bar{z}^{k_r})_{r \geq q}$ gegen einen Punkt in M_{k_q}. Damit folgt (a).

Zu (b): Aus (a) folgt, dass $\bar{z} \in [B, C]$. Damit erfüllen die $\bar{z}_i$ $(i = 1, \ldots, n)$ die Bedingungen (1) von (P). Zusätzlich gilt

$$\sum_{i=1}^{n} \bar{z}_i = \sum_{i=1}^{n} \lim_{q \to \infty} \bar{z}_i^{k_q} = \lim_{q \to \infty} \sum_{i=1}^{n} \bar{z}_i^{k_q} = \lim_{q \to \infty} D = D$$

und somit erfüllt $\bar{z}$ auch die Nebenbedingung (2) von (P). □

Satz 9
Falls der SPT-Algorithmus nicht nach endlich vielen Schritten abbricht, sondern, wie zu Beginn des Abschnitts beschrieben, eine unendliche Folge von ineinander geschachtelten Rechtecken $M_{k_q} = [a^{k_q}, b^{k_q}]$ erzeugt, dann gilt:

Ist f_1 an der Stelle null nicht stetig ($F_1 = \lim_{z_1 \searrow 0} f_1(z_1) > 0$), so ist

(a) $\bar{z}_1 = \lim_{q \to \infty} \bar{z}_1^{k_q} > 0$ *und*

(b) $\xi = \lim_{q \to \infty} \xi^{k_q} > 0\,.$

Beweis:
Zu (a): Der Beweis erfolgt in Form eines Widerspruchsbeweises. Es wird angenommen, dass gilt $\lim_{q \to \infty} \bar{z}_1^{k_q} = \bar{z}_1 = 0$. Dann kann man zusätzlich annehmen

$$a_1^{k_q} = 0 \text{ für alle } q \in \mathbb{N}\,,$$

denn für jedes $q \in \mathbb{N}$ ist $a_1^{k_q} \leq a_1^{k_r} \leq \bar{z}_1^{k_r}$ für alle $r \geq q$ und somit ist auch

$$a_1^{k_q} \leq \lim_{r \to \infty} \bar{z}_1^{k_r} = \bar{z}_1 = 0\,.$$

Da der Algorithmus nicht nach endlich vielen Schritten abbricht, kann man auch voraussetzen, dass gilt

$$\bar{z}_1^{k_q} > 0 \text{ für alle } q \in \mathbb{N}\,,$$

denn in jeder Iteration k_q muss in Schritt (ii) stets

$$f_1(\bar{z}_1^{k_q}) - L_{M_{k_q},1}(\bar{z}_1^{k_q}) > 0$$

sein, denn sonst würde der SPT-Algorithmus dort bereits abbrechen.

Die Indexmenge

$$J = \{j \in \{1, \ldots, n\} \mid \lim_{q \to \infty} \bar{z}_j^{k_q} = \bar{z}_j > 0\}$$

ist wegen Lemma 3(b) nicht leer. Für jedes $j \in J$ wird die Steigung der Geraden durch den Ursprung und den Punkt $(\bar{z}_j, f_j(\bar{z}_j))$ mit m_j und die Steigung der linearen Funktion $L_{M_{k_q},j}$ mit $m_{q,j}$ bezeichnet (vgl. Abbildung 5.5). Zudem bezeichne $m_{max} = \max_{j \in J} m_j$.

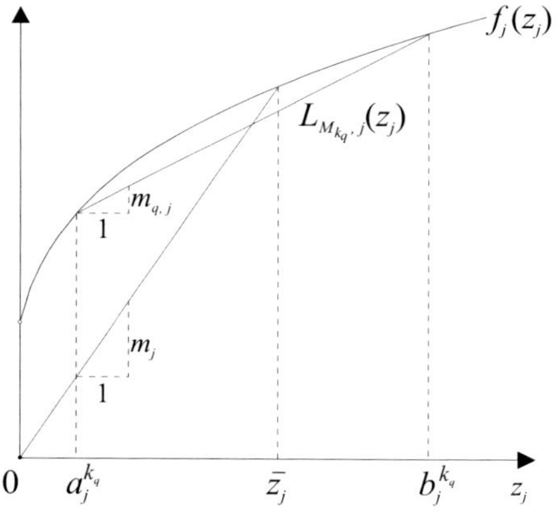

Abbildung 5.5: Steigungen

Das Rechteck $M_{k_q} = [a_1^{k_q}, b_1^{k_q}] \times \cdots \times [a_n^{k_q}, b_n^{k_q}]$ wird in der Iteration k_q via $(\xi^{k_q}, 1)$ aufgespalten in die Rechtecke $[a_1^{k_q}, \xi^{k_q}] \times [a_2^{k_q}, b_2^{k_q}] \times \cdots \times [a_n^{k_q}, b_n^{k_q}]$ und $[\xi^{k_q}, b_1^{k_q}] \times [a_2^{k_q}, b_2^{k_q}] \times \cdots \times [a_n^{k_q}, b_n^{k_q}]$. In einem dieser Rechtecke ist das Rechteck $M_{k_{q+1}}$ enthalten. Folglich tritt eine der beiden in Abbildung 5.6 beschriebenen Situationen ein. Wegen $\xi^{k_q} > 0$ und $a_1^{k_{q+1}} = 0$ kann Fall (B) nie eintreten. Somit ist $\bar{z}_1^{k_{q+1}} \leq b_1^{k_{q+1}} \leq \bar{z}^{k_q}$ für alle $q \in \mathbb{N}$ und damit ist

$$\lim_{q \to \infty} b_1^{k_q} = \lim_{q \to \infty} \bar{z}_1^{k_q} = 0\,.$$

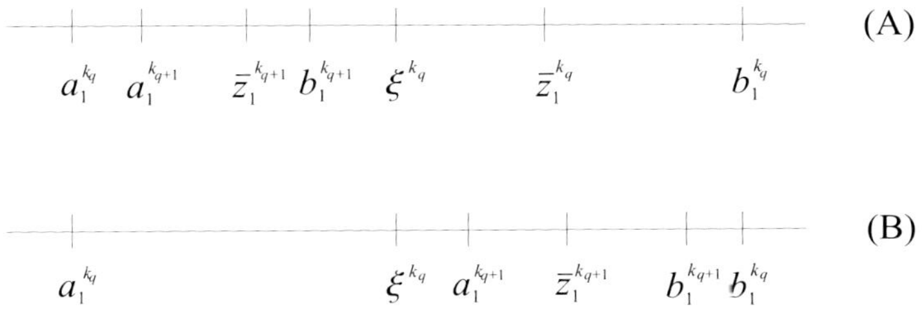

Abbildung 5.6: Situation (A) und Situation (B)

Wegen $F_1 > 0$ und $a_1^{k_q} = 0$ für alle $q \in \mathbb{N}$ wird somit die Steigung von $L_{M_{k_q},1}$ für größer werdende $q \in \mathbb{N}$ immer steiler, insbesondere gilt $m_{q,1} \to \infty$ für $q \to \infty$. Damit lässt sich ein $q \in \mathbb{N}$ finden, so dass gilt

$$m_{q,1} > m_{max} + w_{max} \qquad (*)$$

mit $w_{max} = \max\{d_i(x,y) - d_j(x,y) \mid (x,y) \in G\,,\ i,j = 1,\ldots,n\}$. Im Folgenden sei $q \in \mathbb{N}$ fest gewählt und so groß, dass die Gleichung $(*)$ erfüllt ist.

Angenommen für alle $j \in J$ ist $\bar{z}_j^{k_q} = b_j^{k_q}$, dann gilt:

(i) $\bar{z}_j \leq b_j^{k_q} = \bar{z}_j^{k_q}$ für alle $j \in J$

(ii) $0 = \bar{z}_i \leq \bar{z}_i^{k_q}$ für alle $i \notin J$

(iii) $0 = \bar{z}_1 < \bar{z}_1^{k_q}$ aufgrund der anfangs des Satzes getroffenen Annahme

Aus (i), (ii) und (iii) folgt

$$\sum_{i=1}^{n} \bar{z}_i < \sum_{i=1}^{n} \bar{z}_i^{k_q}\,.$$

Da $\bar{z}$ und $\bar{z}^{k_q}$ zulässige Lösungen für $LPTP(M_{k_q})$ sind, besitzen aber sowohl die rechte als auch die linke Seite dieser Ungleichung den Wert D. Folglich ist die getroffene Annahme falsch und es gibt ein $j_0 \in J$ mit $b_{j_0}^{k_q} > \bar{z}_{j_0}^{k_q}$.

Sei $\bar{w}^q$ eine optimale Lösung des Lagrange-Duals des semi-infiniten Transportproblems $STP(\bar{z}^{k_q})$ und $\bar{\rho}^q$ mit

$$\bar{\rho}_i^q(x,y) = \begin{cases} \Phi(x,y) & \text{fast überall auf } \mathrm{Vor}_i^G(\bar{w}^q)\,, \\ 0 & \text{fast überall auf } G \setminus \mathrm{Vor}_i^G(\bar{w}^q) \end{cases}$$

ein optimaler Distributionsplan für $STP(\bar{z}^{k_q})$ (vgl. Abschnitt 3.2.2). Zudem sei die Menge $A \subset \mathrm{Vor}_1^G(\bar{w}^q)$ derart gewählt, dass gilt

$$0 < \iint\limits_A \Phi(x,y)\,dx\,dy < \min\{\bar{z}_1^{k_q}, b_{j_0}^{k_q} - \bar{z}_{j_0}^{k_q}\}\,.$$

Definiert man $\tilde{z} \in \mathbb{R}^n$ mit $\delta = \iint\limits_A \Phi(x,y)\,dx\,dy$ durch

$$\begin{aligned} \tilde{z}_1 &= \bar{z}_1^{k_q} - \delta\,, \\ \tilde{z}_{j_0} &= \bar{z}_{j_0}^{k_q} + \delta \text{ und} \\ \tilde{z}_i &= \bar{z}_i^{k_q} \quad \text{für alle } i \neq 1, j_0\,, \end{aligned}$$

dann ist $\tilde{z}$ auch eine zulässige Lösung für $LPTP(M_{k_q})$. Die Produktionsmengen $\bar{z}_i^{k_q}$ $(i = 1,\ldots,n)$ und die Produktionsmengen $\tilde{z}_i$ $(i = 1,\ldots,n)$ unterscheiden sich nur in den Produktionsmengen in den Betriebsstätten

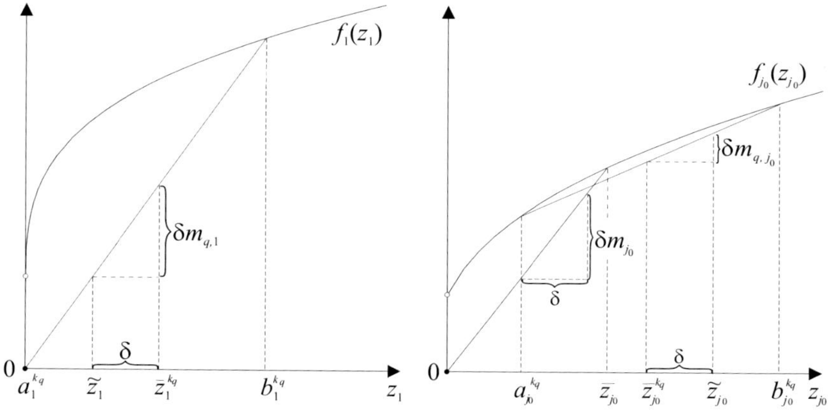

Abbildung 5.7: Änderungen der Produktionsmengen

an den Standorten S_1 und S_{j_0}. Im Folgenden werden die Veränderungen der Produktionskosten im Problem $LPTP(M_{k_q})$ abgeschätzt, wenn man in den Betriebsstätten an den Standorten S_i $(i = 1, \ldots, n)$ jeweils anstatt $\bar{z}_i^{k_q}$ Mengeneinheiten nun $\tilde{z}_i$ Mengeneinheiten produziert.
Nach Lemma 3 ist $\bar{z}_{j_0} \in [a_{j_0}^{k_q}, b_{j_0}^{k_q}]$. Die Steigung der affinen Funktion $L_{M_{k_q},j_0}$ ist höchstens so groß wie die Steigung m_{j_0} der Geraden durch den Ursprung und den Punkt $(\bar{z}_{j_0}, f_{j_0}(\bar{z}_{j_0}))$, da die Produktionskostenfunktion f_{j_0} konkav ist (vgl. Abbildung 5.7 rechts). Der Produktionskostenzuwachs durch die zusätzliche Produktion in S_{j_0} beträgt

$$\delta m_{q,j_0} \leq \delta m_{j_0} \leq \delta m_{max} \,.$$

Die Ersparnis bei der Produktion in S_1 beträgt $\delta m_{q,1}$ und die Nettoersparnis bei den Produktionskosten beläuft sich demnach insgesamt auf mindestens

$$\delta(m_{q,1} - m_{max}) \,.$$

Der Ersparnis bei der Produktion stehen allerdings Mehrkosten beim Transport gegenüber. Im Folgenden werden diese nach oben abgeschätzt. Definiert man den Distributionsplan $\tilde{\rho}$ durch

$$\tilde{\rho}_1(x,y) = \begin{cases} 0 & \text{für alle } (x,y) \in A, \\ \bar{\rho}_1^q(x,y) & \text{sonst,} \end{cases}$$

$$\tilde{\rho}_{j_0}(x,y) = \begin{cases} \Phi(x,y) & \text{für alle } (x,y) \in A, \\ \bar{\rho}_{j_0}^q(x,y) & \text{sonst} \end{cases}$$

und $\tilde{\rho}_i(x,y) = \bar{\rho}_i^q(x,y)$ für alle $i \neq 1, j_0$ und $(x,y) \in G$, so stellt dieser

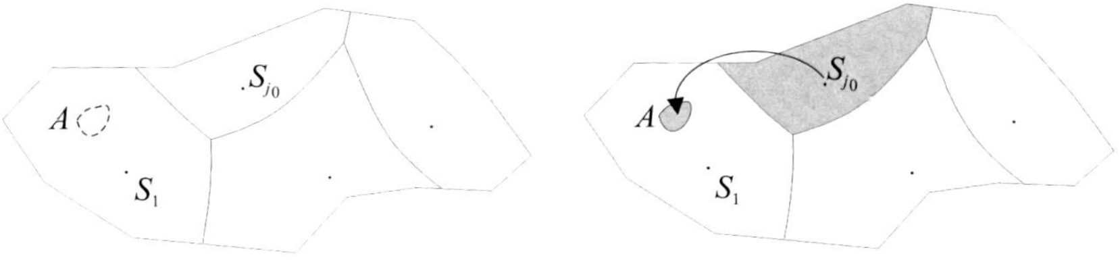

Abbildung 5.8: Vergleich der Distributionspläne $\bar{\rho}^q$ (links) und $\tilde{\rho}$ (rechts)

einen zulässigen Distributionsplan für das semi-infinite Transportproblem $STP(\tilde{z}^{k_q})$ dar.
Gemäß dem Distributionsplan $\tilde{\rho}$ wird die Nachfrage in A von der Betriebsstätte am Standort S_{j_0} bedient und nicht von derjenigen am Standort S_1, wie es gemäß dem Distributionsplan $\bar{\rho}^q$ der Fall ist (vgl. Abbildung 5.8). Sonst sind beide Distributionspläne identisch. Erfolgt die Verteilung des Guts gemäß Distributionsplan $\tilde{\rho}$ anstatt $\bar{\rho}^q$, dann steigen die Transportkosten um

$$\iint\limits_A d_{j_0}(x,y)\Phi(x,y)\,dx\,dy - \iint\limits_A d_1(x,y)\Phi(x,y)\,dx\,dy\,.$$

Für alle $(x,y) \in G$ ist $d_{j_0}(x,y) - d_1(x,y) \leq w_{max}$ und damit lässt sich der Transportkostenzuwachs nach oben durch

$$\iint\limits_A (d_{j_0}(x,y) - d_1(x,y))\Phi(x,y)\,dx\,dy \leq \iint\limits_A w_{max}\Phi(x,y)\,dx\,dy = \delta w_{max}$$

abschätzen. Da q so groß gewählt wurde, dass gilt $m_{q,1} > m_{max} + w_{max}$ (vgl. Gleichung $(*)$ auf S. 121), vermindern sich die Gesamtkosten, bestehend aus Produktions- und Transportkosten, insgesamt um mindestens

$$\delta(m_{q,1} - m_{max} - w_{max}) > 0\,.$$

Somit ist $\tilde{z}$ für das Problem $LPTP(M_{k_q})$ eine bessere Lösung als $\bar{z}^{k_q}$. Das steht allerdings im Widerspruch zur Optimalität von $\bar{z}^{k_q}$ für $LPTP(M_{k_q})$. Damit ist die zu Beginn des Beweises getroffene Annahme falsch und es folgt die Behauptung (a).

Zu (b): In jedem Iterationsschritt k_q tritt eine der beiden in Abbildung 5.6 beschriebenen Situationen (A) oder (B) auf. Gilt stets Situation (A), so ist $\bar{z}^{k_{q+1}} \leq \xi^{k_q} \leq \bar{z}^{k_q}$ und

$$\lim_{q\to\infty} \xi^{k_q} = \lim_{q\to\infty} \bar{z}^{k_q} > 0\,.$$

Falls man in einer Iteration k_r einmal in die Situation (B) kommen sollte, ist $\xi^{k_q} \geq \xi^{k_r} > 0$ für alle $q \geq r$ und somit folgt auch die Behauptung (b).

□

Mit Hilfe von Satz 9 lässt sich das folgende Theorem beweisen, das die Konvergenz des in Abschnitt 5.2 vorgestellten Branch-and-Bound-Verfahrens für das semi-infinite Produktions-Transportproblem zeigt.

Theorem 2
Für $\epsilon > 0$ bricht der SPT-Algorithmus nach endlich vielen Schritten ab. Für $\epsilon = 0$ bricht er entweder nach endlich vielen Schritten ab oder er erzeugt eine unendliche Folge $(\bar{z}^{k_q})_{q\in\mathbb{N}}$. In diesem Fall ist jeder Häufungspunkt der Folge $(\bar{z}^{k_q})_{q\in\mathbb{N}}$ eine optimale Lösung für (P).

Beweis: Angenommen der *SPT*-Algorithmus bricht nicht nach endlich vielen Schritten ab, dann erzeugt er, wie eingangs dieses Abschnitts erläutert, eine Folge ineinander geschachtelter Rechtecke $M_{k_q} = [a^{k_q}, b^{k_q}]$ und eine konvergente Folge $(\bar{z}^{k_q})_{q\in\mathbb{N}}$ von optimalen Lösungen für die Probleme $LPTP(M_{k_q})$ $(q \in \mathbb{N})$ mit

$$\lim_{q\to\infty} \bar{z}^{k_q} = \bar{z} \,.$$

Die Rechtecke M_{k_q} $(q \in \mathbb{N})$ werden jeweils in der Iteration k_q gemäß (ξ^{k_q}, i_{k_q}) mit $i_{k_q} = 1$ zerlegt. Zudem kann man, wie ebenfalls zu Beginn dieses Abschnitts erläutert, eine konvergente Folge von Zerlegungspunkten $(\xi^{k_q})_{q\in\mathbb{N}}$ voraussetzen mit

$$\lim_{q\to\infty} \xi^{k_q} = \xi \,.$$

Da die Folge $(a_1^{k_q})_{q\in\mathbb{N}}$ beschränkt und nichtfallend und die Folge $(b_1^{k_q})_{q\in\mathbb{N}}$ beschränkt und nichtsteigend ist, sind beide Folgen konvergent. Es gilt

$$\lim_{q\to\infty} a_1^{k_q} = a_1 \text{ und } \lim_{q\to\infty} b_1^{k_q} = b_1 \,.$$

Tritt in unendlich vielen Iterationen die in Abbildung 5.6 beschriebene Situation (A) auf, dann gilt $b_1^{k_{q+1}} \leq \xi^{k_q} \leq b_1^{k_q}$ für unendlich viele $q \in \mathbb{N}$ und damit

$$\lim_{q\to\infty} \xi^{k_q} = \lim_{q\to\infty} b_1^{k_q} = b_1 \,.$$

Tritt hingegen in unendlich viele Iterationen die Situation (B) auf, dann gilt $a_1^{k_q} \leq \xi^{k_q} \leq a_1^{k_{q+1}}$ für unendlich viele $q \in \mathbb{N}$ und damit

$$\lim_{q\to\infty} \xi^{k_q} = \lim_{q\to\infty} a_1^{k_q} = a_1 \,.$$

Folglich ist $\xi \in \{a_1, b_1\}$. Nach Satz 9(b) ist die Produktionskostenfunktion $f_1(z_1)$ in ξ stetig. Angenommen $\xi = a_1$, dann folgt

$$f_1(\xi^{k_q}) - L_{M_{k_q},1}(\xi^{k_q}) \leq f_1(\xi^{k_q}) - L_{M_{k_q},1}(a_1^{k_q}) = f_1(\xi^{k_q}) - f_1(a_1^{k_q})$$

für alle $q \in \mathbb{N}$. Da $f_1(z_1)$ bei a_1 stetig ist und da zudem gilt $\lim_{q\to\infty} \xi^{k_q} = a_1$ und $\lim_{q\to\infty} a_1^{k_q} = a_1$, ist folglich

$$\lim_{q\to\infty} f_1(\xi^{k_q}) - L_{M_{k_q},1}(\xi^{k_q}) = 0\,.$$

Analog folgt das Gleiche für den Fall $\xi = b_1$. Aufgrund der jeweiligen Wahl von ξ^{k_q} ist für alle $q \in \mathbb{N}$

$$0 \leq f_1(\bar{z}_1^{k_q}) - L_{M_{k_q},1}(\bar{z}_1^{k_q}) \leq f_1(\xi^{k_q}) - L_{M_{k_q},1}(\xi^{k_q})$$

(vgl. Schritt (ii) des SPT-Algorithmus) und damit gilt

$$\lim_{q\to\infty} f_1(\bar{z}_1^{k_q}) - L_{M_{k_q},1}(\bar{z}_1^{k_q}) = 0\,.$$

Wegen $0 \leq f_i(\bar{z}_i^{k_q}) - L_{M_{k_q},i}(\bar{z}_i^{k_q}) \leq f_1(\bar{z}_1^{k_q}) - L_{M_{k_q},1}(\bar{z}_1^{k_q})$ für alle $i = 1, \ldots, n$ ergibt sich

$$\lim_{q\to\infty} f_i(\bar{z}_i^{k_q}) - L_{M_{k_q},i}(\bar{z}_i^{k_q}) = 0$$

für alle $i = 1, \ldots, n$ sowie

$$\lim_{q\to\infty} f(\bar{z}^{k_q}) - L_{M_{k_q}}(\bar{z}^{k_q}) = 0\,.$$

Da die Funktionen f_i $(i = 1, \ldots, n)$ konkav sind, ist $\lim_{q\to\infty} f_i(\bar{z}_i^{k_q}) \geq f_i(\bar{z}_i^{k_q})$ für alle $i = 1, \ldots, n$ und es folgt

$$\lim_{q\to\infty} T(\bar{z}^{k_q}) + L_{M_{k_q}}(\bar{z}^{k_q}) = \lim_{q\to\infty} T(\bar{z}^{k_q}) + f(\bar{z}^{k_q}) \geq T(\bar{z}) + f(\bar{z})\,.$$

Zudem ist $T(\bar{z}^{k_q}) + L_{M_{k_q}}(\bar{z}^{k_q})$ nach Satz 8 eine untere Schranke für den optimalen Wert von (P) für alle $q \in \mathbb{N}$ und damit ist

$$T(\bar{z}) + f(\bar{z}) \leq \min\{T(z) + f(z) \mid \sum_{i=0}^{n} z_i = D,\ z \in [B, C]\}\,. \qquad (*)$$

Da $\bar{z}$ nach Lemma 3 eine zulässige Lösung für (P) ist, gilt Gleichheit in $(*)$ und $\bar{z}$ ist somit auch eine optimale Lösung für (P)

Falls man $\epsilon > 0$ gewählt hat, würde der SPT-Algorithmus somit bereits vorzeitig nach endlich vielen Iterationen abbrechen. Im anderen Fall stellt jeder Häufungspunkt der Folge $(\bar{z}^{k_q})_{q \in \mathbb{N}}$ eine optimale Lösung für (P) dar.

□

Kapitel 6

Testdurchführungen und Auswertungen

Der in Kapitel 5 entwickelte *SPT*-Algorithmus wurde für eine Vielzahl von Problemen getestet. Da viele verschiedene Probleme, wie das verallgemeinerte semi-infinite Transportproblem, das Uncapacitated-Facility-Location-Problem mit kontinuierlich verteilter Nachfrage und das Capacitated-Facility-Location-Problem mit kontinuierlich verteilter Nachfrage, Spezialfälle des semi-infiniten Produktions-Transportproblems darstellen, ist der Algorithmus auch auf diese Probleme anwendbar.

Für 15 Testprobleme (T1 bis T15) mit ganz unterschiedlichen Charakteristiken, u.a. auch Testprobleme zu den genannten Spezialfällen des semi-infiniten Produktions-Transportproblems, werden die Ergebnisse der Testläufe mit dem *SPT*-Algorithmus ausführlich dargelegt.

6.1 Testprobleme

Sämtliche Testprobleme besitzen die nachfolgenden Gemeinsamkeiten. Die Nachfrage verteilt sich gleichmäßig über ein Gebiet G in Form eines einfachen Polygons gemäß der Dichtefunktion

$$\Phi(x, y) = \frac{1}{\iint\limits_G dx\, dy}$$

für alle $(x, y) \in G$. Die gesamte Nachfrage D im Gebiet G beträgt somit

$$D = \iint_G \Phi(x, y)\, dx\, dy = 1\,.$$

Die Grenzen des Gebiets G sind durch einen geschlossenen überschneidungsfreien Polygonzug $\mathcal{P}$ gegeben. In den Testproblemen T1 bis T9 und T12 bis T15 ist G ein quadratisches Gebiet und wird durch den Polygonzug $\mathcal{P}_Q = ((0,0), (100,0), (100,100), (0,100))$ begrenzt (siehe Abbildung 6.1), in dem zufällig verteilt die potentiellen Standorte S_i $(i = 1, \ldots, n)$ liegen. Die Distanzen $d_i(x, y)$ zwischen den Standorten $S_i = (x_i, y_i)$ $(i = 1, \ldots, n)$

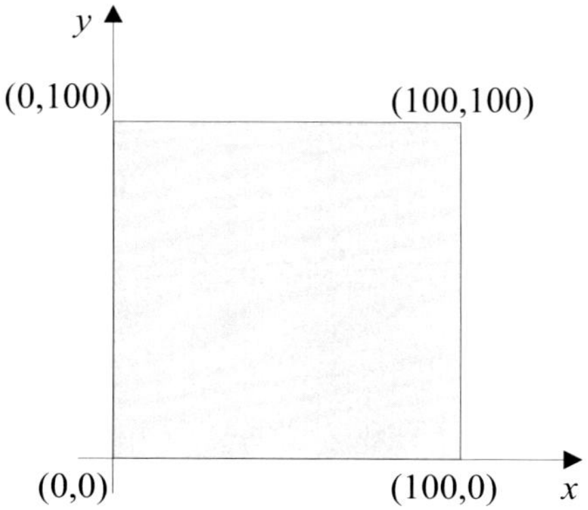

Abbildung 6.1: Quadratisches Gebiet G

und den Kundenorten $(x, y) \in G$ entsprechen jeweils dem euklidischen Abstand

$$d_i(x, y) = \sqrt{(x - x_i)^2 + (y - y_i)^2}\,.$$

6.1.1 Probleme mit linearen Produktionskostenfunktionen

Die semi-infiniten Produktions-Transportprobleme mit linearen Produktionskostenfunktionen f_i $(i = 1, \ldots, n)$ mit

$$f_i : [B_i, C_i] \to \mathbb{R}\,, \quad f_i(z_i) = \alpha_i z_i$$

wurden in Abschnitt 3.3 vorgestellt. Äquivalent dazu sind die semi-infiniten Produktions-Transportprobleme mit affinen Produktionskostenfunktionen sowie die verallgemeinerten semi-infiniten Transportprobleme (vgl. Abschnitt 3.2). Die Testprobleme T1 bis T3 fallen in diese Kategorie. In diesen Problemen sind die Koeffizienten α_i $(i = 1, \ldots, n)$ zufällig im Intervall $[\alpha_{min}, \alpha_{max}]$ gewählte zweistellige Dezimalzahlen. Im Testproblem T1 bestehen keine Kapazitätsbeschränkungen, so dass für jeden Standort S_i die Mindestauslastungsmenge $B_i = 0$ und die Kapazitätsoberschranke $C_i = 1$ gesetzt werden, während in den Problemen T2 und T3 die Werte für B_i $(i = 1, \ldots, n)$ bzw. C_i $(i = 1, \ldots, n)$ im Intervall $[B_{min}, B_{max}]$ bzw. im Intervall $[C_{min}, C_{max}]$ zufällig erzeugte zweistellige Dezimalzahlen sind. Die entsprechenden Werte für die jeweiligen Intervallgrenzen sind der Tabelle 6.1 zu entnehmen.

	n	B_{min}/B_{max}	C_{min}/C_{max}	$\alpha_{min}/\alpha_{max}$
T1	200	0/0	1/1	0/5
T2	50	0/0,03	0,04/1	0/15
T3	100	0/0,01	0,5/1	5/10

Tabelle 6.1: Charakteristiken der Testprobleme T1, T2 und T3

6.1.2 Uncapacitated-Facility-Location-Probleme

Wie im UFLP mit diskret verteilter Nachfrage bestehen auch im UFLP mit kontinuierlich verteilter Nachfrage die Produktionskosten in der Betriebstätte am Standort S_i nur aus Fixkosten F_i, falls die Betriebsstätte in S_i „geöffnet" ist und dort produziert wird $(z_i > 0)$.[1] Im anderen Fall $(z_i = 0)$ entstehen keine Produktionskosten. Restriktionen hinsichtlich der Produktionsmengen sind in diesen Problemen nicht vorhanden. Die Produktionskostenfunktionen f_i $(i = 1, \ldots, n)$ besitzen deshalb jeweils die Form $f_i : [0, D] \to \mathbb{R}$,

$$f_i(z_i) = \begin{cases} F_i & \text{falls } z_i > 0, \\ 0 & \text{sonst.} \end{cases}$$

[1] Ist am Standort S_i eine Betriebsstätte errichtet und wird dort produziert $(z_i > 0)$, so wird die Betriebsstätte am Standort S_i als „geöffnet" bezeichnet.

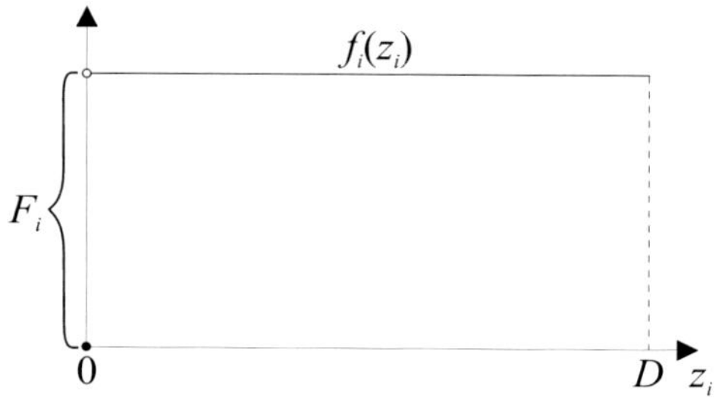

Abbildung 6.2: Produktionskostenfunktion im UFLP

Die Testprobleme T4 bis T6 zählen zu dieser Klasse von Standortproblemen. Die Fixkosten in diesen Problemen sind zufällig innerhalb der Grenzen F_{min} und F_{max} gewählte zweistellige Dezimalzahlen (vgl. Tabelle 6.2).

	n	F_{min}/F_{max}
T4	20	0/10
T5	25	0/15
T6	30	0/15

Tabelle 6.2: Charakteristiken der Testprobleme T4, T5 und T6

6.1.3 Capacitated-Facility-Location-Probleme

Das CFLP unterscheidet sich vom UFLP sowohl mit diskret verteilter Nachfrage als auch mit kontinuierlich verteilter Nachfrage nur durch die im CFLP zusätzlich vorhandenen oberen Kapazitätsbeschränkungen C_i $(i = 1, \ldots, n)$. In den drei zu dieser Klasse gehörigen Testproblemen T7 bis T9 sind die Fixkosten F_i $(i = 1, \ldots, n)$ bzw. die Kapazitätsbeschränkungen C_i $(i = 1, \ldots, n)$ im Intervall $[F_{min}, F_{max}]$ bzw. im Intervall $[C_{min}, C_{max}]$ zufällig erzeugte zweistellige Dezimalzahlen (vgl. Tabelle 6.3).

	n	C_{min}/C_{max}	F_{min}/F_{max}
T7	10	0,01/0,5	0/5
T8	30	0,01/0,5	0/15
T9	50	0,01/0,25	0/5

Tabelle 6.3: Charakteristiken der Testprobleme T7, T8 und T9

6.1.4 Probleme mit stückweise linearen konkaven Produktionskostenfunktionen

Eine stückweise lineare konkave Produktionskostenfunktion f_i setzt sich stetig aus mehreren affinen Funktionen zusammen (vgl. Abbildung 6.3). Sie wird durch die endlich vielen Knickpunkte $K_{i,p}$ $(p = 1, \ldots, m_i)$ eindeutig bestimmt. Jede beliebige konkave Produktionskostenfunktion lässt sich durch eine solche stückweise lineare Produktionskostenfunktion annähern.

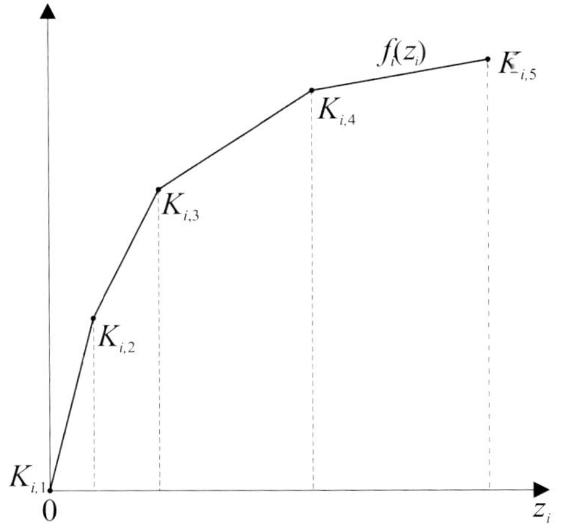

Abbildung 6.3: Stückweise lineare Produktionskostenfunktion

Die Testprobleme T10 und T11 gehören zu den semi-infiniten Produktions-Transportproblemen mit stückweise linearen Produktionskostenfunktionen. Die polygonalen Gebiete dieser Probleme sind nicht konvex wie die quadratischen Gebiete der Testprobleme T1 bis T9. Das dem Problem

T10 zugrunde liegende Gebiet G besitzt ungefähr die Form eines Teils von Westeuropa (vgl. Abbildung 6.4 links). Die potentiellen Standorte für die Betriebsstätten sind die Städte Amsterdam, Berlin, Bern, Brüssel, Lissabon, Madrid, Paris, Rom und Wien. In Testproblem T11 wird das Gebiet

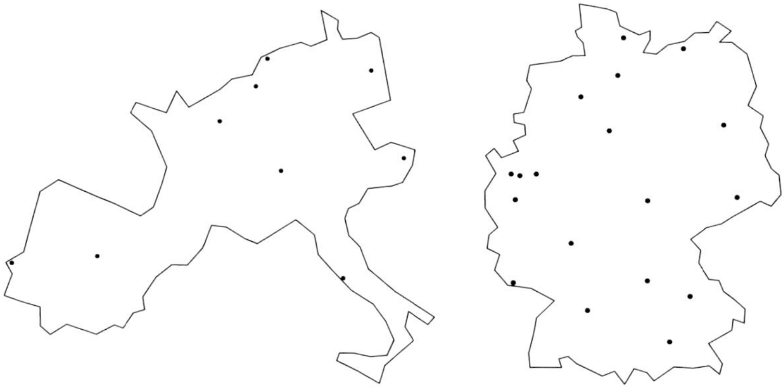

Abbildung 6.4: Polygonale Gebiete, die T10 und T11 zugrunde liegen

G von einem Polygonzug mit der ungefähren Form Deutschlands begrenzt (vgl. Abbildung 6.4 rechts). Die Städte Berlin, Bremen, Dortmund, Dresden, Duisburg, Erfurt, Essen, Frankfurt am Main, Hamburg, Hannover, Kiel, Köln, München, Nürnberg, Regensburg, Rostock, Saarbrücken und Stuttgart stellen die potentiellen Standorte für die Betriebsstätten dar.

6.1.5 Probleme mit allgemeinen konkaven Produktionskostenfunktionen

Als Vertreter für allgemeine konkave Produktionskostenfunktionen werden für die Testprobleme T12 bis T15 Produktionskostenfunktionen der Form $f_i : [B_i, C_i] \to \mathbb{R}$,

$$f_i(z_i) = \begin{cases} \alpha_i z_i^{\beta_i} + F_i & \text{falls } z_i > 0, \\ 0 & \text{sonst} \end{cases}$$

mit $\alpha_i \geq 0$ und $0 < \beta_i \leq 1$ gewählt. Diese Art von Produktionskostenfunktionen beinhaltet als Spezialfälle die Produktionskostenfunktionen der Probleme in den Kapiteln 6.1.1, 6.1.2 und 6.1.3. Für $\alpha_i = 0$ reduziert sich

f_i auf eine Produktionskostenfunktion mit Fixkostenform wie diejenigen im UFLP oder CFLP, während für $F_i = 0$ und $\beta_i = 1$ die Produktionskostenfunktion f_i linear ist.

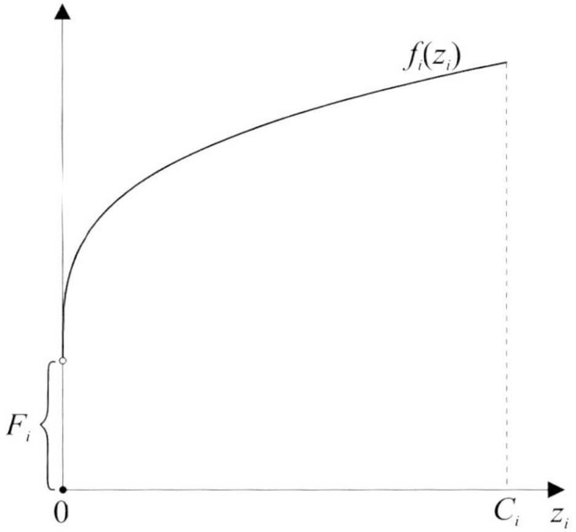

Abbildung 6.5: Allgemeine konkave Produktionskostenfunktion

In den Testproblemen T12, T13 und T14 gibt es keine Mindestauslastungsmengen B_i $(i = 1, \ldots, n)$ und Kapazitätsoberschranken C_i $(i = 1, \ldots, n)$, so dass $B_i = 0$ und $C_i = 1$ gesetzt werden für alle $i = 1, \ldots, n$. Fixkosten sind in den Problemen T12, T14 und T15 nicht zu berücksichtigen. Sonst

	n	B_{min}/B_{max}	C_{min}/C_{max}	F_{min}/F_{max}	$\alpha_{min}/\alpha_{max}$	β_{min}/β_{max}
T12	10	0/0	1/1	0/0	0/10	0,01/0,99
T13	10	0/0	1/1	0/5	0/10	0,01/0,99
T14	15	0/0	1/1	0/0	0/10	0,01/0,99
T15	20	0/0,05	0,05/0,2	0/0	5/10	0,01/0,99

Tabelle 6.4: Charakteristiken der Testprobleme T12 bis T15

sind die Fixkosten F_i, die Mindestauslastungsmenge B_i, die Kapazitätsbeschränkung C_i und die Werte für α_i und β_i für alle $i = 1, \ldots, n$ in den jeweiligen Intervallen $[F_{min}, F_{max}]$, $[B_{min}, B_{max}]$, $[C_{min}, C_{max}]$, $[\alpha_{min}, \alpha_{max}]$ und $[\beta_{min}, \beta_{max}]$ zufällig erzeugte zweistellige Dezimalzahlen. Die Intervallgrenzen sind in der Tabelle 6.4 angegeben.

6.2 Testauswertungen

Für semi-infinite euklidische Produktions-Transportprobleme, in denen die Nachfrage über ein polygonal begrenztes Gebiet G gleichverteilt ist, wurde der SPT-Algorithmus in Visual C++ (Version 6.0) auf einem IBM-PC mit Intel Pentium II-Prozessor, 330 MHz Taktfrequenz und 64 MB Arbeitsspeicher implementiert.

Für die Testläufe wird $\epsilon = 0,2$ gewählt. Damit können die Zielfunktionswerte der ϵ-optimalen Lösungen je nach Testproblem höchstens bis zu ca. 1% vom optimalen Wert des jeweiligen Problems abweichen.
An jedem Knoten des Branch-and-Bound-Baums des SPT-Algorithmus muss ein semi-infinites Produktions-Transportproblem mit linearen Produktionskostenfunktionen $f_i(z_i) = \alpha_i z_i$ $(i = 1, \ldots, n)$ gelöst werden. Wie in den Kapiteln 3.2 und 3.3 gezeigt wurde, kann ein solches Problem über sein Lagrange-Dual

$$\max_{(u,v)\geq 0} L(u,v)$$

gelöst werden, vorausgesetzt dass die Funktionswerte

$$L(u,v) = \sum_{i=1}^{n} u_i B_i - v_i C_i + \frac{1}{\iint\limits_{G} dx\,dy} \iint\limits_{\mathrm{Vor}_i^G(w)} d_i(x,y) + w_i \,dx\,dy$$

mit $w = \alpha + v - u$ effizient berechnet werden können.[2] Der in Abschnitt 4.2.3.1 entwickelte Algorithmus zur Berechnung von begrenzten additiv gewichteten Voronoi-Diagrammen sowie die in Abschnitt 4.2.3.2 hergeleiteten Formeln für die Flächen- und Raumintegrale

$$\iint\limits_{\mathrm{Vor}_i^G(w)} dx\,dy \quad \text{und} \quad \iint\limits_{\mathrm{Vor}_i^G(w)} d_i(x,y)\,dx\,dy$$

[2] Die Maximierung der konkaven Funktion $L(u,v)$ ist äquivalent zu der Minimierung der konvexen Funktion $-L(u,v)$.

$(i = 1, \ldots, n)$ werden hierfür verwendet. Die Maximierung der konkaven Funktion $L(u, v)$ über der Menge $\mathbb{R}_+^n \times \mathbb{R}_+^n$ wird mit Hilfe der Optimierungsroutine e04kbc (nag_opt_bounds_deriv) aus der Nag C Library Mark 5, einem in C implementierten Standardverfahren aus der Nichtlinearen Optimierung, durchgeführt.[3] Dieses Quasi-Newton-Verfahren liefert als Ergebnis Lagrange-Multiplikatoren u_i, v_i $(i = 1, \ldots, n)$, so dass die dazugehörige Primallösung z mit

$$z_i = \frac{1}{\iint\limits_G dx\,dy} \iint\limits_{\mathrm{Vor}_i^G(w)} dx\,dy$$

für alle $i = 1, \ldots, n$ einen Zielfunktionswert besitzt der vom optimalen Wert höchstens um 0,00001 abweicht. Diese Genauigkeit ist hinsichtlich des gewählten ϵ sehr hoch und mehr als ausreichend.
Die Geschwindigkeit des verwendeten Quasi-Newton Verfahrens hängt von vielen Faktoren ab, wie z.B. der Anzahl der potentiellen Standorte, der verwendeten Zahlenformate oder der Qualität der Startlösung. Für das Problem am Wurzelknoten des Branch-and-Bound-Baums wird stets die Startlösung (u, v) mit $u_i = v_i = 0$ für alle $i = 1, \ldots, n$ verwendet. Falls keine Kapazitätsrestriktionen vorhanden und die Produktionskosten linear sind, ist diese Lösung bereits optimal (vgl. Abschnitt 3.2.1).
Für die Probleme an den anderen Knoten werden im Folgenden spezielle Startlösungen berechnet, die jeweils von der optimalen Lösung des Problems des direkten Vorgängerknotens im Branch-and-Bound-Baum abhängig sind.

Sei dazu M_k das zu einem Knoten des Branch-and-Bound-Baums gehörige Rechteck und $(\bar{u}^k, \bar{v}^k)$ eine optimale Lösung des Lagrange-Duals von $LPTP(M_k)$. Zudem seien $m_{k,i}$ $(i = 1, \ldots, n)$ die Steigungen der affinen Approximationsfunktionen $L_{M_k,i}$ $(i = 1, \ldots, n)$. Als die zu einer Duallösung (u, v) gehörige Primallösung von $LPTP(M_k)$, die im Allgemeinen nicht zulässig ist, wird z mit

$$z_i = \frac{1}{\iint\limits_G dx\,dy} \iint\limits_{\mathrm{Vor}_i^G(w)} dx\,dy$$

[3] Ausführliche Informationen über die Nag C Library erhält man im Intenet unter http://www.nag.com oder direkt bei: NAG LTD, Wilkinson Road, Jordan Hill Road, Oxford OX2 8DR, United Kingdom

bezeichnet. Dabei ist $w_i = m_{k,i} + v_i - u_i$ für alle $i = 1, \ldots, n$.

Sei $(\bar{u}^k, \bar{v}^k)$ eine optimale Lösung des Lagrange-Duals von $LPTP(M_k)$ und $\bar{z}^k$ die dazugehörige Primallösung. Es wird angenommen, dass das Rechteck $M_k = [a^k, b^k]$ in dieser Iteration via (ξ^k, i_k) in die beiden Teilrechtecke M_{k_1} und M_{k_2} aufgespalten wird:

$$M_{k_1} = [a_1^k, b_1^k] \times \cdots \times [a_{i_k}^k, \xi^k] \times \cdots \times [a_n^k, b_n^k]$$

$$M_{k_2} = [a_1^k, b_1^k] \times \cdots \times [\xi^k, b_{i_k}^k] \times \cdots \times [a_n^k, b_n^k]$$

Die Produktionskostenfunktionen des Problems $LPTP(M_k)$ unterscheiden sich von denen der Probleme $LPTP(M_{k_1})$ und $LPTP(M_{k_2})$ nur in der Produktionskostenfunktion am Standort S_{i_k}. Diese Ähnlichkeit der Probleme lässt vermuten, dass Startlösungen (u^{k_1}, v^{k_1}) und (u^{k_2}, v^{k_2}) für die dualen Probleme zu $LPTP(M_{k_1})$ und $LPTP(M_{k_2})$, die jeweils als Primallösung die optimale Lösung $\bar{z}^k$ von $LPTP(M_k)$ besitzen, eine gute Wahl sind. Deshalb wird für $LPTP(M_{k_1})$ die Startlösung (u^{k_1}, v^{k_1}) gewählt mit $v_i^{k_1} = \bar{v}_i^k$ für alle $i = 1, \ldots, n$ und

$$u_i^{k_1} = \begin{cases} \bar{u}_i^k + m_{k_1,i} - m_{k,i} & \text{für } i = i_k\,, \\ \bar{u}_i^k & \text{für } i \neq i_k\,. \end{cases}$$

Mit m_{k_1,i_k} wird dabei die Steigung der affinen Approximationsfunktion $L_{M_{k_1},i_k}$ bezeichnet. Wegen $\bar{u}_i^k, \bar{v}_i^k \geq 0$ für alle $i = 1, \ldots, n$ und $m_{k_1,i_k} \geq m_{k,i_k}$ (vgl. Abbildung 6.6) ist $u_i^{k_1}, v_i^{k_1} \geq 0$ für alle $i = 1, \ldots, n$. Folglich stellt (u^{k_1}, v^{k_1}) eine zulässige Startlösung für das Lagrange-Dual zu $LPTP(M_{k_1})$ dar. Für $LPTP(M_{k_2})$ wird die Startlösung (u^{k_2}, v^{k_2}) gewählt mit $u_i^{k_2} = \bar{u}_i^k$ für alle $i = 1, \ldots, n$ und

$$v_i^{k_2} = \begin{cases} \bar{v}_i^k - m_{k_2,i} + m_{k,i} & \text{für } i = i_k\,, \\ \bar{v}_i^k & \text{für } i \neq i_k\,. \end{cases}$$

Mit m_{k_2,i_k} wird dabei die Steigung der linearen Approximation $L_{M_{k_2},i_k}$ bezeichnet. Wegen $\bar{u}_i^k, \bar{v}_i^k \geq 0$ für alle $i = 1, \ldots, n$ und $m_{k_2,i_k} \leq m_{k,i_k}$ ist $u_i^{k_2}, v_i^{k_2} \geq 0$ für alle $i = 1, \ldots, n$. Damit ist (u^{k_2}, v^{k_2}) eine zulässige Startlösung für das Lagrange-Dual zu $LPTP(M_{k_2})$. Die Startlösung für

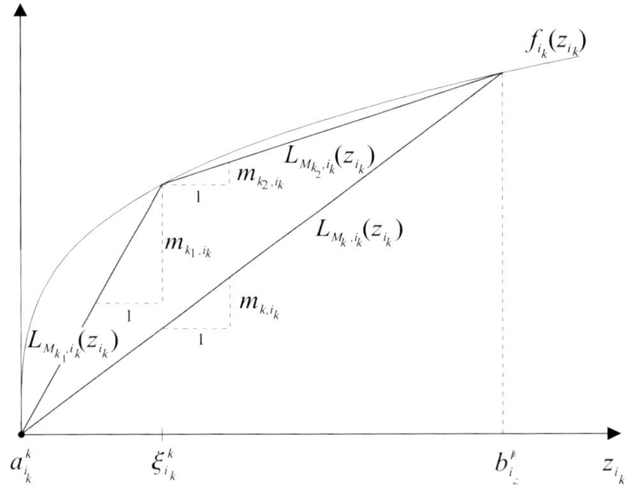

Abbildung 6.6: Lineare Approximationen der Produktionskostenfunktion f_{i_k}

das Lagrange-Dual von $LPTP(M_{k_1})$ impliziert

$$m_{k_1,i_k} + v^{k_1}_{i_k} - u^{k_1}_{i_k} = m_{k_1,i_k} + \bar{v}^k_{i_k} - \bar{u}^k_{i_k} - m_{k_1,i_k} + m_{k,i_k} = w_{i_k}$$

und $m_{k_1,i} + v^{k_1}_i - u^{k_1}_i = w_i$ für die restlichen Indices $i \neq i_k$. Für die zur Startlösung (u^{k_1}, v^{k_1}) gehörige Primallösung z^{k_1} gilt damit

$$z^{k_1}_i = \frac{1}{\iint\limits_G dx\,dy} \iint\limits_{\mathrm{Vor}^G_i(w)} dx\,dy = \bar{z}^k_i$$

für alle $i = 1, \ldots, n$. Das Analoge trifft auf die zu der Startlösung des Lagrange-Duals von $LPTP(M_{k_2})$ gehörige Primallösung z^{k_2} zu. Ist $\xi^k = \bar{z}^k_{i_k}$, dann ist $\bar{z}^k$ für die beiden Primalprobleme $LPTP(M_{k_1})$ und $LPTP(M_{k_2})$ sogar eine zulässige Lösung.

Es wird sich herausstellen, dass die Wahl des Zerlegungspunkts ξ^k in Schritt (ii) des SPT-Algorithmus einen beträchtlichen Einfluß auf die Anzahl der vom Algorithmus benötigten Iterationen besitzt. Eine stets zulässige Wahl dieses Zerlegungspunkts $\xi^k \in (a_{i_k}, b_{i_k})$ stellt $\bar{z}^k_{i_k}$ dar. Diese Auswahlstrategie wird als Strategie (1) bezeichnet.

Strategie (1): $\xi^k = \bar{z}^k_{i_k}$

Weitere Strategien werden speziell für einzelne Klassen von semi-infiniten Produktions-Transportproblemen entwickelt und für die Testprobleme mit Strategie (1) verglichen.

6.2.1 Auswertungen der Testläufe für T1, T2 und T3

Ein semi-infinites Produktions-Transportproblem mit linearen Produktionskostenfunktionen ist zugleich das zum Wurzelknoten des Branch-and-Bound-Baums gehörige Problem, so dass der SPT-Algorithmus in Schritt (i) der Iteration 1 bereits abbricht. In Problemen ohne Kapazitätsrestriktionen, wie z.B. Testproblem T1, bilden die begrenzten additiv gewichteten Voronoi-Diagramme mit den Gewichten $w_i = \alpha_i$ $(i = 1, \ldots, n)$, wobei α_i jeweils die Steigung der linearen Produktionskostenfunktion $L_{M_0,i}$ bezeichnet, eine optimale Gebietsaufteilung (vgl. Kapitel 3, Satz 1). Für Testproblem T1 muss folglich am Wurzelknoten des Branch-and-Bound-Baums nur ein begrenztes additiv gewichtetes Voronoi-Diagramm berechnet werden. In den Testproblemen T2 und T3 sind allerdings Kapazitätsrestriktionen vorhanden. Deshalb muss am jeweiligen Wurzelknoten des Branch-and-Bound-Baums ein echtes Optimierungsproblem gelöst werden. Das dazu verwendete Quasi-Newton-Verfahren lässt sich beschleunigen, indem die Zielfunktion mit einem Skalierungsfaktor multipliziert wird. Dadurch ergeben sich für das Verfahren günstigere Schrittgrößen, so dass weniger Funktionsauswertungen der zu optimierenden Funktion und damit weniger Berechnungen begrenzter additiv gewichteter Voronoi-Diagramme erforderlich sind. Die Tabelle 6.5 mit den Ergebnissen der Testläufe für die Probleme T1, T2 und T3 enthält jeweils für die Skalierungsfaktoren 1 und 100, die Anzahl der Iterationen, die Anzahl der berechneten additiv

	Skalierungsfaktor 1				Skalierungsfaktor 100			
	Iterationen	Anzahl der VD	Zeit (in s)	T(z*) + f(z*)	Iterationen	Anzahl der VD	Zeit (in s)	T(z*) + f(z*)
T1	1	1	0,40	5,68	1	1	0,40	5,68
T2	1	214	31,48	14,01	1	49	7,06	14,01
T3	1	319	91,16	13,09	1	69	17,60	13,09

Tabelle 6.5: Ergebnisse für die Testprobleme T1, T2 und T3

gewichteten Voronoi-Diagramme (Anzahl der VD) und die Zeit, die der SPT-Algorithmus zur Findung einer ϵ-optimalen Lösung benötigt. Außerdem sind die Zielfunktionswerte $T(z^*) + f(z^*)$ der ermittelten ϵ-optimalen Lösungen z^* angegeben.
Für die Testprobleme T2 und T3 beschleunigt sich das Verfahren mit einem Skalierungsfaktor 100 erheblich. Auch für die Testprobleme T4 bis

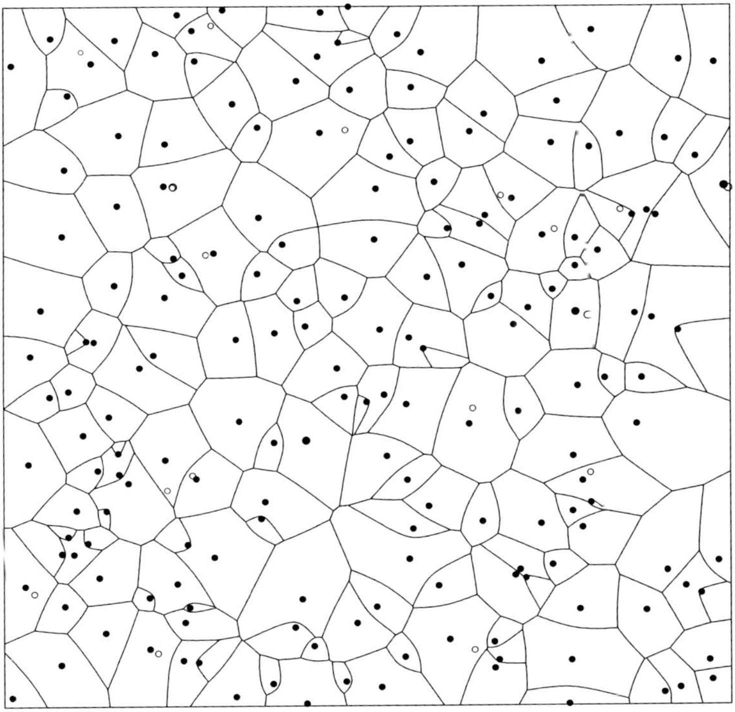

Abbildung 6.7: Optimale Gebietsaufteilung für T1

T15 werden die Laufzeiten durch den Skalierungsfaktor 100 herabgesetzt. Deshalb wird dieser für die Testläufe verwendet. Es ist allerdings anzumerken, dass die Laufzeitunterschiede mit verschiedenen Skalierungsfaktoren nicht immer so prägnant wie für T2 und T3 sind.
Die Abbildung 6.7 zeigt die optimale Gebietsaufteilung für Testproblem T1 mit 200 Standorten, das in $0,40\,s$ berechnet wird. Die nicht ausgefüllten

Punkte kennzeichnen darin die Standorte, in denen nicht produziert wird. Die optimalen Gebietsaufteilungen für T2 und T3 sind in den Abbildungen C.1 und C.2 im Anhang C dargestellt.

6.2.2 Auswertungen der Testläufe für T4, T5 und T6

Die Testprobleme T4, T5 und T6 sind Uncapacitated-Facility-Location-Probleme. Da die Produktionskosten nur aus Fixkosten bestehen, die anfallen, wenn ein Standort S_i geöffnet ist ($z_i > 0$), aber unabhängig von der Quantität der produzierten Menge sind, und da zudem keine Kapazitätsrestriktionen existieren, wird jeder Kunde von einem seiner ihm nächstliegenden geöffneten Standorte bedient. Für eine Menge von geöffneten Standorten bildet deshalb das gewöhnliche Voronoi-Diagramm die optimale Gebietsaufteilung. Es stellt sich nur noch die Frage, welche Standorte geöffnet werden sollen. Das entspricht einem kombinatorischen Optimierungsproblem mit 2^n Lösungsmöglichkeiten. Für $n = 30$, wie bei Testproblem T6, ist diese Zahl schon beträchtlich groß

$$n = 1\,073\,741\,824\,.$$

Für die zu den Uncapacitated-Facility-Location- und Capacitated-Facility-Location-Problemen zählenden Testprobleme T4 bis T9 wird eine weitere Strategie für die Auswahl des Zerlegungspunkts ξ^k vorgeschlagen:

Sei $M_k = [a^k, b^k]$ das zu zerlegende Rechteck, $\bar{z}^k$ eine optimale Lösung von $LPTP(M_k)$ und i_k der Index, für den die Differenz $f_i(\bar{z}_i^k) - L_{M,i}(\bar{z}_i^k)$ maximal ist. Aufgrund der Fixkostenform der Produktionskostenfunktionen ist $a_{i_k}^k = 0$, denn sonst würde der SPT-Algorithmus bereits im Schritt (ii) der laufenden Iteration abbrechen.

Strategie (2) :
$$\xi^k = \begin{cases} 0,005 & \text{falls } \bar{z}_{i_k}^k > 0,005\,, \\ \bar{z}_{i_k}^k & \text{sonst}\,. \end{cases}$$

Im Vergleich zu Strategie (1) werden dadurch die Produktionskostenfunktionen vor allem schneller und genauer angenähert. Die Strategie (2) erweist sich für die Uncapacitated-Facility-Location-Probleme im Vergleich

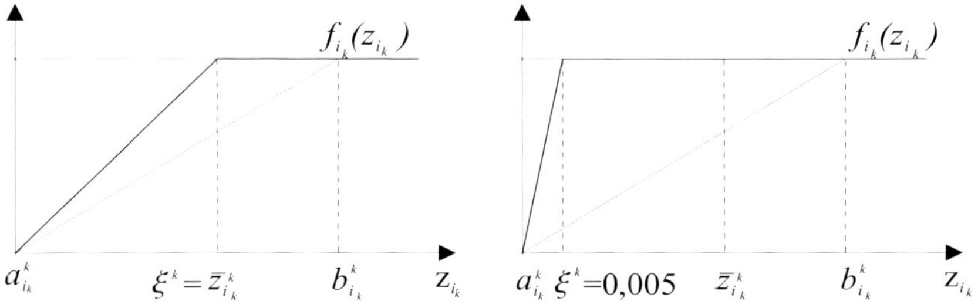

Abbildung 6.8: Vergleich der Strategien (1) und (2)

zu Strategie (1) als die bessere. Die Anzahl der erforderlichen Iterationen lässt sich damit deutlich senken (vgl. Tabelle 6.6). Aus der Tabelle 6.6 ist auch ersichtlich, dass die Laufzeiten nicht nur von der Anzahl n der potentiellen Standorte abhängen, z.B. ist für T4 mit $n = 20$ die Laufzeit mit Strategie (1) länger als für die beiden größeren Probleme T5 ($n = 25$) und T6 ($n = 30$).

	Strategie (1)				Strategie (2)			
	Iterationen	Anzahl der VD	Zeit (in s)	T(z*) + f(z*)	Iterationen	Anzahl der VD	Zeit (in s)	T(z*) + f(z*)
T4	1 002	29 593	1 323,25	26,75	289	7 197	329,15	26,75
T5	308	12 546	535,87	27,33	146	4 788	227,64	27,33
T6	439	20 000	966,79	29,01	343	14 592	742,16	29,01

Tabelle 6.6: Ergebnisse für die Testprobleme T4, T5 und T6

Die Abbildung 6.9 zeigt für Testproblem T5 die zur gefundenen ϵ-optimalen Lösung gehörige Gebietsaufteilung, die aus dem gewöhnlichen Voronoi-Diagramm der geöffneten Standorte besteht. Die vom *SPT*-Algorithmus mit Strategie (2) ermittelte Gebietsaufteilung für T4 und T6 zeigen die Abbildungen C.3 und C.4 im Anhang C.

Anzumerken ist, dass der *SPT*-Algorithmus nicht für dieses spezielle Produktions-Transportproblem, einem kombinatorischen Optimierungsproblem, konzipiert ist. Es ist daher anzunehmen, dass es für diese Art von Probleme effektivere Verfahren gibt.

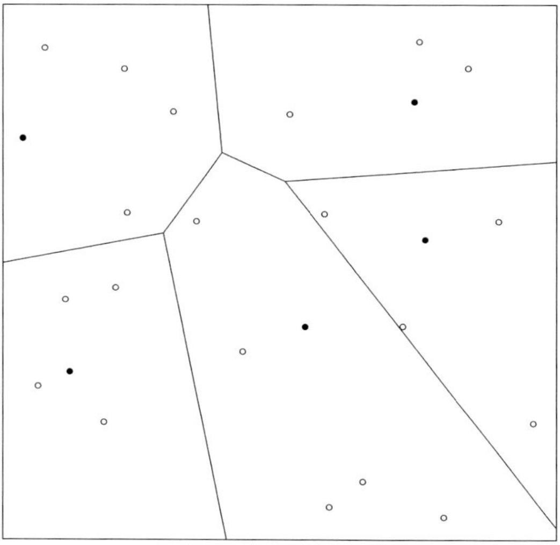

Abbildung 6.9: Gebietsaufteilung für T5

6.2.3 Auswertungen der Testläufe für T7, T8 und T9

Wie in Abschnitt 6.1.3 beschrieben, sind die Testprobleme T7, T8 und T9 Capacitated-Facility-Location-Probleme, die im Gegensatz zu den Testproblemen T4, T5 und T6 (Uncapacitated-Facility-Location-Probleme) zusätzliche obere Kapazitätsbeschränkungen besitzen. Bei den Problemen mit diskret verteilter Nachfrage gelten die Capacitated-Facility-Location-Probleme im Vergleich zu den Uncapacitated-Facility-Location-Problemen als viel schwieriger zu lösen. Es ist anzunehmen, dass dies bei den Problemen mit kontinuierlicher Nachfrage genauso ist, da die optimalen Gebietsaufteilungen für die Uncapacitated-Facility-Location-Probleme mit kontinuierlich verteilter Nachfrage nur aus gewöhnlichen Voronoi-Diagrammen bestehen. Mit dem SPT-Algorithmus lassen sich allerdings Capacitated-Facility-Location-Probleme schneller lösen als Uncapacitated-Facility-Location-Probleme mit kontinuierlich verteilter Nachfrage, da durch die Kapazitätsbeschränkungen der Lösungsraum (insbesondere das Rechteck am Wurzelknoten des Branch-and-Bound-Baums) kleiner wird (vgl. z.B. die Ergebnisse für T6 und T8).

In der Tabelle 6.7 sind die Ergebnisse der Testläufe für die Testprobleme

	Strategie (1)				Strategie (2)			
	Iterationen	Anzahl der VD	Zeit (in s)	T(z*) + f(z*)	Iterationen	Anzahl der VD	Zeit (in s)	T(z*) + f(z*)
T7	15	333	12,96	32,08	12	235	9,37	32,08
T8	153	8 050	371,35	31,70	89	4 481	208,96	31,70
T9	554	46 438	3 020,85	19,28	177	14 133	965,64	19,26

Tabelle 6.7: Ergebnisse für die Testprobleme T7, T8 und T9

T7, T8 und T9 aufgelistet. Daraus ist ersichtlich, dass sich die Wahl des Zerlegungspunkts nach Strategie (2) auch für diese Probleme als vorteilhafter erweist.

Die optimalen Gebietsaufteilungen bestehen im Allgemeinen aus „echten“ begrenzten additiv gewichteten Voronoi-Diagrammen, d.h. die Gebietsgrenzen der geöffneten Standorte setzen sich aus den Abschnitten von Hyperbelästen zusammen, da aufgrund von Kapazitätsbeschränkungen nicht jeder Kunde von einem ihm nächstliegenden geöffneten Standort bedient werden kann.

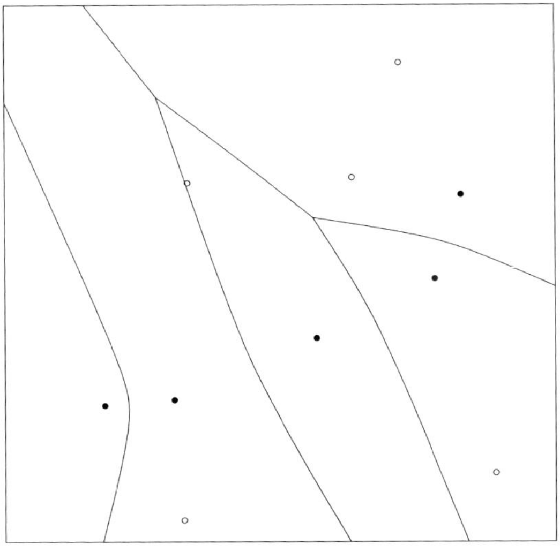

Abbildung 6.10: Gebietsaufteilung für T7

Die Abbildung 6.10 zeigt die Gebietsaufteilung zu der ϵ-optimalen Lösung für Testproblems T7, die mit dem SPT-Algorithmus mit Stategie (2) ermittelt wurde. Im Anhang C sind die Gebietsaufteilungen zu den vom SPT-Algorithmus gefundenen ϵ-optimalen Lösungen für T8 und T9 in den Abbildungen C.5 und C.6 dargestellt.

6.2.4 Auswertungen der Testläufe für T10 und T11

Für die semi-infiniten Produktions-Transportprobleme mit stückweise linearen Produktionskostenfunktionen wird eine spezielle Strategie zur Wahl von ξ^k entwickelt. Sei $M_k = [a^k, b^k]$ das zu zerlegende Rechteck und seien $K_{i_k,j} = (x_{i_k,j}, y_{i_k,j})$ und $K_{i_k,j+1} = (x_{i_k,j+1}, y_{i_k,j+1})$ die beiden aufeinanderfolgenden Knickpunkte der Produktionskostenfunktion f_{i_k}, für die gilt $x_{i_k,j} < \bar{z}^k_{i_k} \leq x_{i_k,j+1}$.

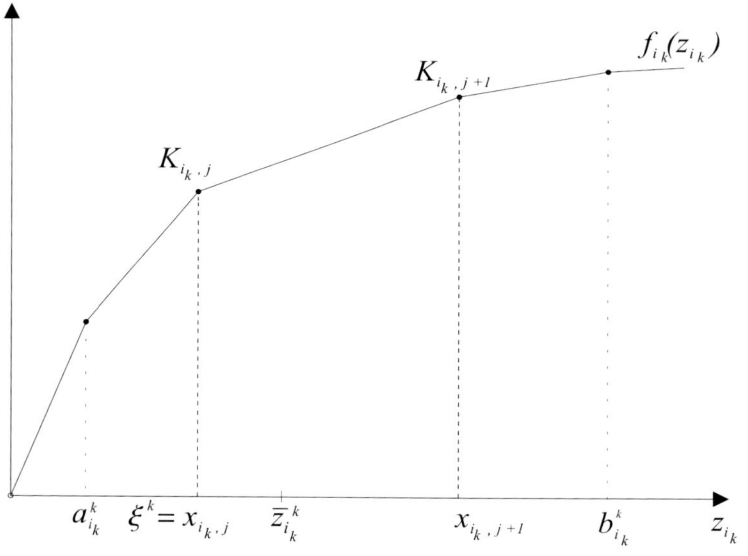

Abbildung 6.11: Wahl des Zerlegungspunkts ξ^k gemäß Strategie (3)

Strategie (3):
Ist $x_{i_k,j} = a^k_{i_k}$ bzw. $x_{i_k,j+1} = b^k_{i_k}$, so wird $\xi^k = x_{i_k,j+1}$ bzw. $\xi^k = x_{i_k,j}$ gewählt. In den anderen Fällen wählt man

$$\xi^k = \begin{cases} x_{i_k,j} & \text{falls } |z^k_{i_k} - x_{i_k,j}| \leq |x_{i_k,j+1} - z^k_{i_k}|, \\ x_{i_k,j+1} & \text{falls } |z^k_{i_k} - x_{i_k,j}| > |x_{i_k,j+1} - z^k_{i_k}|. \end{cases}$$

Der Fall $x_{i_k,j} = a^k_{i_k}$ und $x_{i_k,j+1} = b^k_{i_k}$ tritt nicht auf, denn dann würde der *SPT*-Algorithmus bereits im Schritt (ii) dieser Iteration abbrechen. Liegen sowohl $x_{i_k,j}$ als auch $x_{i_k,j+1}$ „echt" zwischen $a^k_{i_k}$ und $b^k_{i_k}$, dann wird ξ^k auf denjenigen der beiden Werte gesetzt, der zu $z^k_{i_k}$ auf der x-Achse näher liegt.[4] Es werden folglich nur die Abszissen der Knickpunkte als Zerlegungspunkte gewählt. Dadurch lassen sich die Produktionskostenfunktionen exakt von unten annähern. Da es insgesamt nur endlich viele Knickpunkte gibt, ist die Konvergenz des Verfahrens gewährleistet.

	Strategie (1)				Strategie (3)			
	Iterationen	Anzahl der VD	Zeit (in s)	T(z*) + f(z*)	Iterationen	Anzahl der VD	Zeit (in s)	T(z*) + f(z*)
T10	44	555	46,23	203,32	27	334	27,97	203,32
T11	146	5 984	523,04	160,56	124	4 714	422,59	160,56

Tabelle 6.8: Ergebnisse für die Testprobleme T10 und T11

Für die Wahl von ξ^k stellt sich für Produktions-Transportprobleme mit stückweise linearen Produktionskostenfunktionen die Strategie (3) im Vergleich zu Strategie (1) als die bessere heraus. Auch für die Testprobleme wird damit jeweils die Anzahl der Iterationen deutlich herabgesetzt (vgl. Tabelle 6.8).
Aufgrund der größeren Anzahl der Eckpunkte, der die Gebiete begrenzenden Polygonzüge, erfordern die Berechnungen der begrenzten additiv gewichteten Voronoi-Diagramme für T10 und T11 (91 und 94 Eckpunkte) mehr Zeit. Für T4 wird z.B. durchschnittlich in 0,045 Sekunden ein begrenztes additiv gewichtetes Voronoi-Diagramm berechnet, während für T10 durchschnittlich 0,083 Sekunden benötigt werden.

[4] Bei Gleichheit der Abstände wird $\xi^k = x_{i_k,j}$ gesetzt.

Die Abbildung 6.12 zeigt die Produktionskostenfunktionen des Testproblems T10. Die vom *SPT*-Algorithmus ermittelten Werte $\bar{z}_i^*$ $(i = 1, \ldots, 9)$ sind jeweils auf der x-Achse eingezeichnet.

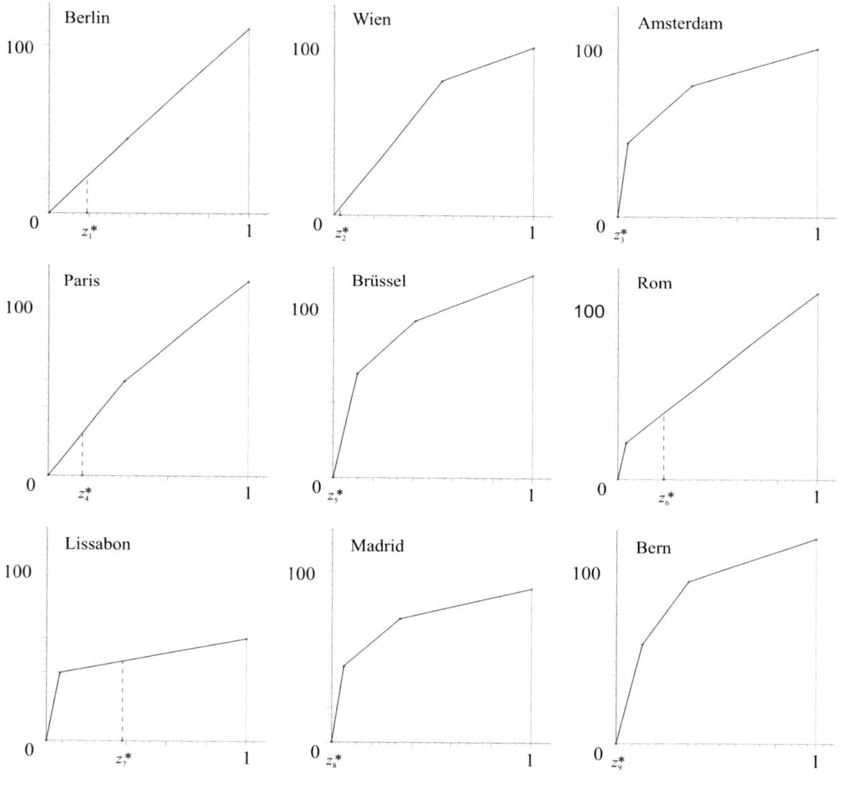

Abbildung 6.12: Produktionskostenfunktionen in T10

Die vom *SPT*-Algorithmus ermittelte Gebietsaufteilung für T10 ist in der Abbildung 6.13 und die für T11 ist in der Abbildung C.7 im Anhang C dargestellt.

Abbildung 6.13: Gebietsaufteilung für T10 (Karte im Hintergrund aus dem Microsoft Encarta Weltatlas 99)

6.2.5 Auswertungen der Testläufe für T12 bis T15

Für semi-infinite Produktions-Transportprobleme mit Produktionskostenfunktionen der Form

$$f_i(z_i) = \begin{cases} \alpha_i z_i^{\beta_i} + F_i & \text{für } z_i > 0\,, \\ 0 & \text{für } z_i = 0 \end{cases}$$

wird eine neue Strategie zur Wahl von ξ^k vorgeschlagen:

Sei m_{k,i_k} die Steigung der affinen Approximationsfunktion L_{M_k,i_k}. Die Funktion $f_{i_k} - L_{M_k,i_k}$ steigt zunächst monoton an bis zu ihrem Maximum $\tilde{z}_{i_k}$ und fällt anschließend monoton wieder ab. Sind $\alpha_{i_k}, \beta_{i_k} \neq 0$ und $\beta_{i_k} \neq 1$, dann gilt

$$0 = f'_{i_k}(\tilde{z}_{i_k}) - L'_{M_k,i_k}(\tilde{z}_{i_k}) = \alpha_{i_k}\beta_{i_k}\tilde{z}_{i_k}^{\beta_{i_k}-1} - m_{k,i_k}$$

und folglich ist

$$\tilde{z}_{i_k} = \left(\frac{m_{k,i_k}}{\alpha_{i_k}\beta_{i_k}}\right)^{\frac{1}{\beta_{i_k}-1}} .$$

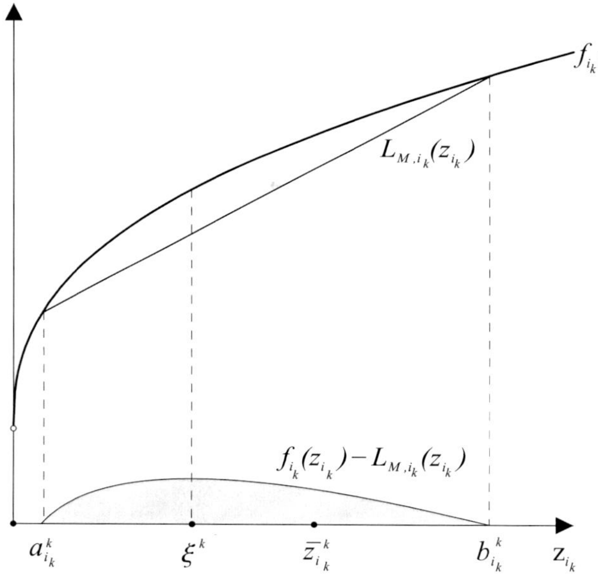

Abbildung 6.14: Wahl des Zerlegungspunktes ξ^k gemäß Strategie (4)

Gemäß Strategie (4) wird ξ^k folgendermaßen gewählt:

Strategie (4): $\xi^k = \min\{\bar{z}^k_{i_k}, \tilde{z}_{i_k}\}$

Falls der Punkt $\tilde{z}_{i_k}$ an dem die Differenz $f_{i_k} - L_{M_k,i_k}$ ihren maximalen Wert annimmt kleiner als $\bar{z}^k_{i_k}$ ist, so wird dieser Punkt als ξ^k gewählt (vgl. Abbildung 6.14). Durch diese Wahl von ξ^k soll versucht werden die jeweilige Produktionskostenfunktion möglichst gut anzunähern. Diese Strategie lässt sich auch verallgemeinern für andere allgemeine konkave Produktionskostenfunktionen. Mit der Strategie (4) wird die Anzahl der Iterationen

	Strategie (1)				Strategie (4)			
	Iterationen	Anzahl der VD	Zeit (in s)	T(z*) + f(z*)	Iterationen	Anzahl der VD	Zeit (in s)	T(z*) + f(z*)
T12	147	1 717	70,85	26,15	113	1 321	53,93	26,15
T13	50	777	25,20	33,30	35	466	15,96	33,30
T14	623	10 689	517,96	25,79	471	7 633	374,03	25,79
T15	71	1 914	132,02	59,21	59	1 611	111,00	59,22

Tabelle 6.9: Ergebnisse für die Testprobleme T12 bis T15

verringert, wie auch die Ergebnisse für die Testprobleme in Tabelle 6.9 zeigen. Bei den Testläufen für diese Probleme ist erneut festzustellen, dass Kapazitätsbeschränkungen die Laufzeit des SPT-Algorithmus verkürzen. Die Abbildung 6.15 zeigt für das Testproblem T15 die Gebietsaufteilung, die zur ermittelten ϵ-optimalen Lösung gehört. Da in diesem Problem teilweise Mindestauslastungsmengen an den Standorten existieren, sind fast

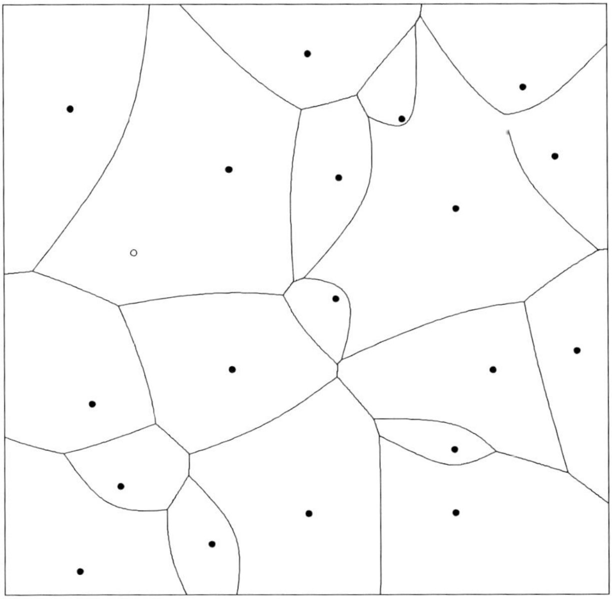

Abbildung 6.15: Gebietsaufteilung für T15

alle Standorte geöffnet. Darin liegt auch der Grund für die stark gekrümmten Grenzen der den einzelnen Betriebsstätten zugeordneten Regionen. Im Anhang C sind für die Probleme T12, T13 und T14 die vom *SPT*-Algorithmus mit der Strategie (4) ermittelten Gebietsaufteilungen in den Abbildungen C.8 bis C.10 dargestellt.

6.2.6 Zusammenfassung

Es ist auffällig, dass die Laufzeit des Verfahrens nicht nur von ϵ und n abhängt (manche Probleme besitzen eine zehnmal so lange Laufzeit wie ähnliche Probleme von gleicher Größe). Die Anzahl der Dezimalstellen der verwendeten Zahlenformate für die Koordinaten der Standorte S_i $(i = 1, \ldots, n)$, die Beschränkungen B_i und C_i $(i = 1, \ldots, n)$ und die Größen α_i und β_i $(i = 1, \ldots, n)$ sowie die Lage der Standorte S_i $(i = 1, \ldots, n)$ besitzen z.B. auch großen Einfluß auf die Geschwindigkeit des Verfahrens. Bei allen Problemen ist die rasche Konvergenz des Verfahrens im Vergleich zu der Laufzeit bzw. der Anzahl der benötigten Iterationen zu beobachten. Die Abbildung 6.16 zeigt z.B. für das Problem T9 wie sich bei fortschreiten-

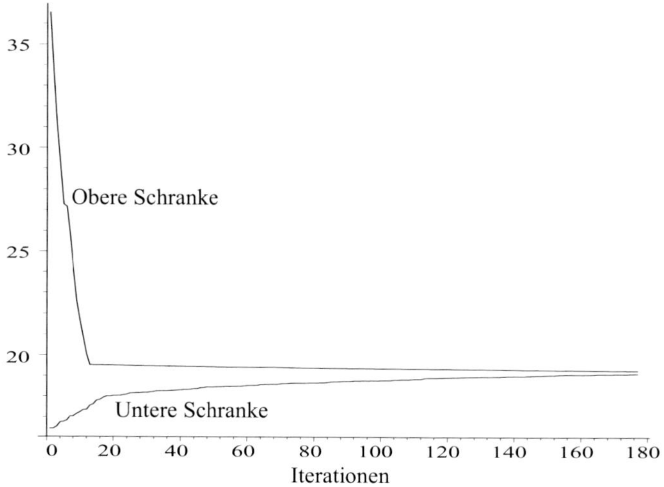

Abbildung 6.16: Annäherung der oberen und unteren Schranken im Verlauf des *SPT*-Algorithmus

der Anzahl der Iterationen die gefundenen unteren und oberen Schranken annähern. Dabei ist festzustellen, dass nach 20 Iterationen bereits eine relativ gute zulässige Lösung (obere Schranke) für das Problem gefunden wird. Anschließend wird hauptsächlich nur noch die untere Schranke immer weiter angehoben. Für alle Testprobleme ergeben sich ähnliche Kurven. Somit ließe sich das Verfahren auch gut als Heuristik einsetzen, indem es stets nach einer fest vorgegebenen, eventuell von n abhängigen, Anzahl von Iterationen abgebrochen wird.
Bei Problemen ohne Kapazitätsbeschränkungen, wie z.B. Testproblem T14, bietet sich an nach Abschluß des Verfahrens ausgehend von der vom SPT-Algorithmus gefundenen ϵ-optimalen Lösung ein lokales Minimum der Funktion

$$\min_{w \in \mathbb{R}^n} \sum_{i=1}^{n} \iint_{\mathrm{Vor}_i(w)} d_i(x,y)\,dx\,dy + f_i\Big(\iint_{\mathrm{Vor}_i(w)} dx\,dy\Big)$$

zu suchen (vgl. Abschnitt 3.4). Damit lässt sich ohne großen Aufwand eine noch bessere Lösung erzielen. Für Testproblem T14 findet man so z.B. eine Lösung mit einem Zielfunktionswert der um 0,02 kleiner ist, als derjenige der Lösung, die vom SPT-Algorithmus gefunden wurde

Kapitel 7

Resümee und Ausblick

Dieses Kapitel fasst die Ergebnisse der Arbeit zusammen und gibt Anregungen für weitere Forschungsarbeiten.
Das primäre Ziel bestand in der Entwicklung eines Verfahrens zur Lösung des Produktions-Transportproblems mit kontinuierlich verteilter Nachfrage und konkaven Produktionskostenfunktionen, das als semi-infinites Produktions-Transportproblem (SPTP) bezeichnet wird.

Nach der Einordnung in die Theorie der Standortplanung in Kapitel 2 wurde das SPTP in Kapitel 3 als mathematisches Modell formuliert und analysiert. Das SPTP mit linearen Produktionskostenfunktionen bzw. das dazu äquivalente verallgemeinerte semi-infinite Transportproblem konnte sogar auf ein konvexes Optimierungsproblem (mit nur endlich vielen Entscheidungsvariablen) reduziert werden. Wichtige Eigenschaften des SPTP mit allgemeinen konkaven Produktionskostenfunktionen wurden aus den Ergebnissen ersichtlich, z.B. existieren unter gewissen Voraussetzungen optimale Gebietsaufteilungen zwischen den errichteten (geöffneten) Betriebsstätten in Form von additiv gewichteten Voronoi-Diagrammen bezüglich der dem Problem zugrunde liegenden Distanzfunktionen.
In Kapitel 4 wurde u.a. für ausgewählte Distanzfunktionen die Struktur dieser Gebietsaufteilungen untersucht und veranschaulicht sowie ein Algorithmus zur Konstruktion von polygonal begrenzten additiv gewichteten Voronoi-Diagrammen entwickelt. Zusätzlich wurden Formeln für Flächen- und Raumintegrale hergeleitet, die zur Berechnung von Produktionsmengen und Transportkosten gemäß der in Kapitel 3 entwickelten Distributi-

onspläne für euklidische SPTP dienen.
Die Ergebnisse aus Kapitel 3 bildeten die Grundlagen für das in Kapitel 5 vorgestellte Branch-and-Bound-Verfahren zur Lösung des SPTP mit allgemeinen konkaven Produktionskostenfunktionen, das als SPT-Algorithmus bezeichnet wird. Dieses Verfahren wurde für euklidische SPTP mit gleichverteilter Nachfrage implementiert und seine Leistungsfähigkeit wurde anhand zahlreicher Testläufe nachgewiesen.

Der SPT-Algorithmus ist allerdings nicht nur auf euklidische SPTP mit gleichverteilter Nachfrage anwendbar, sondern auch auf Probleme mit anderen zugrunde liegenden Distanzfunktionen oder Metriken, wie z.B. dem Potenzabstand oder dem geodätischen Abstand. In diesen Fällen müssen begrenzte Voronoi-Diagramme bezüglich der entsprechenden additiv gewichteten Distanzen berechnet werden. Da das Fach Algorithmische Geometrie rasant wächst, ist allerdings anzunehmen, dass immer mehr Methoden und Hilfsmittel zur Berechnung allgemeiner Voronoi-Diagramme bereitgestellt werden. Die Nachfrage kann in Form eines „Gebirges“ mit Nachfragezentren und Regionen mit spärlicher Nachfrage gegeben sein. Zu beachten sind dabei eventuelle Schwierigkeiten bei der Berechnung von Doppelintegralen. Auch Modelle mit gemischt diskret und kontinuierlich verteilter Nachfrage können approximiert werden, indem ein diskreter Nachfragepunkt in Form eines schmalen Zylinders modelliert wird.
Diese Arbeit schafft zudem die Grundlage für empirische Untersuchungen über die Anwendbarkeit von Diskretisierungstechniken zur Lösung semi-infiniter Transportprobleme und semi-infiniter Produktions-Transport-probleme, die auf Lösungsverfahren für die entsprechenden diskreten Probleme (vgl. [Ste2000] und Kapitel 2.2.2.2) basieren.
In weiteren Forschungsarbeiten zum SPTP könnte auch der Fall untersucht werden, in dem die Bedingung $(*)$ (vgl. S. 35) aufgehoben ist und die Grenze zweier benachbarter Voronoi-Regionen bezüglich der additiv gewichteten Distanzfunktionen Flächensegmente enthalten darf.

Anhang A

Ergänzungen zu Kapitel 3

Lemma 1
(a) Für $w \in \mathbb{R}^n$ mit $w_i = \lambda \geq 0$ für alle $i = 1, \ldots, n$ ist

$$L(u,v) \geq L(u+w,v) \text{ und } L(u,v) \geq L(u,v+w)\,.$$

(b) Für $w \in \mathbb{R}^n$ mit $w_j = \lambda \geq 0$ für ein $j \in \{1, \ldots, n\}$ und $w_i = 0$ für alle $i \neq j$ ist

$$L(u,v) \geq L(u+w,v+w)\,.$$

Beweis:
Zu (a): Da die Gesamtnachfragemenge D nicht kleiner als die Summe der Mindestauslastungsmengen B_i $(i = 1, \ldots, n)$ ist, gilt für $w \in \mathbb{R}^n$ mit $w_i = \lambda \geq 0$ für alle $i = 1, \ldots, n$, dass

$$L(u+w,v) = L(u,v) + \lambda(\sum_{i=1}^{n} B_i - \iint_G \Phi(x,y)\,dx\,dy) \leq L(u,v)\,.$$

Analog lässt sich zeigen, dass $L(u,v) \geq L(u,v+w)$, wenn man berücksichtigt, dass die Gesamtnachfragemenge D nicht größer ist als die Summe der oberen Kapazitätsschranken C_i $(i = 1, \ldots, n)$.
Zu (b): Die obere Kapazitätsbeschränkung C_j am Standort S_j ist nicht kleiner als die Mindestauslastungsmenge B_j an diesem Standort und somit gilt für $w \in \mathbb{R}^n$ mit $w_j = \lambda \geq 0$ und $w_i = 0$ für $i \neq j$, dass

$$L(u+w,v+w) = L(u,v) + \lambda(B_j - C_j) \leq L(u,v)$$

□

Lemma 2

Sei $w_{max} = \max\{ d_i(x,y) - d_j(x,y) \mid (x,y) \in G,\ i,j = 1,\dots,n\}$ *und sei* $\mathcal{C} = \{w \in \mathbb{R}^n \mid 0 \le w_i \le w_{max},\ i = 1,\dots,n\}$. *Ferner seien* $u, v \in \mathbb{R}^n$ *mit* $u_i, v_i \ge 0$ *für alle* $i = 1,\dots,n$.

(a) Ist $v \notin \mathcal{C}$, *dann gibt es ein* $\tilde{v} \in \mathcal{C}$, *so dass gilt*

$$L(u,\tilde{v}) \ge L(u,v)\,.$$

(b) Ist $u \notin \mathcal{C}$, *dann gibt es ein* $\tilde{u} \in \mathcal{C}$, *so dass gilt*

$$L(\tilde{u},v) \ge L(u,v)\,.$$

Beweis:

Zu (a): Mit I wird die Indexmenge $\{1,\dots,n\}$ bezeichnet. Wegen Lemma 1 kann man ohne Einschränkung annehmen, dass $u_i = 0$ oder $v_i = 0$ für jedes $i \in I$ und $v_k = 0$ für ein $k \in \{1,\dots,n\}$. Mit J wird die Menge aller Indices $i \in I$ mit $v_i < w_{max}$ bezeichnet. Setze

$$\tilde{v}_i = \begin{cases} w_{max} & \text{falls } i \in I \setminus J\,, \\ v_i & \text{falls } i \in J \end{cases}$$

für alle $i = 1,\dots,n$.

Ist $v_i \in I \setminus J$, d.h. $v_i \ge w_{max}$, so ist $u_i = 0$ wegen der zu Beginn des Beweises getroffenen Annahme. Aufgrund der Definition von w_{max} ist folglich $d_k(x,y) - d_i(x,y) \le w_{max}$ für alle $(x,y) \in G$. Mit $v_k = 0$ ergibt sich dann

$$\begin{aligned} d_k(x,y) + v_k - u_k &\le d_i(x,y) + w_{max} \\ &\le d_i(x,y) + v_i - u_i\,. \end{aligned}$$

Wegen $k \in J$ ist deshalb sowohl

$$\min_{i \in I} d_i(x,y) + v_i - u_i = \min_{j \in J} d_j(x,y) + v_j - u_j$$

als auch

$$\min_{i \in I} d_i(x,y) + \tilde{v}_i - u_i = \min_{j \in J} d_j(x,y) + \tilde{v}_j - u_j$$

für alle $(x, y) \in G$. Folglich gilt

$$\begin{aligned} L(u, v) = & \iint_G \min_{j \in J}(d_j(x, y) + v_j - u_j)\Phi(x, y)\, dx\, dy \\ & + \sum_{j \in J} u_j B_j - v_j C_j + \sum_{i \in I \setminus J} u_i B_i - w_{max} C_i + (w_{max} - v_i) C_i \\ = & L(u, \tilde{v}) + \sum_{I \setminus J} (w_{max} - v_i) C_i \leq L(u, \tilde{v}) \end{aligned}$$

Somit ist $L(u, v) \leq L(u, \tilde{v})$.

Zu (b): Wegen Lemma 1 kann man ohne Einschränkung annehmen, dass gilt $u_i = 0$ oder $v_i = 0$ für jedes $i \in I$. Sei

$$u_k = \max_{1 \leq i \leq n} u_i$$

und $\lambda = u_k - w_{max}$. Wegen $u \notin \mathcal{C}$ ist $\lambda \geq 0$ und $v_k = 0$. Setze

$$\tilde{u}_i = \max\{0, u_i - \lambda\}$$

für alle $i = 1, \ldots, n$. Mit J wird die Menge aller Indices $i \in I$ mit $u_i > \lambda$ bezeichnet.

Ist $u_i \in I \setminus J$, dann ist $u_i \leq \lambda$. Aufgrund der Definition von w_{max} gilt folglich $d_k(x, y) - d_i(x, y) \leq w_{max}$ für alle $(x, y) \in G$ und wegen $u_k = w_{max} + \lambda$ sowie $v_k = 0$ somit

$$\begin{aligned} d_k(x, y) + v_k - u_k &= d_k(x, y) - w_{max} - \lambda \\ &\leq d_i(x, y) + v_i - u_i \,. \end{aligned}$$

Zudem ist $v_k = 0$, $\tilde{u}_k = w_{max}$ und $\tilde{u}_i = 0$ und deshalb ergibt sich

$$\begin{aligned} d_k(x, y) + v_k - \tilde{u}_k &= d_k(x, y) - w_{max} \\ &\leq d_i(x, y) + v_i \\ &= d_i(x, y) + v_i - \tilde{u}_i \end{aligned}$$

für alle $(x, y) \in G$. Wegen $k \in J$ ist

$$\min_{i \in I} d_i(x, y) + v_i - u_i = \min_{j \in J} d_j(x, y) + v_j - u_j$$

und

$$\min_{i\in I} d_i(x,y) + v_i - \tilde{u}_i = \min_{j\in J} d_j(x,y) + v_j - u_j$$

für alle $(x,y) \in G$. Da die Gesamtnachfrage nicht kleiner ist, als die Summe der minimalen Auslastungen, erhält man folglich

$$\begin{aligned}
L(\tilde{u}, v) = & \iint_G \min_{j\in J}(d_j(x,y) + v_j - u_j + \lambda)\Phi(x,y)\,dx\,dy \\
& + \sum_{i=1}^{n} \max\{0, u_i - \lambda\} B_i - v_i C_i \\
\geq & \iint_G \min_{j\in J}(d_j(x,y) + v_j - u_j)\Phi(x,y)\,dx\,dy + \lambda \iint_G \Phi\,dx\,dy \\
& + \sum_{i=1}^{n}(u_i B_i - v_i C_i) - \lambda \sum_{i=1}^{n} B_i \\
\geq & L(u,v)\,.
\end{aligned}$$

□

Anhang B

Ergänzungen zu Kapitel 4

Berechnung des Integrals $\displaystyle\int \frac{b^4}{2(e\cos\varphi - a)^2}d\varphi$

Die Substitution $t = \tan\frac{\varphi}{2}$ impliziert $\varphi = 2\arctan t$ sowie $d\varphi = \frac{2}{1+t^2}dt$. Mit Hilfe der Additionstheoreme (vgl. [Bro1989, 2.5.2.1.3]) erhält man

$$\cos\varphi = \cos^2\tfrac{\varphi}{2} - \sin^2\tfrac{\varphi}{2} = \frac{\cos^2\frac{\varphi}{2} - \sin^2\frac{\varphi}{2}}{\cos^2\frac{\varphi}{2} + \sin^2\frac{\varphi}{2}} = \frac{1-\tan^2\frac{\varphi}{2}}{1+\tan^2\frac{\varphi}{2}} = \frac{1-t^2}{1+t^2}$$

und somit insgesamt das Integral einer rationalen Funktion

$$\int \frac{b^4}{2(e\cos\varphi - a)^2}d\varphi = \frac{b^4}{(e+a)^2}\int \frac{1+t^2}{(t^2-c^2)^2}dt$$

mit $c = \sqrt{\frac{e-a}{e+a}}$. Das rechte Integral wird mittels Partialbruchzerlegung berechnet. Der Ansatz hierfür lautet:

$$\frac{1+t^2}{(t^2-c^2)^2} = \frac{A}{(t-c)} + \frac{B}{(t-c)^2} + \frac{C}{(t+c)} + \frac{D}{(t+c)^2}$$

Durch Einsetzen der Nullstellen des Nenners $t = c$ und $t = -c$ erhält man

$$B = D = \frac{1+c^2}{4c^2}\,.$$

Mit Koeffizientenvergleich für t^3 und t^2 ergibt sich dann

$$A = -C = \frac{c^2-1}{4c^3} \, .$$

Unter Berücksichtigung von $A = -C$ und $B = D$ liefert die Integration der einzelnen Summanden der Partialbruchzerlegung

$$\int \frac{1+t^2}{(t^2-c^2)^2} dt = A \log \left| \frac{t-c}{t+c} \right| - \frac{2Bt}{t^2-c^2} \, .$$

Setzt man A, B und c ein, so erhält man nach Rücksubstitution und Vereinfachung

$$\int \frac{b^4}{2(e\cos\varphi - a)^2} d\varphi = \frac{ab}{2} \log \left| \frac{\tan\frac{\varphi}{2} + \sqrt{\frac{e-a}{e+a}}}{\tan\frac{\varphi}{2} - \sqrt{\frac{e-a}{e+a}}} \right| + \frac{b^2 e \sin\varphi}{2(e\cos\varphi - a)} \, .$$

Berechnung des Integrals $\int \frac{(c\sin\beta)^3}{3\sin^3(\pi-\beta-\varphi)} d\varphi$

Mit der Substitution $x = \pi - \beta - \varphi$ und dementsprechend $dx = -d\varphi$ erhält man das Integral

$$\int \frac{(c\sin\beta)^3}{3\sin^3(\pi-\beta-\varphi)} d\varphi = \frac{-(c\sin\beta)^3}{3} \int \frac{1}{\sin^3(x)} dx \, .$$

Die Substitution $t = \tan\frac{\varphi}{2}$ wandelt das rechte Integral in das Integral einer rationalen Funktion um:

$$\int \frac{1}{\sin^3 x} dx = \frac{1}{4} \int \frac{t^4+2t^2+1}{t^3} dt$$

Durch Polynomdivision lässt sich der Integrand des rechten Integrals in Summanden zerlegen, die getrennt integriert werden können:

$$\frac{1}{4}\int \frac{t^4+2t^2+1}{t^3}dt = \frac{1}{4}\left(\frac{t^2}{2} + 2\log|t| - \frac{1}{2t^2}\right)$$

Führt man die beiden Rücksubstitutionen durch, so ist

$$\int \frac{(c\sin\beta)^3}{3\sin^3(\pi-\beta-\varphi)}d\varphi = -\frac{(c\sin\beta)^3}{6}\left(\log\left|\tan\frac{\pi-\beta-\varphi}{2}\right| + \frac{\cos(\beta+\varphi)}{\sin^2(\beta+\varphi)}\right).$$

Berechnung des Integrals $\int \frac{b^6}{3(e\cos\varphi-a)^3}d\varphi$

Die Substitution $t = \tan\frac{\varphi}{2}$ liefert das Integral einer rationalen Funktion

$$\int \frac{b^6}{3(e\cos\varphi-a)^3}d\varphi = -\frac{2b^6}{3(e+a)^3}\int \frac{1+2t^2+t^4}{(t^2-c^2)^3}dt$$

mit $c = \sqrt{\frac{e-a}{e+a}}$. Das rechte Integral wird mittels Partialbruchzerlegung berechnet. Der Ansatz hierfür lautet:

$$\frac{t^4+2t^2+1}{(t^2-c^2)^3} = \frac{A}{(t-c)} + \frac{B}{(t-c)^2} + \frac{C}{(t-c)^3} + \frac{D}{(t+c)} + \frac{E}{(t+c)^2} + \frac{F}{(t+c)^3}$$

Durch Einsetzen der Nullstellen des Nenners $t = c$ und $t = -c$ erhält man

$$F = -C = \frac{(1+c^2)^2}{8c^3}.$$

Mit Koeffizientenvergleich für t^5 und t^3 ergibt sich $A = -D$ und $B = E$. Weitere Koeffizientenvergleiche für t^2 und t^4 liefern

$$A = \frac{-3c^4+2c^2-3}{16c^5}$$

und

$$B = \frac{5c^4+2c^2-3}{16c^4}.$$

Durch Integration der einzelnen Summanden der Partialbruchzerlegung erhält man

$$\int \frac{t^4 + 2t^2 + 1}{(t^2 - c^2)^3} dt = A \log \left| \frac{t + c}{t - c} \right| + \frac{-2Bt(t^2 - c^2) + 2cCt}{(t^2 - c^2)^2} .$$

Setzt man A, B, C und c ein, dann ergibt sich nach Rücksubstitution und Vereinfachung

$$\int \frac{b^6}{3(e \cos \varphi - a)^3} d\varphi =$$
$$\frac{b^2}{6} \left(\frac{2a^2 + e^2}{b} \log \left| \frac{\tan \frac{\varphi}{2} + \sqrt{\frac{e-a}{e+a}}}{\tan \frac{\varphi}{2} - \sqrt{\frac{e-a}{e+a}}} \right| + \frac{e \sin \varphi (3ae \cos \varphi - 4a^2 + e^2)}{(e \cos \varphi - a)^2} \right) .$$

Anhang C

Ergänzungen zu Kapitel 6

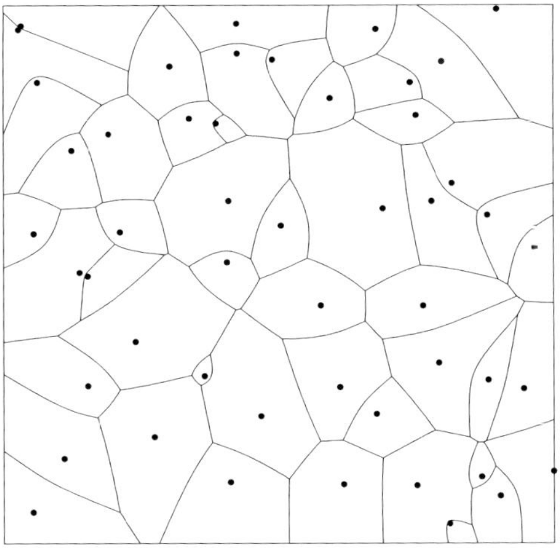

Abbildung C.1: Gebietsaufteilung für T2

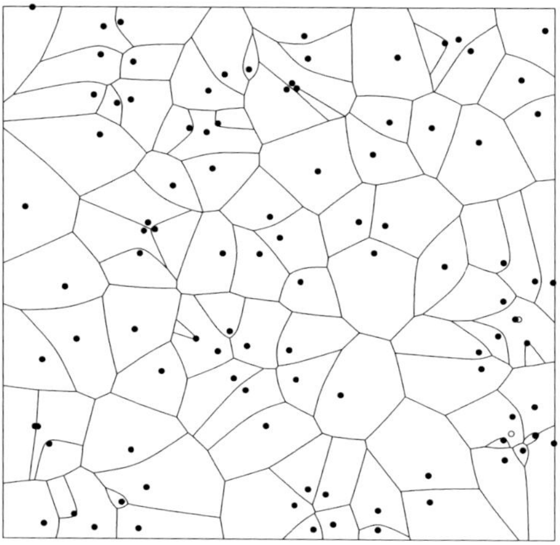

Abbildung C.2: Gebietsaufteilung für T3

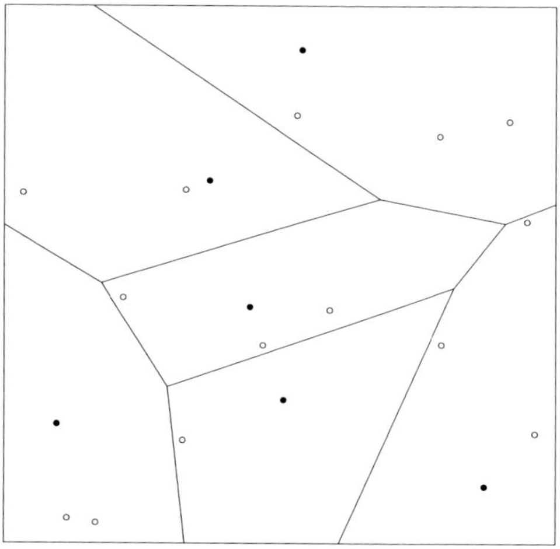

Abbildung C.3: Gebietsaufteilung für T4

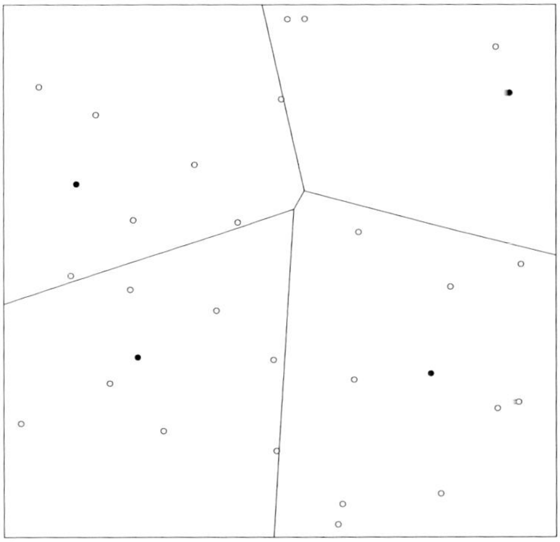

Abbildung C.4: Gebietsaufteilung für T6

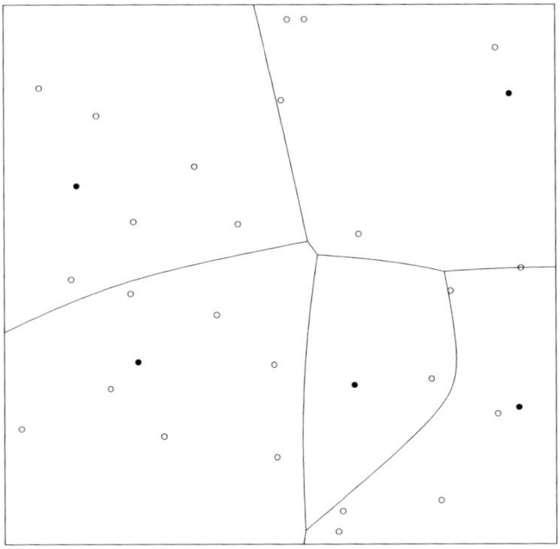

Abbildung C.5: Gebietsaufteilung für T8

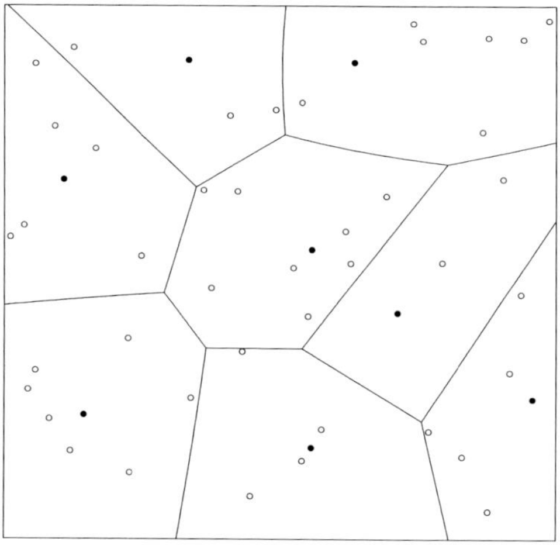

Abbildung C.6: Gebietsaufteilung für T9

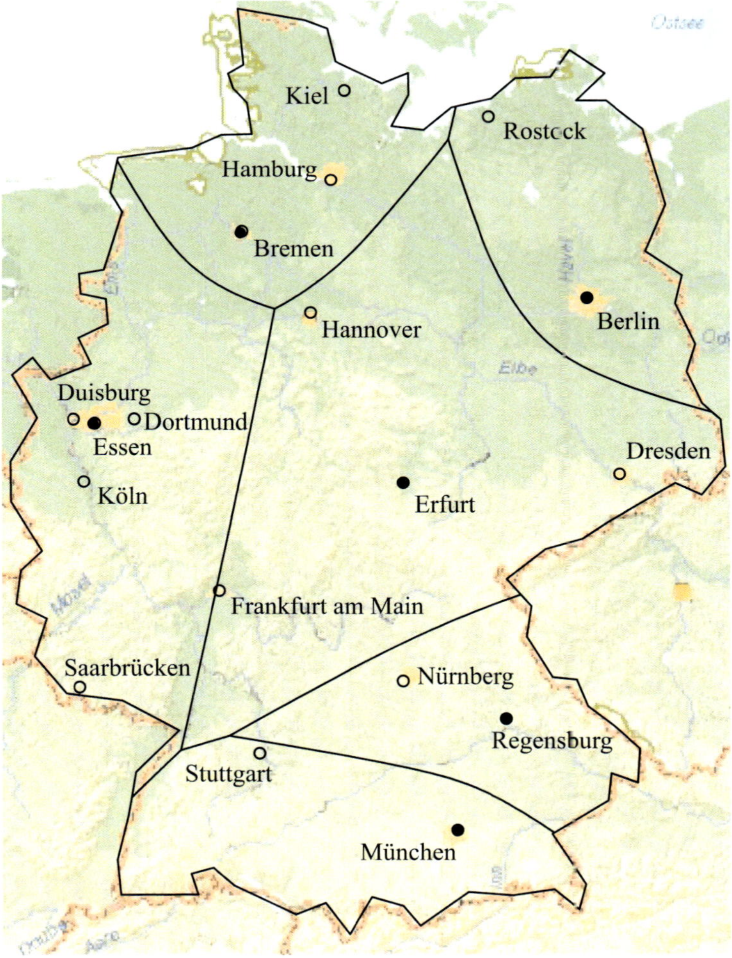

Abbildung C.7: Gebietsaufteilung für T11 (Karte im Hintergrund aus dem Microsoft Encarta Weltatlas 99)

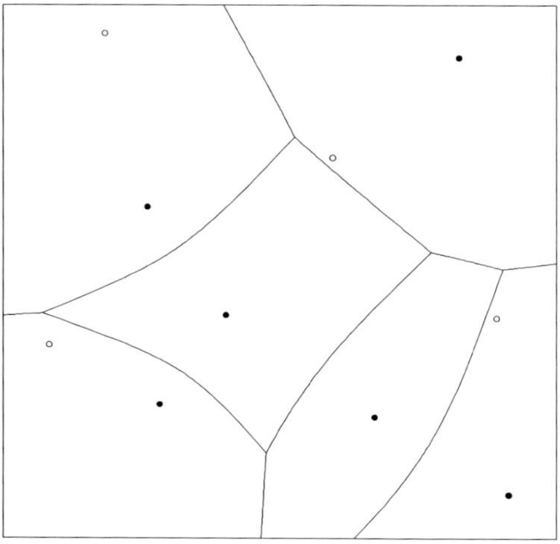

Abbildung C.8: Gebietsaufteilung für T12

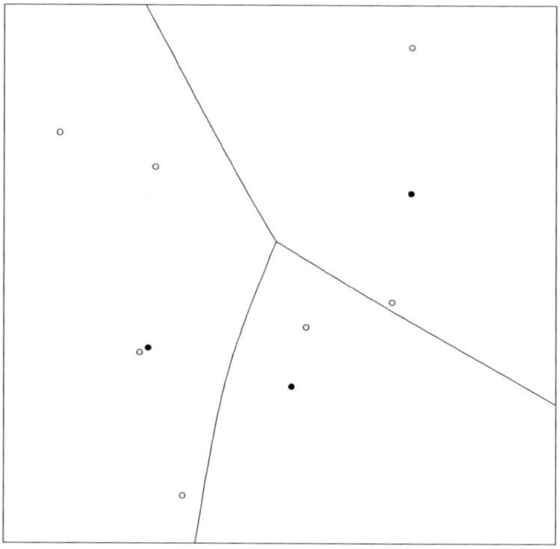

Abbildung C.9: Gebietsaufteilung für T13

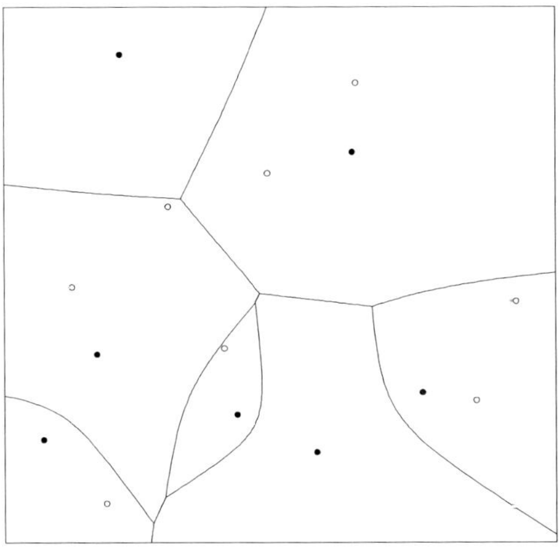

Abbildung C.10: Gebietsaufteilung für T14

Literaturverzeichnis

[Aar1998] Aardal, K.: Capacitated Facility Location: Separation Algorithms and Computational Experience; in: Mathematical Programming, Vol. 81 No. 2 (1998), S. 149-175

[Aga1998] Agar, M.C., Salhi, S.: Lagrangean Heuristics Applied to a Variety of Large Capacitated Plant Location Problems; in: Journal of the Operational Research Society, Vol. 49 (1998), S. 1072-1084

[Age1999] Ageev, A.A., Sviridenko, M.I.: An 0.828-Approximation Algorithm for the Uncapacitated Facility Location Problem; in: Discrete Applied Mathematics, Vol. 93 No. 2-3 (1999), S. 149-156

[Alp1996] Alpaydin, E., Altinel, I.K., Aras, N.: Parametric Distance Functions vs. Nonparametric Neural Networks for Estimating Road Travel Distances; in: European Journal of Operational Research, Vol. 93 (1996), S. 230-243

[AlS1999] Al-Sultan, K.S., Al-Fawzan, M.A.: A Tabu Search Approach to the Uncapacitated Facility Location Problem; in: Annals of Operations Research, Vol. 86 (1999), S. 91-103

[And1987] Anderson, E.J., Nash, P.: Linear Programming in Infinite-Dimensional Spaces: Theory and Applications; Wiley, Chichester New York Brisbane Toronto Singapore 1987

[Ant1998] Anton, F., Mioc, D., Gold C.M.: Dynamic Additively Weighted Voronoi Diagrams Made Easy; in: Proceedings of the 10th

Canadian Conference on Computational Geometry, Montréal, Québec, Canada 1998 (Internet: http://cgm.cs.mcgill.ca/cgi-bin/cccg98-proceedings-retrieve.pl?refer=title&key=anton-dynamic)

[App1887] Appell, P.: Mémoire sur les déblais et les remblais des systèmes continues ou discontinues; in: Mémoires présentés par divers Savants à l'Académie des Sciences de l'Institut de France, Paris, I.N., Vol. 29 (1887), S. 1-208

[Aur1984] Aurenhammer, F.: Gewichtete Voronoi Diagramme: Geometrische und Konstruktions-Algorithmen; Dissertation, Institute für Informationsverarbeitung der Technischen Universität Graz und der Österreichischen Computergesellschaft, Graz 1984

[Aur1991] Aurenhammer, F.: Voronoi Diagrams - A Survey of a Fundamental Geometric Data Structure; in: ACM Computing Surveys, Vol. 23 No. 3 (1991), S. 345-405

[Aur1998] Aurenhammer, F., Hoffmann, F., Aronov, B.: Minkowski-Type Theorems and Least-Squares Clustering; in: Algorithmica, Vol. 20 (1998), S. 61-76

[Aur2000] Aurenhammer, F., Klein, R.: Voronoi Diagrams; in: [Sac2000, S. 201-290]

[Ave1998] Avella, P., Benati, S., Cánovas Martinez, L., Dalby, K., Di Girolamo, D., Dimitrijevic, B., Ghiani, G., Giannikos, I., Guttmann, N., Hultberg, T.H., Fliege, J., Marin, A., Munõz Márquez, M., Ndiaye, M.M., Nickel, S., Peeters, P., Pérez Brito, D., Policastro, S., Saldanha de Gama, F.A., Zidda, P.: Some Personal Views on the Current State and the Future of Locational Analysis; in: European Journal of Operational Research, Vol. 104 (1998), S. 269-287

[Bar1990] Barth, F., Mühlbauer, P., Nikol, F., Wörle, K.: Mathematische Formeln und Definitionen; Bayerischer Schulbuch-Verlag und J.Lindauer Verlag (Schaeffer), München 1990

[Bea1993] Beasley, J.E.: Lagrangean Heuristics for Location Problems; in: European Journal of Operational Research, Vol. 65 (1993), S. 383-399

[Bec1985] Beckmann, M.J., Puu, T.: Spatial Economics: Density, Potential, and Flow; North-Holland, Amsterdam New York Oxford 1985

[Bec1999] Beckmann, M.J.: Lectures on Location Theory; Springer, Berlin Heidelberg 1999

[Ber1985] Berens, W., Körling, F.J.: Estimating Road Distances by Mathematical Functions; in: European Journal of Operational Research, Vol. 21 (1985), S. 54-56

[Ber1988] Berens, W., Körling, F.J.: On Estimating Road Distances by Mathematical Functions - a Rejoinder; in: European Journal of Operational Research, Vol. 36 (1988), S. 254-255

[Ber1997] Berg, M. de, Krefeld, M. van, Overmars, M., Schwarzkopf, O.: Computational Geometry: Algorithms and Applications; Springer, Berlin Heidelberg 1997

[Boi1992] Boissonnat, J.-D., Devillers, O., Schott, R., Teillaud, M., Yvinec, M.: Applications of Random Sampling to On-Line Algorithms in Computational Geometry; in: Discrete & Computational Geometry, Vol. 8 (1992), S. 51-71

[Boi1993] Boissonnat, J.-D., Teillaud, M.: On Randomized Construction of the Delaunay Tree; in: Theoretical Computer Science, Vol. 112 (1993), S. 339-354

[Bor1998] Bornstein, C.T., Azlan, H.B.: The Use of Reduction Tests and Simulated Annealing for the Capacitated Plant Location Problem; in: Location Science, Vol. 6 (1998), S. 67-81

[Bra1989] Brandeau, M.L., Chiu, S.S.: An Overview of Representative Problems in Location Research; in: Management Science, Vol. 35 (1989), S. 645-674

[Bri1995] Brimberg, J., Love, R.F.: Estimating Distances; in: [Dre1995a, S. 9-32]

[Bri2000] Brimberg, J., Wesolowsky, G.O.: Note: Facility Location with Closest Rectangular Distances; in: Naval Research Logistics, Vol. 47 (2000), S. 77-84

[Bro1989] Bronstein, I., Semendjajew, K.: Taschenbuch der Mathematik; Verlag Nauka, Moskau, und BSB B.G. Teubner Verlagsgesellschaft, Leipzig 1989

[Car1995] Carrizosa, E., Conde, E., Muñoz-Márquez, M., Puerto, J.: The Generalized Weber Problem with Expected Distances; in: Recherche opérationnelle/Operations Research, Vol. 29 (1995), S. 35-57

[Car1998] Carrizosa, E., Muñoz-Márquez, M., Puerto, J.: The Weber Problem with Regional Demand; in: European Journal of Operational Research, Vol. 104 (1998), S. 358-365

[Cav1986] Cavalier, T.M., Sherali, H.D.: Euclidean Distance Location-Allocation Problems with Uniform Demands over Convex Polygons; in: Transportation Science, Vol. 20 No. 2 (1986), S. 107-116

[Chr1933] Christaller, W.: Die zentralen Orte in Süddeutschland; Fischer, Jena 1933

[Cla1989] Clarkson, K.L., Shor, P.W.: Applications of Random Sampling in Computational Geometry, II; Discrete & Computational Geometry, Vol. 4 (1989), S. 387-421

[Con1992] Conn, A.R., Gould, N.I.M., Toint, P.L.: LANCELOT: A Fortran Package for Large-Scale Nonlinear Optimization (Release A); in: Springer Series in Computational Mathematics 17; Springer, New York 1992

[Coo1964] Cooper, L.: Heuristic Methods for Location-Allocation Problems; in: SIAM Review, Vol. 6 (1964), S. 37-53

[Cor1972a] Corley, H.W., Roberts, S.D.: A Partitioning Problem with Applications in Regional Design; in: Operations Research, Vol. 20 (1972), S. 1010-1019

[Cor1972b] Corley, H.W., Roberts, S.D.: Duality Relationships for a Partitioning Problem; in: SIAM Journal of Applied Mathematics, Vol. 23 No. 4 (1972), S. 490-494

[Cor1990] Cornuejols, G., Nemhauser, G.L., Wolsey, L.A.: The Uncapacitated Facility Location Problem; in: [Mir1990, S.119-171]

[Das1995] Daskin, M.S.: Network and Discrete Location: Models, Algorithms and Applications; Wiley, New York 1995

[Des1664] Descartes, R.: Principia Philosophiae; Ludovicus Elzevirius, Amsterdam 1664

[Dir1850] Dirichlet, G.L.: Über die Reduktion der positiven quadratischen Formen mit drei unbestimmten ganzen Zahlen; in: Journal für die Reine und Angewandte Mathematik Bd. 40 (1850), S. 209-227

[Dom1996] Domschke, W.: Logistik: Standorte; Oldenbourg, München Wien 1996

[Dom1997] Domschke, W., Krispin, G.: Location and Layout Planning: A Survey; in: OR Spektrum, Bd. 19 (1997), S. 181-194

[Dre1995a] Drezner, Z. (Hrsg.): Facility Location: A Survey of Applications and Methods; Springer, New York Berlin Heidelberg 1995

[Dre1995b] Drezner, Z.: Replacing Discrete Demand with Continuous Demand; in: [Dre1995a, S. 33-42]

[Dre1996] Drezner, Z., Wesolowsky, G.O.: Review of Location-Allocation Models with Demand-Dependent Costs; in: Studies in Locational Analysis, Vol. 10 (1996), S. 13-24

[Dre1997a] Drezner, T., Drezner, Z.: Replacing Continuous Demand with Discrete Demand in a Competitive Location Model; in: Naval Research Logistics, Vol. 44 (1997), S. 81-95

[Dre1997b] Drezner, Z.: Converting an Area to Discrete Points in Location Analysis; in: Studies in Locational Analysis, Vol. 11 (1997), S. 1-12

[Dre1999] Drezner, Z., Wesolowsky, G.O.: Allocation of Demand when Cost is Demand-Dependent; in: Computers & Operations Research, Vol. 26 (1999), S. 1-15

[Ell1998] Ellinger, T., Beuermann, G., Leisten, R.: Operations Research: Eine Einführung; Springer, Berlin Heidelberg 1998

[Erl1978] Erlenkotter, D.: A Dual-Based Procedure for Uncapacitated Facility Location; in: Operations Research, Vol. 26 No. 6 (1978), S. 992-1009

[Erl1989] Erlenkotter, D.: The General Optimal Market Area Model; in: Annals of Operations Research, Vol. 18 (1989), S. 45-70

[Eva1945] Evans, U.R.: The Laws of Expanding Circles and Spheres in Relation to the Lateral Growth of Surface Films and the Grain-Size of Metals; in: Transactions of the Faraday Society, Vol. 41 (1945), S. 365-374

[Fet1924] Fetter, F.A.: The Economic Law of Market Areas; in: Quarterly Journal of Economics, Vol. 38 (1924), S. 520-529

[Fis1997] Fischer, K.: Standortplanung unter Berücksichtigung verschiedener Marktbedingungen; Physica-Verlag, Heidelberg 1997

[Flo1995] Floudas, C.A.: Nonlinear and Mixed-Integer Optimization: Fundamentals and Applications; Oxford University Press, New York Oxford 1995

[For1987] Fortune, S.: A Sweepline Algorithm for Voronoi Diagrams; in: Algorithmica, Vol. 2 (1987), S. 153-174

[For1997] Fortune, S.: Voronoi Diagrams and Delaunay Triangulations; in: [Goo1997, S. 377-388]

[Gao1996] Gao, C.: The Optimum Selection for a Continuous Type Euclidean Multifacility Location; in: Systems Science and Mathematical Sciences, Vol. 9 No. 2 (1996), S. 101-106

[Gar1979] Garey, M.R., Johnson, D.S.: Computers and Intractability: A Guide to the Theory of NP-Completeness; W. H. Freeman, New York 1979

[Gil1981] Gill, P.E., Murray, W., Wright, M.H.: Practical Optimization; Academic Press, London 1981

[Goo1997] Goodman, J.E., O'Rourke, J. (Hrsg.): Handbook of Discrete and Computational Geometry; CRC Press, Boca Raton 1997

[Gui1992] Guibas, L.J., Knuth, D.E., Sharir, M.: Randomized Incremental Construction of Delaunay and Voronoi Diagrams; in: Algorithmica, Vol. 7 (1992), S. 381-413

[Gui1990] Guisewite, G.M., Pardalos, P.M.: Minimum Concave-Cost Network Flow Problems: Applications, Complexity, and Algorithms; in: Annals of Operations Research, Vol. 25 No. 1-4 (1990), S. 75-100

[Gui1991] Guisewite, G.M., Pardalos, P.M.: Algorithms for the Single-Source Uncapacitated Minimum Concave-Cost Network Flow Problem; in: Journal of Global Optimization, Vol. 1 No. 3 (1991), S. 245-265

[Hal1966] Halmos, P.R.: Measure Theory; Van Nostrand, Princeton New Jersey Toronto New York London 1966

[Ham1998] Hamacher, H.W., Nickel, S., Schneider, A.: Classification of Location Problems; in: Location Science, Vol. 6 (1998), S. 229-242

[Hir1993a] Hiriart-Urruty, J.-B., Lemaréchal, C.: Convex Analysis and Minimization Algorithms I; Springer, Berlin Heidelberg 1993

[Hir1993b] Hiriart-Urruty, J.-B., Lemaréchal, C.: Convex Analysis and Minimization Algorithms II: Advanced Theory and Bundle Methods; Springer, Berlin Heidelberg 1993

[Hit1941] Hitchcock, F.L.: The Distribution of a Product from Several Sources to Numerous Localities; in: Journal of Mathematics and Physics, Vol. 20 (1941), S. 224-230

[Hol1999] Holmberg, K., Tuy, H.: A Production-Transportation Problem with Stochastic Demand and Concave Production Costs; in: Mathematical Programming, Vol. 85 (1999), S. 157-179

[Hor1990] Horst, R., Tuy, H.: Global Optimization: Deterministic Approaches; Springer, Berlin Heidelberg 1990

[Hor1995] Horst, R., Pardalos, P.M., Thoai, N.V.: Introduction to Global Optimization; Kluwer Academic Publishers, Dordrecht Boston London 1995

[Hor1999] Horst, R., Thoai, N.V.: DC Programming: Overview; in: Journal of Optimization Theory and Applications, Vol. 103 No. 1 (1999), S. 1-43

[Hur1989] Hurter, A.P., Martinich, J.S.: Facility Location and the Theory of Production; Kluwer, Boston Dordrecht London 1989

[Isa1956] Isard, W.: Location and Space Economy; MIT Press, Cambridge 1956

[Jac1990] Jacob, H. (Hrsg.): Industriebetriebslehre; Gabler, Wiesbaden 1990

[Joh1939] Johnson, W.A., Mehl, R.F.: Reaction Kinetics in Processes of Nucleation and Growth; in: Transactions of the American Institute of Mining, Metallurgical and Petroleum Engineers, Vol. 135 (1939), S. 410-458

[Kan1958] Kantorovitch, L.: On the Translocation of Masses; in: Management Science, Vol. 5 No. 1 (1958), S. 1-4

[Kar1979] Kariv, O., Hakimi, S.L.: An Algorithmic Approach to Network Location Problems, Part II: The P-Median; in: SIAM Journal of Applied Mathematics, Vol. 37 (1979), S. 539-560

[Kat1989] Katz, B.S. (Hrsg.): Nobel Laureates in Economic Sciences: A Biographical Dictionary; Garland Publishing Inc., New York 1989

[Kel1999] Kelley, C.T.: Iterative Methods for Optimization; SIAM, Philadelphia 1999

[Kle1997] Klein, R.: Algorithmische Geometrie; Addison-Wesley, Bonn 1997

[Kos1991] Koshizuka, T., Kurita, O.: Approximate Formulas of Average Distances Associated with Regions and their Applications to Location Problems; in: Mathematical Programming, Vol. 52 (1991), S. 99-123

[Kra1983] Krarup, J., Pruzan, P.M.: The Simple Plant Location Problem: Survey and Synthesis; in: European Journal of Operational Research, Vol. 12 (1983), S. 36-81

[Lab1995] Labbé, M., Peeters, D., Thisse, J.-F.: Location on Networks; in: Ball, B.O. et al (Hrsg.): Handbooks in Operations Research & Management Science, Vol. 8; Elsevier, Amsterdam 1995, S. 551-624

[Lab1998] Labbé, M.: Facility Location: Models, Methods and Applications; in: Labbé, M., Laporte, G., Tanczos, K., Toint, P. (Hrsg.): Operations Research and Decision Aid Methodologies in Traffic and Transportation Management; Springer, Berlin Heidelberg 1998

[Lan1996] Langevin, A., Mbaraga, P.: Continuous Approximation Models in Freight Distribution: An Overview; in: Transportation Research B, Vol. 30 No. 3 (1996), S. 163-188

[Lau1885] Launhardt, W.: Mathematische Begründung der Volkswirtschaftslehre; W. Engelmann, Leipzig 1885

[Lös1940] Lösch, A.: Die räumliche Ordnung der Wirtschaft; Fischer, Jena 1940

[Lov1988] Love, R.F., Morris, J.G.: On Estimating Road Distances by Mathematical Functions; in: European Journal of Operational Research, Vol. 36 (1988), S. 251-253

[Lov1994] Love, R.F., Walker, J.H.: An Empirical Comparison of Block and Round Norms for Modelling Actual Distances; in: Location Science, Vol. 2 No. 1 (1994), S. 21-43

[Low1976] Lowe, T.J., Hurter, A.P.: The Generalized Market Area Problem; in: Management Science, Vol. 22 No. 10 (1976), S. 1105-1115

[Loz1998] Lozarno, S., Guerrero, F., Onieva, L., Larrañeta, J.: Kohonen Maps for Solving a Class of Location-Allocation Problems; in: European Journal of Operational Research, Vol. 108 (1998), S. 106-117

[Lüd1983] Lüder, K., Küpper, W.: Unternehmerische Standortplanung und regionale Wirtschaftsförderung; Vandenhoeck & Ruprecht, Göttingen 1983

[Lüd1990] Lüder, K.: Standortwahl-Verfahren zur Planung betrieblicher und innerbetrieblicher Standorte; in: [Jac1990, S. 24-100]

[Mil1998] Mills, E.S. (Hrsg): Urban Economics; Handbook of Regional and Urban Economics Vol. 2, North Holland, Amsterdam Lausanne New York Oxford Shannon Singapore Tokyo 1998

[Mir1990] Mirchandani, P.B., Francis, R.L.: Discrete Location Theory; Wiley, New York 1990

[Mon1781] Monge, G.: Mémoire sur la théorie des déblais et des remblais; in: Histoire de l'Académie Royal des Sciences, avec les Mémoires de Mathématique et de Physique, pour la même Année, Paris 1781, S. 666-704

[Nij1996] Nijkamp, P. (Hrsg): Regional Economics; Handbook of Regional and Urban Economics Vol. 1, Elsevier, Amsterdam Lausanne New York Oxford Shannon Tokyo 1996

[Oka2000] Okabe, A., Boots, B., Sugihara, K., Chiu, S.H.: Spatial Tessellations: Concepts and Applications of Voronoi Diagrams; Wiley, Chichester 2000

[Oka1997] Okabe, A., Suzuki, A.: Locational Optimization Problems Solved through Voronoi Diagrams; in: European Journal of Operational Research, Vol. 98 (1997), S. 445-456

[Owe1998] Owen, S.H., Daskin, M.S.: Strategic Facility Location: A Review; in: European Journal of Operational Research, Vol. 111 (1998), S. 423-447

[Pal1935] Palander, T.: Beiträge zur Standorttheorie; Almqvist and Wicksell, Uppsala 1935

[Par1987] Pardalos, P.M., Rosen, J.B.: Constrained Global Optimization: Algorithms and Applications; Lecture Notes in Computer Science Vol. 268; Springer, Berlin 1987

[Pee1998] Peeters, P.H.: Some New Algorithms for Location Problems on Networks; in: European Journal of Operational Research, Vol. 104 (1998), S. 299-309

[Pee2000] Peeters, D., Thomas, I.: Distance Predicting Functions and Applied Location-Allocation Models: Some Simulations Based on the l_p Norm and the k-Median Model; in: Journal of Geographical Systems, Vol. 2 (2000), S. 167-184

[Pla1995] Plastria, F.: Continuous Location Problems; in: [Dre1995a, S. 225-262]

[Pon1983] Ponsard, C.: History of Spatial Economic Theory; Springer Berlin Heidelberg 1983

[Rac1998a] Rachev, S.T., Rüschendorf, L.: Mass Transportation Problems Volume I: Theory; Springer, New York Berlin Heidelberg 1998

[Rac1998b] Rachev, S.T., Rüschendorf, L.: Mass Transportation Problems Volume II: Applications; Springer, New York Berlin Heidelberg 1998

[Roc1970] Rockafellar, R.T.: Convex Analysis; Princeton University Press, Princeton 1970

[Rol1997] Rolland, E., Schilling, D.A., Current, J.R.: An Efficient Tabu Search Procedure for the P-Median Problem; in: European Journal of Operational Research, Vol. 96 (1997), S. 329-342

[Ros1999] Rosing, K.E., ReVelle, C.S., Schilling, D.A.: A Gamma Heuristic for the P-Median Problem; in: European Journal of Operational Research, Vol. 117 (1999), S. 522-532

[Roy1986] Roy, T.J. van: A Cross Decomposition Algorithm for Capacitated Facility Location; in: Operations Research, Vol. 34 No. 1 (1986), S. 145-163

[Rüs2000] Rüschendorf, L., Uckelmann, L.: Numerical and Analytical Results for the Transportation Problem of Monge-Kantorovich; in: Metrika, Vol. 51 (2000), S. 245-258

[Sac2000] Sack, J.-R., Urrutia, J. (Hrsg.): Handbook of Computational Geometry; North-Holland, Amsterdam 2000

[Sch1994] Schildt, Birgit: Strategische Produktions- und Distributionsplanung: Betriebliche Standortoptimierung bei degressiv verlaufenden Produktionskosten; Gabler-Verlag, Deutscher Universitäts-Verlag, Wiesbaden 1994; zgl. Dissertation, Technische Hochschule Darmstadt 1994

[Sch1999a] Schmidt, M.: Konzeption und Realisierung eines Tools zur Bestimmung von Absatzgebieten mit Hilfe verallgemeinerter Voronoidiagramme; Diplomarbeit im Studiengang Wirtschaftsinformatik, Universität Regensburg 1999

[Sch1999b] Schmidt, M.: Implementierung eines neuen Konstruktionsverfahrens für additiv gewichtete Voronoidiagramme zur Lösung von Problemen des Operations Research; Diplomarbeit im Studiengang Betriebswirtschaftslehre, Universität Regensburg 1999

[Sha1975] Shamos, M.I., Hoey, D.: Closest-Point Problems; in: Proceedings of the 16th Annual IEEE Symposium of Foundations of Computer Science, IEEE Computer Society Press, Los Alamitos, CA 1975, S. 151-162

[Sha1985] Sharir, M.: Intersection and Closest-Pair Problems for a Set of Planar Discs; in: SIAM Journal of Computing, Vol. 14 No. 2 (1985), S. 448-468

[She1994] Sherali, H.D., Ramachandran, S., Kim, S.: A Localization and Reformulation Discrete Programming Approach for the Rectilinear Distance Location-Allocation Problem; in: Discrete Applied Mathematics, Vol. 49 (1994), S. 357-378

[Shi1985] Shieh, Y.-N.: K.H. Rau and the Economic Law of Market Areas; in: Journal of Regional Science, Vol. 25 No. 2 (1985), S. 191-199

[Sri1995] Sridharan, R.: The Capacitated Plant Location Problem; in: European Journal of Operational Research, Vol. 87 (1995), S. 203-213

[Ste2000] Steckhan, H.: Gängige Optimierungsmethoden bei Restriktionenvielfalt; Vorlesungsskript, Regensburg 2000 (Internet: http://www.uni-regensburg.de/Fakultaeten/WiWi/steckhan /frameset/index_ skript.html)

[Sto1991] Stone, E.R.: Some Average Distance Results; in: Transportation Science, Vol. 25 (1991), S. 83-91

[Suz1995] Suzuki, A., Okabe, A.: Using Voronoi Diagrams; in: [Dre1995a, S. 103-118]

[Thü1826] Thünen, J.H. von: Der isolierte Staat in Beziehung auf Landwirtschaft und Nationalökonomie; Perthes Verlag, Hamburg 1826

[Tod1978] Todd, M.J.: Solving the Generalized Market Area Problem; in: Management Science, Vol. 24 No. 14 (1978), S. 1549-1554

[Tuy1993a] Tuy, H., Ghannadan, S., Migdalas, A., Värbrand, P.: Strongly Polynomial Algorithm for a Production-Transportation Problem with Concave Production Cost; in: Optimization, Vol. 27 (1993), S. 205-227

[Tuy1993b] Tuy, H., Dan, N.D., Ghannadan, S.: Strongly Polynomial Algorithms for Certain Concave Minimization Problems on Networks; in: Operations Research Letters, Vol. 14 (1993), S. 99-109

[Tuy1996a] Tuy, H., Ghannadan, S., Migdalas, A., Värbrand, P.: A Strongly Polynomial Algorithm for a Concave Production-Transportation Problem with a Fixed Number of Nonlinear Variables; in: Mathematical Programming, Vol. 72 (1996), S. 229-258

[Tuy1996b] Tuy, H., Ghannadan, S., Migdalas, A., Värbrand, P.: Tabu Meta-Heuristic Based on Local Search for the Concave Production-Transportation Problem; in: Studies in Locational Analysis, Vol. 8 (1996), S. 33-48

[Tuy1998] Tuy, H.: Convex Analysis and Global Optimization; Kluwer Academic Publishers, Dordrecht Boston London 1998

[Tuy2000] Tuy, H.: On Some Recent Advances and Applications of D.C. Optimization; in: Lecture Notes in Economics and Mathematical Systems, Vol. 481 (2000), S. 473-497

[Vai1996] Vaithyanathan, S., Burke, L.I., Magent, M.A.: Massively Parallel Analog Tabu Search Using Neural Networks Applied to Simple Plant Location Problems; in: European Journal of Operational Research, Vol. 93 (1996), S. 317-330

[Ver1992] Verter, V., Dincer, M.C.: An Integrated Evaluation of Facility Location, Capacity Acquisition, and Technology Selection for Designing Global Manufacturing Strategies; in: European Journal of Operational Research, Vol. 60 (1992), S. 1-18

[Ver1995] Verter, V., Dincer, M.C.: Facility Location and Capacity Acquisition: An Integrated Approach; in: Naval Research Logistics, Vol. 42 (1995), S. 1141-1160

[Voi1998] Voigt, H.: Semi-Infinite Transportation Problems; in: Journal for Analysis and its Applications, Vol. 17 No. 3 (1998), S. 729-741

[Vor1908] Voronoi, G.M.: Nouvelles applications des paramètres continus à la théorie des formes quadratiques, deuxième memoire, recherches sur les parallélloèdres primitifs; in: Journal für die Reine und Angewandte Mathematik Bd. 134 (1908), S. 198-287

[Vol1967] Volquardts, H., Matthews, K.: Vermessungskunde, Teil 1; Teubner, Stuttgart 1967

[Wan1997] Wang, C., Gao, C., Shi, Z.: An Algorithm for Continuous Type Optimal Location Problem; in: Computational Optimization and Applications, Vol. 7 (1997), S. 239-253

[Web1909] Weber, A.: Über den Standort der Industrien - Erster Teil: Reine Theorie des Standorts; Verlag J.C.B. Mohr, Tübingen 1909

[Web1995] Webster, S., Gupta, A.: The General Optimal Market Area Model with Uncertain Nonstationary Demand; in: Location Science, Vol. 3 (1995), S. 25-38

[Wen1994] Wentges, P.: Standortprobleme mit Berücksichtigung von Kapazitätsrestriktionen: Modellierung und Lösungsverfahren; Difo-Druck GmbH, Bamberg 1994; zgl. Dissertation, Hochschule St. Gallen 1994

[Zhu1994] Zhu, C., Byrd, H., Lu, P., Nocedal, J.: L-BFGS-B-FORTRAN Subroutines for Large-Scale Bound Constrained Optimization; Research Report, Northwestern University, Department of Electrical Engeneering and Computer Science, Evanston, IL 1994